U0933717

★ 二战将帅传记丛书 ★

ZHUKOV's BIOGRAPHY

朱可夫全传

金史海 - 著

华中科技大学出版社
http://press.hust.edu.cn
中国 · 武汉

图书在版编目(CIP)数据

朱可夫全传 / 金史海著. -- 武汉 : 华中科技大学出版社, 2018. 5 (2023. 7 重印)

ISBN 978 - 7 - 5680 - 3664 - 1

Ⅰ. ①朱… Ⅱ. ①金… Ⅲ. ①朱可夫(Zhukov, Georgi Konstantinovich 1896 - 1974) - 传记 Ⅳ. ①K835. 125. 2

中国版本图书馆 CIP 数据核字(2018)第 032774 号

朱可夫全传
Zhukefu Quanzhuan

金史海 著

选题策划:亢博剑
责任编辑:康 艳
封面设计:今亮後聲 HOPESOUND 2580590616@qq.com · 小九 白今
责任校对:何 欢
责任监印:朱 玢
出版发行:华中科技大学出版社(中国 · 武汉) 电话:(027)81321913
武汉市东湖新技术开发区华工科技园 邮编:430223
印 刷:鑫艺佳利(天津)印刷有限公司
开 本:710mm × 1000mm 1/16
印 张:19. 25
字 数:345 千字
版 次:2018 年 5 月第 1 版第 1 次印刷 2023 年 7 月第 1 版第 2 次印刷
定 价:88. 00 元

本书若有印装质量问题,请向出版社营销中心调换
全国免费服务热线:400 - 6679 - 118 竭诚为您服务

【序言】

打败希特勒的男人

在俄罗斯的历史上，涌现过无数的英雄豪杰，其中，苏沃洛夫、库图佐夫、朱可夫是俄罗斯人公认的三位战神。

苏沃洛夫是叶卡捷琳娜时期的著名战将，他参加七年战争、俄土战争，身经百战，为沙俄帝国立下了赫赫战功；他还善于总结军事经验并撰有流传于世的兵书《制胜的科学》，是著名的军事理论家。

如果说苏沃洛夫是沙俄帝国开疆拓土的功臣宿将，那么他的学生库图佐夫则是俄罗斯的救星。法兰西帝国皇帝拿破仑在数次打败反法同盟后，开始了侵略战争，其铁蹄踏遍欧洲，兵锋所指，城破国降，意大利、西班牙等欧洲国家先后沦陷，俄罗斯也面临着亡国的危险。关键时刻，“独眼将军”库图佐夫临危受命，担任俄军总司令，指挥了博罗迪诺战役和塔鲁丁诺战役，重创法军并将法军赶出了俄罗斯，挽救了俄罗斯的命运。库图佐夫被拿破仑誉为“北方的狐狸”，成为俄罗斯的民族英雄，名垂青史。

作为与苏沃洛夫、库图佐夫比肩的战神，朱可夫在第二次世界大战中的表现也毫不逊色。

第二次世界大战爆发后，奥地利、捷克斯洛伐克①、波兰、丹麦、挪威、比利时、卢森堡、荷兰、法国、希腊等先后沦陷，欧洲大多数国家惨遭法西斯荼毒。然而，希特勒并不满足于做欧洲霸主，他的目标是称霸世界，因此，他很快将目光对准了苏联。1941 年 6 月，希特勒启动“巴巴罗萨”计划，出动 190 个师约 550 万人、3 700辆坦克、4 900 架飞机、47 000门大炮、190 艘战舰，分为 3 个集团军群，从北方、中央、南方三个方向，以闪击战的方式进攻苏联。

面对德军的突袭，苏联损失惨重，数百万军队被歼灭，边境防线荡然无存，德国军队“势如破竹”，一路驰骋，几乎抵达莫斯科城下。

国家危难之际，苏联人民同仇敌忾，全力抗击法西斯。在几乎没有可能守住莫斯科的情况下，朱可夫运筹帷幄、调兵遣将，最终打赢了莫斯科保卫战，并在随后展开反击，最终攻克柏林。

朱可夫一生先后四次获得“苏联英雄”的称号，是苏联人民“胜利的象征”。那么，作为一个寒门子弟，朱可夫是如何成为卓越的军事家、伟大的战略家、民族英雄的呢？翻开尘封已久的历史，我们可以发现朱可夫的一生分为三个阶段：

第一阶段，由贫寒的毛皮匠学徒进入军队，成为下层军官。出身贫寒的朱可夫，在饥一顿饱一顿中成长，只上了三年小学，为了维持生计，他很早就成了一家毛皮作坊的学徒。少年时艰辛的经历，锻炼了他坚忍不拔的意志，培养了他积极向上的心态和认真严谨的

---

① 1992 年 11 月，捷克斯洛伐克分离为捷克和斯洛伐克两个独立的主权国家。

工作作风。第一次世界大战爆发后，他应召入伍，成为一名下层军官。1918年，他参加红军，因为作战勇敢、指挥得当，很快受到了重用。

第二阶段，作为副统帅组织和指挥了一系列重大战役，立下了赫赫战功。20世纪30年代，斯大林进行“大清洗运动”，波及军队，许多名将遭到“清洗”，朱可夫幸运地躲过了这次劫难。苏德战争爆发后，朱可夫受到斯大林的重用，在莫斯科保卫战、斯大林格勒保卫战、库尔斯克会战和柏林战役等重要战场上力挽狂澜，由此成为斯大林心目中的“战神”。

在朱可夫的指挥下，苏联军队顶住了希特勒的疯狂进攻，由退却转为战略防御，再由战略防御转入战略反攻。仅仅一年多的时间，苏联境内的德军就被消灭了。接着，苏联军队一路进发，将东欧各国从法西斯的魔爪中拯救出来，最后攻入柏林，将红旗高高地插在了帝国大厦上面。

第三阶段，宦海沉浮，大起大落，最终退休逝世。苏军占领柏林后，朱可夫成为苏军驻德最高行政长官和总司令。历史上许多贤臣良将没能逃脱“飞鸟尽，良弓藏”的宿命。没过多久，朱可夫便被调回国内，贬到敖德萨军区。紧接着，因为受人诬陷，他又被贬到乌拉尔军区。这种情况一直到1953年斯大林去世后才得以改变。

1957年6月，在朱可夫的支持下，赫鲁晓夫清除“反党集团”，成为主席团重要成员。为了褒奖朱可夫，赫鲁晓夫给他颁发了“苏联英雄”奖章。但在鲜花与掌声的背后，杀机也悄悄地酝酿着。仅仅几个月后，1957年10月，朱可夫突然被赫鲁晓夫扣上罪名，解除了党内外的一切职务。无官一身轻的朱可夫，为了还原历史真相，也为了客观评价自己的战斗生涯，撰写了一部长达60万字的回忆录。1964年，赫鲁晓夫下台，两年后的1966年，朱可夫的名誉才正式得到恢复。

1974年6月，这位叱咤风云的卓越军事家、伟大战略家、一代名帅与世长辞，享年78岁。1995年5月，朱可夫的大型青铜雕像被竖立在离莫斯科红场不远的马涅什广场上。

本书参考大量史料，详细地记述了朱可夫的传奇人生，不仅揭示了这位风云人物的成长史，剖析了他的旷世奇谋，还客观分析了他跌宕起伏的命运背后的必然因素。

目　录

Contents

第一章　贫寒中铸就的力量

冬日里的一声啼哭

在俄罗斯卡卢加省马洛亚罗斯拉韦茨县，有一个贫穷、落后而又美丽的村庄——斯特列尔科夫卡村。村子景色宜人，两条无名的小河分别从村中和村旁穿过，村北有一片桦树林。这个如桃花源般的宁静村落，位于首都莫斯科西南约300千米处。

村子中央有一座破败的茅草屋，屋顶和墙壁长满了青草和苔藓，一个屋角已经塌陷。1896年12月2日，就是在这座破茅草屋里，诞生了一个男婴。这个男婴的父亲是一个50多岁的皮鞋匠，名叫康斯坦丁·安德列维奇·朱可夫。老来得子本是件大喜事，但家里条件这么差，多一个人就要多一张口吃饭，康斯坦丁的脸上露出了忧虑的神情。

康斯坦丁是个苦命人，3个月大的时候便被遗弃在孤儿院，之后被年迈的寡妇安努什卡·朱可娃领养。长大后他没有想过寻找亲生父母，因为那个时候贫苦农妇将孩子丢给孤儿院的事时有发生，这并不是因为她们不爱孩子，而是她们根本无力养活。康斯坦丁和养母相依为命，日子过得十分艰难。他8岁那年，养母撒手人寰，留下他一个人无依无靠。

为了养活自己，康斯坦丁来到乌戈德厂村的一位皮匠家里当学徒。学徒生涯也不好过，因为师傅也是个贫苦之人，为了保住自己的饭碗，他不仅不尽心尽力地教徒弟，还经常让康斯坦丁帮他带孩子、喂牛、做

第二次世界大战期间，苏联红军最著名的
将领格奥尔吉·康斯坦丁诺维奇·朱可夫元帅

家务。3 年的学徒生涯转瞬即逝，但康斯坦丁对于制鞋仍是一知半解。

为了学到手艺，也为了养活自己，康斯坦丁几经周折，终于在莫斯科的维伊斯制鞋厂找到了一份工作，并在这里掌握了制鞋的手艺。当时手艺人的社会地位很低，收入也很少，康斯坦丁直到 40 岁才结婚成家。然而，命运之神并没有眷顾他，婚后不久，他的妻子就因病去世。50 岁那年，有人给他介绍了邻村黑泥庄一位 35 岁的寡妇，名叫乌斯季尼娅·阿尔捷米耶芙娜。这个女人不像康斯坦丁第一任妻子那样弱不禁风，她的身体非常强壮，可以毫不费力地扛起 90 公斤重的粮食。就这样，康斯坦丁和乌斯季尼娅走到了一起。一年后，他们的第一个孩子玛莎出生了，一家三口的生活虽然艰辛，但也分外甜蜜。

两年后，1896 年 12 月 1 日，冬日的严寒笼罩了整个村庄，在康斯坦丁家的破败草屋里，几个妇女正焦急地忙进忙出，乌斯季尼娅则挺着大肚子痛苦地躺在床上。

时间一分一秒地过去，屋子里终于传来了婴儿的啼哭声，是个男孩，康斯坦丁给他取名为格奥尔吉·康斯坦丁诺维奇·朱可夫。这个男孩，就是日后名垂青史、享誉世界的苏联伟大元帅——朱可夫。

家里本来就很穷，有了朱可夫后，一家人的生活更加艰难了。为了贴补家用，乌斯季尼娅像当地其他妇女一样拼命地干活，不顾天寒地冻、道路泥泞，整天奔波于小亚罗斯拉韦茨、谢尔普霍夫等地给他人运货。

朱可夫从小就很懂事，每每看到母亲为了家庭而辛苦劳作、痛苦落泪，他心里也非常难受。而当母亲从外地给他和姐姐带回小面包圈或甜饼干时，他又特别高兴。如果在圣诞节或复活节时，母亲手里有些许余钱，还会给他们带大馅饼回来。

朱可夫 5 岁那年，母亲又给他们生了一个弟弟，取名阿列克谢。这个孩子出生时特别瘦弱，大家都担心他活不长。母亲更是担心得直哭：“孩子怎样才能长胖一些呢？只靠水和面包怎么能行？”

为了不让全家人挨饿，母亲生下弟弟没几个月就决定进城挣钱。善良的邻居们纷纷劝她：“你应该好好在家照顾孩子，他太瘦弱了，需要喂奶才行。”可是生活实在太窘迫了，母亲不得不狠下心将小小的阿列克谢交给玛莎和朱可夫照看，自己进了城。

由于缺乏营养和照顾，阿列克谢不到 1 岁就死了。朱可夫和姐姐都为小弟弟的死而伤心难过，他们的父母更是痛苦不已，父亲把阿列克谢葬在了乌戈德厂公墓，一家人经常去看他。

俗话说祸不单行，就在这一年，朱可夫家的房子倒塌了。望着一片狼藉的房屋，父亲对全家人说：“幸好现在天气暖和，我们住到草棚里去吧，说不定以后能找到一个地方住，比如澡堂或茅屋什么的。”母亲则哭着说：“孩子们，还能怎么办呢？我们只能搬家了，把所有的破烂都往草棚里搬吧。”随后，父亲垒了一眼小灶，母亲则带着孩子们收拾东西，一家人就在草棚子里安了家。

不久，康斯坦丁的几个朋友相约来看望他们，看到他们的“新居”，开玩笑说：“康斯坦丁，你是不是没把灶王爷供奉好啊，要不然他怎么会把你撵出来了呢?”

康斯坦丁说：“我把他供得很好，否则他早把我们一家砸死了。”有人问他有什么打算，他无奈地说自己毫无办法。乌斯季尼娅则说：“这没什么，把母牛牵出去卖了，买一些木料，重新把房子盖起来就好了。夏天很快就过去了，到了冬天就难了。”

大家都赞同乌斯季尼娅的想法，于是，康斯坦丁把家里的母牛连同老马一起卖了，之后用分期付款的办法买了一间小房架，在邻居们的帮助下，不到 11 月就盖好了房子。房子很简陋，房顶是用干草盖的。尽管如此，一向乐观的乌斯季尼娅乐呵呵地安慰一家人说：“我们就这样先住着吧，等有了钱再盖好的。”

一家人高高兴兴地搬进了新家，在寒冷的冬季到来之前总算有了一个暖和的住处。

尽管日子过得很艰难，但朱可夫的童年还算无忧无虑。1902 年夏季的一天，父亲对朱可夫说：“孩子，你也快 7 岁了，我在你这么大的时候，干的活都赶上大人了。明天我们去割草，你和玛莎也一起去吧，把草摊开晒晒，然后垛在一起就行。”

朱可夫一向喜欢劳动，以前父母去割草，他便经常跟着去，还经常跟小伙伴们一起去村头的河里捉鱼，以改善生活。现在父亲正式让他干活，说明已经把他当成大人了，是一个对家庭有用的人，他感到非常自豪，于是高兴地答应下来。第二天，朱可夫早早起了床，兴冲冲地和姐姐玛莎坐上套好的马车。一路上，他哼着欢快的小调，一会儿坐着一会儿站着，父母不得不经常提醒他别掉下马车。到了田地后，朱可夫拿着耙子，卖力地耙着草。一旁干活的村民，看到小小年纪的朱可夫干活如此认真，都纷纷竖起大拇指夸赞他干得不错。父亲也高兴地对朱可夫说：“孩子，好样的!”

朱可夫被大家夸得有些得意，更加起劲地干了起来。由于手掌皮肤娇嫩，加上不懂得干活的技巧，不一会儿，他的双手便被磨出了血泡。他看着紫红色的血泡，又看了看身边埋头干活的父母，不好意思停下来，于是咬牙坚持着，血泡很快被磨破了，钻心的疼痛让他无法继续。

父亲见朱可夫停了下来，刚要问他是不是累了，猛然看到他手上的血，顿时明白了。父亲既心疼又高兴，心疼的是儿子弄破了手，高兴的是儿子长大了，是个小大人了。父亲找了两块破布，把朱可夫的手包了起来，对他说："没关系，第一次干活都这样，过几天就好了。"果然，没过几天，朱可夫的手便好了，他又蹦蹦跳跳地跑去割草了。

到了黑麦收割的季节，母亲对朱可夫说："孩子，你也学着割麦子吧！我前些天在城里给你买了一把新镰刀，明天早晨我们一起去割。"

黑麦是北半球农民广泛种植的一种农作物，抗寒能力极强，生长范围甚至到了北极圈附近。沙俄时期的农民基本上都种植黑麦，他们用黑麦粉做面包，因为麦粉是黑色的，所以他们的面包又被称为黑面包。

因为割过草，朱可夫割麦子显得有板有眼。在地里干活的村民看到小小的朱可夫奋力挥舞着镰刀，就冲着乌斯季尼娅大喊："嘿，你儿子干得真不错。"母亲听了，望着儿子的背影开心地笑了。而朱可夫也更卖力地干了起来。母亲见状，担心地提醒他："别着急，慢慢割!"

朱可夫一心想着炫耀，只见他左手拢住一把黑麦，右手将镰刀一挥，黑麦便倒了下来。看着自己的劳动果实，他一边得意地哼着小调，一边不停地挥动着镰刀。就在这时，意外发生了，他左手的小拇指被镰刀割破了。

朱可夫疼得大叫一声，母亲听到后赶紧跑过来，看见他的小拇指在不停地冒血，一时不知如何是好。邻居大婶看到后，摘了一片车前草的叶子，小心地贴在朱可夫的小拇指上，再用一块破布紧紧地包扎好。

这个伤疤从此伴随了朱可夫一生。每当看到这个伤疤，他就想起自己当年的鲁莽和急于求成，以及母亲的慈祥和邻居们的热情。

忙碌的夏季过去了，朱可夫不但学会了干农活，身体也比以前壮实了许多。

时光飞逝，转眼到了 1903 年，朱可夫 7 岁了，父亲决定送他去上学。一起上学的还有 5 个孩子，其中包括朱可夫最好的小伙伴列什卡·科洛特尔内。这是一所教会小学，坐落在维利奇科沃村，附近几个村庄的孩子都在这里上学。开学那天，朱可夫和列什卡背着粗麻布缝制的布袋，准备与读二年级的姐姐玛莎一起去上学。

刚出门，朱可夫看见路上有小伙伴背着漂亮的书包，心里十分羡慕，于是对送他的母亲说："背这种包，就像个乞丐，我才不背它去上学呢!"母亲听了，一阵心疼，噙着泪水搂住儿子说："孩子，等我们家有钱了，一定给你买个漂亮的书包。"

朱可夫知道家里的经济状况，虽然心里闷闷不乐，但还是背着布袋出发了。他的老师是个中年男子，名叫谢尔盖·尼古拉耶维奇·雷米佐夫。谢尔盖教书很有经验，从来不会提高嗓门训斥学生，更不会无缘无故地惩罚学生。孩子们都很喜欢他，愿意听他的话。谢尔盖非常喜欢朱可夫，经常教导他要多听、多想、多问，多从书本中开拓眼界。朱可夫长大后，每当回忆起谢尔盖老师，都会发自内心地感谢他在自己年幼时，给自己提供了许多宝贵的意见。

安排座位时，朱可夫和列什卡分开了，朱可夫坐在后面，列什卡坐在前面。朱可夫请求老师让列什卡和自己坐在一起。谢尔盖摇摇头，温和地对他说："列什卡比你矮，而且他一个字母也不认识，如果让他坐在后面，他会跟不上大家的。"列什卡听后，起身对老师鞠了一躬，转身对朱可夫说："放心吧，我一定好好学习，以后肯定能和你坐在一起。"可惜的是，无论列什卡怎样努力，他的成绩始终上不去，终究没能和朱可夫坐在一起。不过，谢尔盖老师并没有因为列什卡成绩不好就放弃他，而是细心地观察他，最后发现他有副好嗓子。

谢尔盖的父亲是个善良的牧师，在学校里教神学。谢尔盖本人是个无神论者，但为了父亲的颜面，他也常常去教堂做礼拜，参加教堂的合唱团。他发现列什卡有唱歌的天赋后，就介绍列什卡和朱可夫进了合唱团。

尽管朱可夫常常在学业上帮助列什卡，但在升二年级的时候，列什卡还是因为成绩太差而留级了。玛莎的成绩也不好，留级后跟朱可夫成了一个班级的同学。

父母想让玛莎退学，帮家里干家务。玛莎很喜欢学校的生活，那里不但有她的朋友，还有她渴望学到的知识。她流着泪对父母说："我并不是笨，只是因为妈妈常常出去干活，让我留在家里照顾弟弟，所以缺课太多。"

朱可夫心疼姐姐，也在一旁为姐姐说话："别人家的父母也都外出干活，可是没有谁不让自己的孩子上学。"其实父母也希望玛莎能多学一些知识，但是家里实在太困难了，他们的收入仅够一家人维持生活。不过，母亲最终还是妥协了，答应让玛莎继续念书。

在村里，康斯坦丁很受村民们尊敬，村民们只要有事，都会找他帮忙。康斯坦丁对村民们很热情，但是对儿子有些严厉，每次朱可夫闯祸，他都会狠狠责罚，甚至用皮带抽他。朱可夫性格倔强，每次受到处罚，既不哭喊也不求饶。

有一天，朱可夫又闯祸了，康斯坦丁抽出皮带把他狠狠地揍了一顿。朱可夫疼得受不了，便跑到大麻地里藏了起来。他让姐姐玛莎不要把自己的藏身之处告诉父母，每天只要送饭来就行了。

朱可夫藏起来后，父母向玛莎询问他的下落，玛莎只说不知道。父母急得四处寻找，还发动村民们一起找。朱可夫在大麻地里藏了三天，玛莎给他送了三天饭。直到第三天下午，有位村民到大麻地里干活，才发现了朱可夫，并把他送回了家。母亲一看到朱可夫，立即扑了上去，流着泪紧紧把他搂在怀里。

康斯坦丁看到朱可夫安全回来，一颗悬着的心终于放了下来。他走到朱可夫面前，蹲下来，语重心长地说："我打你也是为了你好，不过我已经原谅你了，以后再也不打你了。"

上学期间，朱可夫很喜欢去奥古勃村的茶馆，一方面是因为可以听到大人们谈论关于莫斯科和圣彼得堡的很多趣事，另一方面是因为那里有他的朋友普罗霍尔。普罗霍尔是朱可夫教母的兄弟，在茶馆里当伙计，由于一条腿残疾，人们给他起了个外号叫“瘸子普罗霍尔”。普罗霍尔虽然腿瘸，但很喜欢打猎，而且枪法很好。朱可夫很崇拜这位神枪手，经常跟着他去打猎。他们夏天去打野鸭，冬天去打野兔。每当普罗霍尔打到猎物，朱可夫就兴奋地帮忙捡回来。他们两人年龄相差悬殊，但这并不妨碍他们成为好朋友。朱可夫长大后仍然酷爱打猎，这显然是受到了普罗霍尔的影响。

再见，美好的童年

斯特列尔科夫卡村里的农民都很老实，只知道干活挣钱，对政治一无所知。1905 年春天，村子里突然来了一批陌生人，他们号召农民团结起来，与剥削压迫他们的地主和沙皇做斗争。

尽管村子里没有农民参加，但是这件事仍然引起了不小的震动。村民们通过这些陌生人的宣传，知道了莫斯科和其他城市正在发生政治罢工和武装起义。朱可夫也第一次听说了列宁①这个布尔什维克党②的领袖、工人农民利益的代表者。

陌生人走后，朱可夫的父亲康斯坦丁要到莫斯科去做工。乌斯季尼娅忧虑地说：“现在那边很乱，你过去后好好干活，不要多管闲事。不然，被宪兵们抓住，那可是要被流放的。”

康斯坦丁知道妻子口中的“闲事”是什么事，他盯着妻子，严肃

① 列宁（1870－1924）：著名的马克思主义者，无产阶级革命家、政治家、理论家、思想家，俄罗斯苏维埃联邦社会主义共和国（世界上第一个社会主义国家）和苏维埃社会主义共和国联盟的主要缔造者、布尔什维克党的创始人、十月革命的主要领导人、苏联人民委员会主席（即苏联总理）。

② 布尔什维克党：布尔什维克是 Bolshevik 的音译词，在俄语中是“多数派”的意思。布尔什维克党是列宁建立的无产阶级革命政党，与孟什维克决裂，苏维埃俄国建立后改名为共产党，因此，俄国共产党也叫布尔什维克党，即俄共（布）。

地说："我是工人，大家怎么做，我就怎么做。"康斯坦丁的回答让妻子更加担心了，实际上，全村的人都在为即将外出的村民感到不安。

康斯坦丁走后，村里不断传来各大城市大规模罢工和起义的消息。沙皇政府采取残酷的手段镇压起义的工人们，很多革命者或被杀害，或被关进监狱，或被流放服苦役，这就是沙俄历史上著名的"1905 年革命①"。

1906 年，康斯坦丁回到村里，乌斯季尼娅一直悬着的心终于落了地。康斯坦丁愁云满面地说："我以后再也去不了莫斯科了，警察不允许我住在城市里。"乌斯季尼娅听了却十分高兴，认为丈夫无法去城市做工更好，人身安全最重要。康斯坦丁拥有很好的鞋匠手艺，回来后仍旧从事这一行当。

就在这一年，朱可夫毕业了，因为他所在的教会小学是三年制。在毕业典礼上，老师给成绩优秀的朱可夫颁发了一张奖状。父母都很高兴，为了奖励朱可夫，母亲特意给他做了一件新衬衫，父亲也为他做了一双结实的皮靴。

朱可夫毕业后，父亲打算让他去城里找点活干。乌斯季尼娅却心疼儿子，因为朱可夫只有 10 岁，她不想让儿子过早地进入社会，干那些又脏又累的活儿，于是说："孩子还那么小，就让他在乡下再住一段时间，大一些再去干活也不迟。"

父亲同意了，朱可夫就这样留在了村里，帮家里干一些力所能及的事情。冬天忙完家里的活，他就跑去捉鱼，或穿上自制的冰鞋去滑冰，或到米哈列夫山去滑雪。艰苦的生活仍然有着许多的欢乐。

光阴似箭，时间很快来到了 1908 年夏季。这一年，朱可夫 12 岁

---

① 1905 年革命：指俄罗斯帝国境内 1905—1907 年发生的一连串范围广泛，以反政府为目的，又或没有目标的社会动乱事件，诸如恐怖攻击、罢工、农民抗争、暴动等。这场革命主要源于几十年的国家动乱及对罗曼诺夫王朝的不满，俄国国内改革不利以及少数民族要求解放也是起因。沙皇指挥不力，导致军队在日俄战争中惨败是最直接的导火线。各地的革命虽然最后被妥协或被镇压，俄国国内也加快了改革的步伐，但仍然没能阻挡 1917 年推翻罗曼诺夫王朝的革命。

了，他快乐的童年就要结束了。村子里像他这么大的孩子早就去了工厂或作坊里当学徒。一天晚上，几位邻居和乌斯季尼娅商量送孩子们去莫斯科。有人问乌斯季尼娅："你想什么时候把孩子送去莫斯科？"乌斯季尼娅有些伤感地回答："等集市过了再送去吧！"

乌斯季尼娅口中的集市，是指斯特列尔科夫卡村所在地区每年在"三一节"之后举办的为期一周的大型集市贸易活动。乌斯季尼娅想让儿子再感受一下家乡的气氛。

康斯坦丁问朱可夫："孩子，你想学什么手艺呢？"

朱可夫回答："我想当一名印刷工。"

康斯坦丁听后，挠了挠后脑勺，说："可是我们没有熟人介绍你进印刷厂啊！"他转过头看了看乌斯季尼娅，问，"孩子他妈，你怎么看？"乌斯季尼娅想了想，回答道："米哈伊尔不是在毛皮作坊里吗？我们去找他问问。"

康斯坦丁一拍大腿，高兴地说："对呀，这个主意不错，毛皮匠的收入不低呢！"

米哈伊尔是朱可夫的舅舅，11 岁就进入毛皮作坊当学徒，四年半后学成手艺，用自己积攒的钱开了一家小作坊。后来，米哈伊尔的作坊越做越大，很快就成了出色的毛皮匠和皮货商人。他的作坊里有 8 名熟练的毛皮匠，还有好几个学徒。朱可夫没有拒绝母亲的提议，他觉得只要能挣到钱帮助家里就行。

这年 7 月，米哈伊尔从莫斯科回到家乡黑泥庄避暑，乌斯季尼娅去找他，想让他收朱可夫为学徒。回家后，乌斯季尼娅叹了一口气，对康斯坦丁说："按规矩，当工人之前要先做四年半的学徒，可就算是这样，他还是要先见见朱可夫。"

康斯坦丁微笑着说："当学徒就当吧，这个过程谁都要经历，祖辈的规矩不能破。"

两天后，康斯坦丁带着朱可夫来到黑泥庄。快要走到米哈伊尔家时，康斯坦丁指着躺在门前藤椅上的米哈伊尔，对儿子说："看见那个人没有，他就是你以后的老板。待会儿你到了他跟前，先鞠个躬，然后说：‘您好，米哈伊尔·阿尔捷米耶维奇。’”

朱可夫反驳道：“我才不呢，我应该说米沙（米哈伊尔的昵称）舅舅，您好！”

康斯坦丁拍了一下朱可夫的头，坚定地说：“不，他是你以后的老板，你要将他是你舅舅的身份忘掉。因为越是有钱的老板，越不喜欢穷亲戚。你给我记好了。”

康斯坦丁走近米哈伊尔，先是问候了一声，然后把朱可夫推到前面。米哈伊尔没有搭理康斯坦丁，只是一直盯着朱可夫。朱可夫按照父亲的交代，先是朝着米哈伊尔深鞠一躬，然后礼貌地说：“您好，米哈伊尔·阿尔捷米耶维奇。”

米哈伊尔板着脸点了点头，漫不经心地说：“你好！怎么，小伙子，你想成为毛皮匠吗？这个行业虽然不错，但是要能吃苦啊！”

朱可夫看着舅舅轻慢的态度，心里很生气，将嘴一撇，没有回话。康斯坦丁见状，赶忙把朱可夫拉到身后，赔着笑脸道：“他能吃苦，干活一向很卖力气。”

米哈伊尔打了个哈欠，伸了伸懒腰，又问：“上过学吗？”

康斯坦丁连忙将朱可夫的奖状拿出来。米哈伊尔看了看奖状，说了声“不错”，然后回头朝着屋子里喊：“你们两个笨蛋，快过来！”不一会儿，只见两个穿着讲究的孩子从屋子里走了出来，他们是米哈伊尔的儿子亚历山大和尼古拉。米哈伊尔抖了抖手中的奖状，高声斥责道：“两个笨蛋，你们看看人家！以后再不及格，看我不揍死你们。”

米哈伊尔训完儿子，对康斯坦丁说：“小家伙长得很壮实，看样子也不笨。我就收他为学徒吧。过几天我就回莫斯科，不过不能带他一起走，我妻弟谢尔盖一个星期后也会回莫斯科，就让他带你儿子一同去吧！”

回家的路上，朱可夫一脸兴奋，因为他很快就可以挣钱养家了！康斯坦丁却默然无声，内心似乎在担心着什么。莫斯科现在虽然没有掀起轰轰烈烈的革命浪潮，但是他心里明白，越是平静的水面，水下越是暗流涌动。

作坊里的新学徒

1908 年夏天，12 岁的朱可夫准备去舅舅在莫斯科的毛皮作坊里当学徒。这是朱可夫第一次出远门，母亲为他准备了简单的行李，包括两件衬衣、两块包脚布和一条毛巾。

临行前，母亲在朱可夫的包袱里塞了 5 个鸡蛋和几块饼。亲人远行，按照传统，全家人要聚在一起为朱可夫祈祷。祈祷完毕，乌斯季尼娅将朱可夫紧紧搂在怀里。康斯坦丁摸着朱可夫的头，伤感地说："愿上帝保佑你，我的儿子！"这时，乌斯季尼娅大声地哭了起来，康斯坦丁也流下了眼泪，姐姐玛莎哽咽着为朱可夫掸去衣服上的草屑。看到家里人都在哭，朱可夫的鼻子也酸酸的，但是他拼命地忍着，因为他知道，一旦自己哭了，家人会哭得更厉害。

前往黑泥庄的路，朱可夫走过无数遍，因为每天上学都要走这条路。他走在熟悉的道路上，想起以前从这条路去地里干农活，去村北林子里摘野果、采蘑菇，动情地对母亲说："母亲，我以前在地里割麦子，将手割破了，你还记得吗？"

乌斯季尼娅强忍泪水，笑着说："怎么会不记得呢？以后你记住了，做事不能光图快，一步一个脚印才是通往成功的最佳途径。你的所有事我都记得！天底下，只有孩子忘了妈妈，哪有妈妈会忘了孩子的呢！"

朱可夫紧紧地握住母亲的手，坚定地说："母亲，您放心，我永远不会忘了您的。"母子二人来到黑泥庄，乌斯季尼娅把朱可夫交给谢尔盖后，含着泪转身离开了，因为她实在不愿意看见儿子坐上火车离开的场面。

谢尔盖带着朱可夫上火车后，天空下起了瓢泼大雨。他们坐的是狭窄拥挤的三等车厢，里面不仅挤满了人，还隐约散发着一股难闻的气味。

这是朱可夫第一次坐火车，他对火车上的一切都感到新鲜，这也在一定程度上冲淡了与家人分别的悲伤。雨越下越大，车厢内变得昏暗起来，有人点了根蜡烛，烛火拼命地摇曳着。

清晨，朱可夫透过车窗看到一座座高大的房屋，一间间华丽的商店，一匹匹肥壮的骏马。他猜想，这就是莫斯科了。火车到站了，他看着黑压压的旅客争先恐后地往出站口挤，他惊奇地睁大了眼睛。谢尔盖拉了一下朱可夫，说："这里不是乡下，万事留心。"朱可夫茫然地点了点头。他们坐上了一辆马车，朝着市中心驶去。看着周围的一切，朱可夫感觉如在云里雾里，他从未见过这么高的大楼和这样平整的街道，也从来没有看过街上有这么多的人，所有的一切都是那么新鲜……

最后，马车停在了卡美尔格尔巷口。谢尔盖指着一座房子，对朱可夫说："看到那座房子没有，那就是你要去的地方。院子是作坊，你就在那儿做工。房子的正门在卡美尔格尔巷，不过师傅和徒弟不能从正门进，只能从后门进。"

谢尔盖说完，领着朱可夫下车来到院子里，向正在干活的工人介绍朱可夫，大家一边干活一边点头回应。

一个大个子问道："多大了呀，小伙子？"

朱可夫客气地回答："12 岁了。"

大个子听了，笑着说："不错，虽然不怎么高，但是很结实，肩膀也很宽。"

一位老师傅也和蔼地说："以后会是个好毛皮匠的。"

这位老师傅名叫费多尔·伊万诺维奇·科列索夫，是所有工人中最有经验，也最有威信的一个。在四年半的学徒生涯中，朱可夫从他身上学到了很多宝贵的经验。

谢尔盖挨个向朱可夫介绍了工人们，随后又带朱可夫来到二楼的办公室。在这里，朱可夫见到了老板娘，也就是自己的舅母。老板娘和他们打完招呼，对朱可夫说："老板出去了。快到中午了，我先带你去看看房间，然后你再去吃饭吧！”

在房间里，老板娘详细地给朱可夫说明他以后的工作职责，最后说：“先这样吧，其他的事情，学徒工头库兹马和女工头玛特廖莎会跟你说的。”实际上，朱可夫的工作内容并不仅仅是老板娘所说的那些，他还要帮女工头兼厨师玛特廖莎洗碗、烧茶炉，帮师傅们去买烟买酒。在作坊里，学徒的身份十分低微，任何人都可以随意地支使和打骂他们，老板和老板娘稍有不顺意，就会拿他们出气；师傅没事也会责打他们几下；学徒工头和女工头玛特廖莎也经常无故责罚他们。

朱可夫刚到作坊的第一天就挨了打。吃饭时，他因为饿极了，一下子从菜盆里捞出两块肉，狼吞虎咽地吃了下去。他正要捞第三块肉，女工头玛特廖莎用勺子敲了一下他的脑门。原来，作坊吃饭有个规矩：开始吃饭时，不能捞菜盆中的肉块，只能从菜盆里舀菜汤；要想吃肉，必须等女工头敲两下菜盆才可以。朱可夫初来乍到就收到如此难堪的“见面礼”，内心无比郁闷，低着头默不作声。学徒工头库兹马对朱可夫说：“被打是很正常的，不打的话，以后你还会犯这样的错误。不要心怀不满，每个学徒都要经历这个过程，好好干吧！”

作坊的师傅们很辛苦，早晨 7 点开工，晚上 7 点收工，中午只有一个小时休息和吃饭的时间。算起来，师傅们一天要工作 11 个小时。师傅苦，学徒们自然更苦，每天早上不但要比师傅们早起一个小时，收拾工作场地，准备师傅们工作所需要的东西，晚上打扫完卫生后还要为明天的工作做好准备，直到夜间 11 点多才能睡觉。他们睡觉的地方非常简陋，冬天就在后门过道里支起几张高板床，夏天则直接睡在作坊的地板上。

没过多久，朱可夫就适应了学徒生活。他周六去教堂做祈祷，周日做晨祷和弥撒，平时跟着师傅们学习各种技艺。每当到了重大的日子，老板还会带着他们去克里姆林宫的乌斯宾斯基圣母安息大教堂做弥撒。

工作之余，朱可夫还尽量挤出时间来读书。他的表弟亚历山大——老板的大儿子，对朱可夫比对别人好一些。在他的帮助下，朱可夫的阅读量大为提升，除了读长篇小说《护士》、柯南·道尔的《福尔摩斯探案全集》，还读了许多惊险小说。后来，他和亚历山大不但阅读了大量科普读物，还一起学习了俄语、数学、地理等知识。他们两人互相勉励，积累了大量知识。

老板米哈伊尔见儿子的学习成绩有所提高，对朱可夫大加赞赏。他说："小伙子，做得不错，学知识是好事。"得到老板的夸奖后，朱可夫学习的劲头更足了，甚至想报名去夜校学习。夜校相当于中学水平，在亚历山大的帮助下，米哈伊尔终于点头同意让朱可夫去上夜校，但有个条件——不能影响工作。

离夜校毕业还有一个月时间，一个周日的晚上，老板出门去看望朋友，朱可夫和两个表弟偷偷地打牌。他们玩得正起劲，老板突然回来了，重重地打了朱可夫一记耳光，指着他手中的牌说："让你学知识，是为了你以后着想。你看看你，拿着学到的知识用来玩牌数点数。以后不许你和亚历山大一起玩了，也不许你出门。"

朱可夫被打蒙了，捂着脸一句话也不敢说。几天后，朱可夫见米哈伊尔气消了，便请求他让自己去参加考试。米哈伊尔见朱可夫这几天的确有所悔改，就点头同意了。朱可夫来到夜校后，把这事当成笑话讲给同学们听，同学们听了都哈哈大笑。后来夜校的毕业考试考的内容是市立中学的课程内容，朱可夫竟然比大部分中学学生考得还好。

敢作敢为的年轻人

经过勤奋和努力，朱可夫很快就成为学徒中进步最快的一个。到1911年，他的手艺已经能跟老师傅相比了。他成了学徒工头，手下有三名学徒工。作为学徒工头，朱可夫需要到莫斯科的大街小巷去送货，走街串巷的经历使他熟悉了莫斯科的每一条街道、每一处角落。老板和师傅们都很认可他的能力，打心眼里喜欢这个聪明好学的小伙子。

朱可夫工作上得心应手，文化知识也在稳步提升。由于工作繁忙，他没有时间入校学习，但是他总是想方设法找些报纸、杂志和书来读。有位思想比较开明的老师傅平时喜欢看报纸，经常会拿一些布尔什维克党主办的《明星报》和《真理报》到作坊来。通过这些报纸，朱可夫开始接触马克思主义，知道了工人、农民与资本家、地主之间的矛盾，也知道想要推翻当前的制度，必须联合广大的工人和农民。

随着对马克思主义的深入了解，朱可夫学习知识更加如饥似渴，一有机会便从表弟那里借书和杂志，并千方百计地省钱用来买书。每次到马里伊诺林场或莫斯科南岸送货，老板都会给他几个戈比作为车马费。为了将这几个钱省下来，朱可夫基本没有坐过车，都是一路小跑地赶过去。就这样，在手艺日益精湛之余，他的文化知识越来越丰富，思想也越来越成熟了。

时间转眼来到了 1912 年，这是朱可夫在作坊工作的第四个年头。现在他已经是一个 16 岁的棒小伙了，由于能力突出，老板米哈伊尔非常器重他。就在这一年，老板带他前往著名的下诺夫哥罗德[①]集市。在集市上，他的主要工作是把卖出的货物打捆，然后带到伏尔加河码头、奥卡河码头和铁路仓库发货。

在《回忆与思考》一书中，朱可夫说自己第一次看到伏尔加河就是在这一时期。他大致描述了自己见到伏尔加河时的心情：

> 以前，我只看到过普罗特瓦河和莫斯科河，从未见过比它们更宽、更深的河。可是，当我看见伏尔加河后，我的心一下子为她的伟大和瑰丽所倾倒。每天早晨，在初升的朝阳里，伏尔加河沉浸其中，河面散发着圣洁的光芒。每一次，我贪婪的目光都会被她吸引，久久不愿离去。终于，我明白了人们为什么要把伏尔加河比作母亲，也知道了人们为什么要尽情地赞美她了……

---

① 下诺夫哥罗德：俄罗斯下诺夫哥罗德州的首府，机械工业中心、文化中心，位于伏尔加河与其支流奥卡河的交汇处，距离莫斯科 400 千米。

下诺夫哥罗德是一个非常复杂的地方。这里鱼龙混杂，充斥着商人、脚夫、警察、强盗、小偷、骗子、妓女等，这些人让朱可夫大开眼界，也让他明白了社会是一所真正的大学。

下诺夫哥罗德的集市结束后，老板又让掌柜瓦西里·丹尼洛夫带着朱可夫等人参加顿河军州乌留皮诺的集市。乌留皮诺是一个小城市，集市的规模也不大。朱可夫等人的工作虽然轻松，但是心里十分紧张，因为丹尼洛夫是个狠角色，经常因为一点小事就对学徒又打又骂。在当时，老板打学徒是十分寻常的事情，甚至打死学徒也不用负法律责任。这种对年轻学徒工的非人道待遇，在朱可夫纯真的心灵里烙上了沉重的印迹。

这一次，丹尼洛夫又因为一件鸡毛蒜皮的小事，狠狠地揍一个 14 岁的学徒。小伙子跪在地上不断求饶，但丹尼洛夫就是不肯停手。朱可夫知道作坊的规矩，也知道师傅有权力惩罚学徒，但这一次他实在看不下去了。为了救下同伴，他拿起一根橡木棒子，朝丹尼洛夫的头狠狠地砸了下去。丹尼洛夫顿时像烂泥般瘫倒在地，朱可夫以为自己把他打死了，吓得赶紧扔掉手中的棒子，逃走了。实际上，丹尼洛夫只是晕了过去。后来听说他没有死，朱可夫又溜了回来。

丹尼洛夫回莫斯科之前并没有找朱可夫麻烦，但回到莫斯科后，他就添油加醋地向老板米哈伊尔告了状。米哈伊尔根本不给朱可夫解释的机会，把他痛打了一顿。事后，同伴问朱可夫后不后悔，朱可夫笑着说不后悔，因为他清楚自己做了一件好事。

不久，离乡 4 年的朱可夫终于得到了 10 天的探亲假。这些年来，他无时无刻不渴望回到家乡，与家人团聚。从作坊出来后，他匆匆买了些礼物，就急急忙忙地往车站赶去。

初到莫斯科时，朱可夫坐的是夜班车，没有看见路上的风景。这次回去他坐的恰好是白班车，为了饱览沿途风光，他一直站在打开的车窗旁，观看各个车站的风景和沿途令人浮想联翩的大大小小的森林。

火车经过纳罗－福明斯克车站时，朱可夫不由得想起了 4 年前去莫斯科时的一个场景。那时，火车离开巴拉巴诺夫车站后，远处出现了一排灯火通明的高楼大厦。朱可夫是个乡下孩子，从来没有见过如此壮观的建筑，他忍不住好奇，指着那片光明问站在车窗旁的一个老人："老伯伯，那是什么地方?"

"那是萨瓦·莫罗佐夫开办的纳罗-福明斯克纺织厂，我在那个工厂干了15年，"老人抽了口烟，接着说，"不过，我现在不工作了。"

朱可夫问："您为什么不工作了呢?"

"唉!"老人长叹一声，"说来话长，我的妻子和女儿都死在了那里。"老人的眼睛里闪烁着泪花，他转身擦干眼泪，接着说道，"每次经过这座工厂，看到这个吃人的怪物，我的内心就无比的痛苦、愤怒……"

朱可夫正沉浸在回忆之中，旁边几位乘客的谈话突然打断了他的思绪。

一个年轻人说："4年前我经常来这儿，看，那厂房多漂亮啊，那个工厂是莫罗佐夫开办的。"

另一个人问道："他好像是一个民主主义者，是吗?"

年轻人说："他是一个地地道道的资产阶级民主主义者，对工人还可以，只是他的手下很坏，简直是一群畜生!"年轻人的话语间充满了恨意。

"你说得很对，他们就是一群魔鬼!"另一个人也恨恨地应和道。

朱可夫听着他们的谈话，想起了自己看过的关于布尔什维克的书籍，不由得对这几个年轻人产生了亲切感，只是"近乡情更切"，他的这些念头被回乡的情绪冲淡了。

为了早一点见到儿子，乌斯季尼娅早早就到了车站，朱可夫一眼就从人群中认出了母亲，母亲这几年苍老了很多，身体也没有以前健壮了。

母亲见到朱可夫后，用她那双粗糙的、长满老茧的手紧紧地搂着他，哽咽着反反复复地说："我亲爱的儿子，我以为我死前都看不到你了。"朱可夫的喉咙像是被什么东西堵住了，一时说不出话来，他眼睛一酸，泪水差点流了出来。他紧紧依偎在母亲怀里，说："母亲，现在应该高兴才对。你看我，这几年长大了吧！"

听了朱可夫的话，母亲会心地收起眼泪，笑了起来。他们回到家里时，天已经黑了。远远的，朱可夫就看到家门口站着两个人。不用猜，那是他的父亲和姐姐。

父亲康斯坦丁年近七十，腰已经被沉重的生活压弯了；姐姐玛莎已经长成了大姑娘，高挑且丰满，就像一朵亭亭玉立的莲花。康斯坦丁搂着朱可夫吻了一下，然后盯着他的面庞，感慨地说："还以为看不到你长大成人呢！终于让我等到这一天了。"

为了打破伤感的气氛，让大家高兴起来，朱可夫赶紧把自己买的礼物拿了出来。分完礼物后，他又把三个卢布、两斤糖、半斤茶叶和一斤糖果交给母亲。母亲接过东西，开心地说："我们好久没喝过像样的糖茶了。谢谢你，我的儿子！"

看着母亲高兴的样子，朱可夫又特意给了父亲一个卢布，让他去茶馆时零花。

母亲见父亲一副欢喜的样子，说："给他这么多干吗，20个戈比足够了。"

父亲呵呵一笑，说："这是儿子孝敬我的。好啦，我们应该高兴点才是。"

孝顺的朱可夫看到父母满足的笑脸，心里也乐开了花。

时值割草的季节，很多在外做工的人都回到村里来帮忙。第二天，母亲和玛莎要去草场割草，朱可夫也要求一起去。在草场，他见到了儿时的玩伴列什卡，现在列什卡已经长成一个大人了。

一位邻居看到朱可夫在干活，走过来搂着他的肩膀，打趣地问道："农活比工厂要辛苦吧！"

朱可夫点点头说："农活是不轻松。"

又有一个青年走过来，说："听说现在英国人都用机器割草了！"

朱可夫悄悄地问列什卡："这个说话的青年是谁？"

列什卡回答："他是村长的儿子，叫尼古拉·朱可夫。4 年前从莫斯科回来的，他说话很尖刻，常常骂沙皇。"

朱可夫不禁有些吃惊："他连沙皇都敢骂？"

列什卡笑着说："这没什么，只要不被警察和密探听到就行。"

朱可夫猛然感到家乡变了，这种变化不在生活上，而是在人的思想观念上。以前，沙皇在人们的心目中是非常崇高和伟大的，但现在的年轻人居然敢在背后骂沙皇了。朱可夫知道，这种思想的变化和布尔什维克的宣传有关。

晚上，年轻人干完活，都到村口的粮仓附近聚会玩耍。姑娘们用优美的歌喉唱着温柔的曲调，小伙子们用低沉的声调轻轻伴唱。大家唱着一支又一支深情的歌曲，直到累得倒下去。朱可夫很久没有这么高兴过了，大家一直玩到天快亮时才散去。

10 天的假期很快就过去了，朱可夫也该回莫斯科了。就在他临行的前一天晚上，邻村突然起火，火势猛烈，烧掉了好些房屋和草棚，眼看就要烧到粮仓了，朱可夫和正在村口唱歌、跳舞的年轻人一道赶过去帮忙救火。

周边几个村的人也陆陆续续地赶到了，但大半个村庄仍被烧掉了。朱可夫提着一桶水经过一户人家时，突然听到屋里传来求救声，他赶紧把水桶放下，冲进去，只见屋里有一位生病的老人和几个哇哇大哭的孩子。他没有犹豫，拼尽力气将他们救了出来。第二天，他才发现他的新上衣被烧了两个大洞，这件上衣是休假前老板送给他的。作坊有个规矩，学徒工回家探亲，老板都要送一件上衣。

母亲看着破洞，担心地说："这是老板送的，现在烧坏了，老板会生气的。"

朱可夫连忙安慰母亲："没关系，我是为了救人，又不是故意的。"

朱可夫回到莫斯科后，向老板米哈伊尔解释了衣服被烧的原委。米哈伊尔听了，一句话也没有说，朱可夫为此高兴了好久。实际上，米哈伊尔之所以没有责备他，是因为店铺在前一天高价卖出了一批货，他心情比较好。

枯萎的爱情之花

朱可夫的学徒期截至 1912 年年底，这一年他 16 岁，虽然成了青年师傅，但是他仍然不能独立干活，得继续当老师傅的助手。

在朱可夫学徒期满这天，老板米哈伊尔问他："你以后是住在作坊的宿舍里，还是去外面租房子住?"朱可夫不明所以，茫然地看着米哈伊尔。米哈伊尔解释道："你要是住在作坊里，那就跟学徒们一起吃饭，每月工资为 10 卢布；你要是去外面租房子，每个月会有 18 卢布。"

朱可夫一直住在作坊里，对于外面的世界还很陌生，没有独立生活的经验，因此他选择了继续住在作坊里。这段时间，老板米哈伊尔仍然让他干学徒的活，而且不给加班费。朱可夫觉得这样下去不行，如果去外面住，他晚上还有时间可以看看书。

于是，朱可夫向老板米哈伊尔提出到外面租房子住。米哈伊尔看到他态度坚决，也只好点头同意。朱可夫十分兴奋，在表弟亚历山大的帮助下，他很快就租了一间房子，租金为每月 3 卢布。房东是个寡妇，叫马雷舍瓦娅。她有一个女儿叫玛丽亚。玛丽亚的年龄与朱可夫相仿，他们常常在一起看书、唱歌、跳舞，两颗年轻的心越来越近，朱可夫知道，自己恋爱了。

米哈伊尔非常器重朱可夫，常常把一些重要的事交给他去办，比如去银行兑现支票、办理活期存款等。他还经常把朱可夫带到毛皮商店，让他负责修补、捆货、办理托运等。比起作坊里的工作，朱可夫更喜欢这些工作，因为这一方面可以暂时逃离师傅们的牢骚和抱怨；另一方面还可以跟有知识的人打交道，倾听他们对时政要闻的分析和讨论。

通过阅读布尔什维克的宣传资料，他对政治事件已经有了判断，在他看来，只有依靠马克思主义才能取得革命的成功，挽救受苦受难的人民。

与此同时，朱可夫和玛丽亚的关系越来越亲密，他们跟所有的恋人一样，尽情地享受着爱情的甜蜜。朱可夫打算等存够钱后就和玛丽亚结婚。工作的顺利加上爱情的甜蜜，让他觉得自己是世上最幸福的人。

然而，就在朱可夫憧憬美好的婚姻生活时，第一次世界大战爆发了。1914 年 7 月 28 日，奥匈帝国与塞尔维亚断交并开战，沙俄支持塞尔维亚，宣布全国动员。沙俄的行为激起了德国的不满，8 月 1 日，德国向沙俄宣战。奥匈帝国也在 8 月 6 日向沙俄宣战。

战争初期，德军将重点放在西线，使得俄军在东线进展得异常顺利，一度攻进了东普鲁士。为了阻挡俄军，德军迅速往东线调兵，并在东科穆辛森林附近歼灭了几万俄军，迅速改变了东线的战局。9 月 11 日，德军攻击俄第 1 集团军，俄军再次战败，损失了 25 万余人。德军取得胜利后，进逼到沙俄境内。

南线方面，俄军虽然在战争初期打败了奥匈帝国的军队，但是随着德军对奥匈帝国的支援，到 12 月，战事进入了胶着状态。深陷战争泥潭的沙俄，国内又发生了骚乱：侦探局的间谍和黑帮分子以及一些小混混，打着爱国旗帜，领着爱国青年，冲击德国和奥匈帝国在沙俄的商行。

莫斯科一片混乱，很多想发洋财的人一窝蜂地涌来，事态变得无法控制，就连法国、英国等盟国的商行也受到了冲击。朱可夫和玛丽亚不敢外出，只能躲在家里静待事态平息。

随着前线战事的发展，沙皇尼古拉二世①号召青年为国而战，很多青年报名参军，朱可夫的表弟亚历山大也决定上前线，并且劝朱可夫一起报名。朱可夫是个热血青年，接受了亚历山大的意见。不过，他没有将这件事告诉玛丽亚，以免她担心。作坊有个老师傅听说朱可夫要去前线，劝他说：“亚历山大和你不一样，他的父亲有钱，他为沙皇政府打

---

① 尼古拉二世（1868 – 1918）：俄罗斯罗曼诺夫王朝最后一位沙皇。他登基时，沙皇制度已经摇摇欲坠，他所施行的对外扩张、对内改革的措施都不尽如人意。

仗可以保护父亲的财产。你一个穷光蛋，为谁打仗？是因为父亲被赶出莫斯科，还是为了母亲连饭都吃不上？如果你去打仗，死了倒也一了百了，伤了或残了，你回来后能干什么？谁又会雇用你呢？”

老师傅的话如同一桶凉水浇在朱可夫的头上，他认真地想了想，觉得自己的确没有理由为沙皇政府卖命，沙皇政府只会压榨和剥削自己。因此他打定主意，不去报名参军。亚历山大知道后，大骂朱可夫是个胆小鬼、懦夫。当天晚上，亚历山大就从家里逃走，跑到前线去了，但没过多久，亚历山大就回来了——身负重伤，被人用担架抬了回来。

1915 年 7 月，朱可夫和玛丽亚计划结婚，恰逢沙皇政府征召 1896 年出生的青年入伍。这一年，朱可夫不到 20 岁，他不知道自己上了战场还能不能活着回来，但他还是选择了参军。而他和玛丽亚的婚事也就此搁置，这一搁置就是一生。

第二章　在军旅中茁壮成长

新兵的日子

1915 年 8 月 7 日，朱可夫应召入伍，被分配到了骑兵部队。骑兵在朱可夫眼里是一个浪漫的兵种，一想到策马扬鞭的情景，他就非常兴奋。一个星期后，朱可夫和新兵们来到兵站报到。这些新兵都是十八九岁的年轻人，在兵站编好队后，他们被带兵的长官领到一列开往省城卡卢加①的货车上。

货车的车厢内没有椅子，每节车厢有 40 人，朱可夫和大家一样，时而站着，时而坐着。新兵们知道上了战场就要拼命，面对陌生的环境，他们故作坚强地唱起了歌、打起了牌，但仍有一些人在小声抽泣。

货车到达卡卢加城时，已是夜间。新兵们刚走下火车，就听到了“集合”“看齐”等口令。长官看到新兵们排好了队，命令他们列队向与城市相反的方向前进。有个新兵问一位看起来面善的上等兵：“我们这是要去哪里？”

上等兵和蔼地说：“孩子，这类问题，以后永远不要向长官提出。士兵的职责，就是默不作声地执行命令。至于去什么地方，那不是我们该问的，也不是我们该管的，这是长官的事情。”

似乎是在证实上等兵的话，纵队前方传来了队长洪亮的声音：“闭

---

① 卡卢加：俄罗斯位于欧洲部分的中部城市，为卡卢加州首府。

嘴，列队里不许说话！”

朱可夫新交的朋友科利亚·西夫佐夫轻声地说：“当兵的生涯就这样开始了？”

大家又走了4个多小时才抵达兵营。兵营宿舍非常简陋，里面不但充满了难闻的气味，还不断有风从墙缝和窗户刮进来。朱可夫看着用木板拼凑的简单床铺，上面连被褥也没有，心情不由得有些低落。由于坐了几个小时的火车，所有人都极度疲惫，各自按照编号躺在床上呼呼大睡。

新兵们一觉睡到天亮，起床的集合号不知趣地响了起来，大家嘟囔着起床，排着队前去洗漱。吃完早饭，长官将他们集合在一起，宣布道：“你们是预备役步兵第189营，是为预备役骑兵第5团组建的，在这里你们将接受严格的步兵队列训练。”

在长官的带领下，新兵们领取了训练步枪，然后前往训练场。朱可夫所在班的班长是一个上等兵，名叫沙赫沃罗斯托夫。他对训练的要求非常苛刻，站在队列前一面挥动着拳头，一面大声喊道：“你们这些新兵，给我听好了，没有我的命令，任何地方都不能去，上厕所必须提前打报告，要不然，惩戒营会非常欢迎你们的。”

有的新兵小声嘀咕着：“哎，看来别想过好日子了！”

班长讲完后，一位上士来到队前，冲着新兵们大声说道：“自我介绍一下，我是你们的排长，叫马利亚夫科。你们班长的意思，我想你们都了解清楚了，从现在开始你们不许擅自行动，必须忠诚地为祖国和沙皇奉献一切。”排长讲完话，背着手踱步离开了。

训练正式开始，所有新兵都在认真地练习，因为如果有一个人犯错，全排都要受到处罚。新兵们怀着紧张的心情，结束了第一天的训练。吃完晚饭，排长下令集合，要求大家当晚务必学会唱国歌《上帝啊，保佑沙皇》。新兵们对这首歌提不起一丝兴趣，但长官的命令必须服从，大家一直学到深夜才勉强学会。

在《回忆与思考》中，朱可夫这样描述入伍初期的生活：

我们每天的生活犹如两滴水珠一样完全相似，单调至极。第一个星期天到了，大家都想休息一下，洗个澡，可是长官又叫我们去打扫操场和军营，一直干到吃午饭。午休后，又让我们去擦枪、补衣服、写家信。班长警告我们，不管发生了什么，都不能在信里写任何抱怨的话，因为检查官会扣下这种信。

在接下来的两周里，大部分新兵都熟悉了部队的规章制度。第二个周末，上尉连长沃洛金要来检验新兵的训练情况。沃洛金酗酒成性，经常在喝醉时无缘无故地殴打士兵，对于检验新兵的训练情况毫无兴趣。他懒散地检验完毕，揉着发红的双眼对新兵们说："今后你们要好好训练！为上帝和沙皇效劳，是会得到回报的。"

经过一个月的训练后，朱可夫所在的排被派往乌克兰境内的预备役第5骑兵团服役。这支部队的驻地位于哈尔科夫[①]省巴拉克列亚城。列车经过漫长的行驶，终于驶抵萨文策车站。朱可夫和新兵们下车后，看见站台上有一队穿着新军衣、神态严肃的骑兵军士和司务长。这些人的穿着都不一样，有的穿着骠骑兵制服，有的穿着枪骑兵制服，还有的穿着龙骑兵制服。

分配连队时，朱可夫被分配到了龙骑兵连。第二天，新兵们都领到了制服、马匹和一些装备。朱可夫分到了一匹灰色的烈性牝马，名叫恰谢奇娜娅。骑兵的训练非常枯燥和辛苦，不仅要练习骑术、射击，还要学习在马背上使用马刀。当然，为马洗澡也是每个人的分内事。

朱可夫的新排长是一个上士，名叫杜拉科夫。他对士兵的要求非常严格，处理问题也非常严谨，从来不会冤枉一个士兵，当然也不会放过犯错的士兵。排里有个人名叫博罗达夫科，他的脾气非常暴躁，喜欢大

① 哈尔科夫：乌克兰州名和市名。在乌克兰东北部，与俄罗斯接壤，是乌克兰全国面积最大的城市。

声讲话，经常无故殴打士兵。有的老兵说，博罗达夫科以前把不少士兵的牙齿都打掉了。

每当排长杜拉科休假时，博罗达夫科就成了代理排长。博罗达夫科认为，凡是在莫斯科工作或待过的人，都不好管理。因此，他经常故意整那些来自莫斯科的新兵。一天夜里，博罗达夫科在检查内务执勤时，看到值日兵在打瞌睡，二话没说就上前把他揍了一顿。

士兵们都对博罗达夫科恨之入骨。一天夜里，朱可夫和几个士兵实在无法忍受了，他们偷偷藏在博罗达夫科必经的一条路上，趁博罗达夫科走近时，冲出来用布袋将他的头罩住，狠狠地打了一顿。朱可夫和几个士兵以为军事法庭不会放过他们，关键时刻，排长回来了，他把这件事当成一场误会，搪塞了过去。没过多久，排长找了个机会，把博罗达夫科调到其他地方去了。

到1916年初春，朱可夫已经成了一个技术高超的骑兵。这时，部队接到上级通知，要把后备骑兵连调往前线。战事紧张，前线的下级军官伤亡很大，上级决定从新兵中挑选30名优秀的士兵，前往教导队受训，培养成军士。表现一向不错的朱可夫被选中了，但他想直接去前线，不想再受训练。排长知道他的想法后，对他说：“兄弟，你迟早都会上前线的。现在你的任务是好好学些军事理论，以便将来成为优秀的军士。”

排长看到朱可夫犹豫的神情，继续说道：“你看我，我就不着急去前线。我曾经在前线待过一年，那里的事我非常清楚，仅凭一腔热血是远远不够的。”排长顿了顿，又说：“唉，遗憾的是，前线很多士兵都稀里糊涂地死了，你知道这是为什么吗?”

排长盯着朱可夫，没有再说下去。朱可夫已经明白了，排长对沙皇政府有意见，不愿意替沙皇卖命，可他又要履行士兵的天职，这让排长的内心一直处于矛盾之中。朱可夫想了想，觉得排长的话有些道理，于是放弃了上前线的想法，收拾行李前往教导队的驻地哈尔科夫省伊久姆城。

教导队受训

教导队一共有 240 人，都是从各个部队挑选出来的优秀士兵。指挥官是一个上士，因为他的右手食指短了半截，士兵们都叫他“四指半”。经过一段时间的接触，朱可夫了解到“四指半”脾气非常暴躁，经常使用各种手段处罚士兵。

“四指半”孔武有力，尽管手指有残缺，但他还是能一拳放倒一个士兵。朱可夫没有被他打过，但仍然受尽“折磨”——全副武装地顶着马刀罚站，背着沙袋从马圈跑到野营帐篷，等等。

朱可夫内心虽然很愤怒，但他还是强忍脾气，化怒火为力量，刻苦训练。“四指半”挑不出朱可夫的毛病，便另想了一个计谋。这天，“四指半”将朱可夫喊到办公室，对他说：“我发现你很聪明，不但有知识，个性还很强，对军事方面的知识也了如指掌。这样吧，我给你一个轻松的活，以后你给我做文书吧，每天填填执勤表，统计统计人数，再去执行别的任务。”

朱可夫知道“四指半”这是在和自己过不去，便针锋相对地说：“我到这里是为了学习军事知识和当好军士的，不是为了给你当干各种杂活的勤务员。”

“四指半”听了，怒气冲冲地说：“你给我等着，想当军士是吧，我让你一辈子也当不上。”

1916 年 6 月，教导队的训练即将结束，结束前还会有一场考试。按照规定，成绩优秀者会被授予下士军衔，其余的只是准军士（军士的候补人员）。大家都认为，朱可夫肯定是第一名。没想到在毕业前两周，教导队突然宣布了一项命令：由于朱可夫以下犯上和不遵守纪律，经过研究，决定将他从教导队开除。大家知道后都愣住了，这显然是“四指半”在公报私仇。

朱可夫伤心地准备离开，幸好一名仗义的士兵将这件事报告给了教导队队长。队长为人正直，作战勇猛，获得过各种圣乔治勋章。战前他在一个枪骑兵团超期服役，担任司务长。战争爆发后，他在前线受了伤，之后被上级调到教导队担任队长。

队长派人将朱可夫叫到办公室。朱可夫进了办公室后，一直局促不安地低着头。

队长拍了拍朱可夫的肩膀，示意他坐下，亲切地问道："小伙子，一切还顺利吗？有什么不开心的事情，尽管跟我说！"

朱可夫不敢坐，站着回答："都还好，阁下！"

队长微笑着问道："你是从莫斯科来的？"

朱可夫回答道："是的，阁下，我在那里干了4年活。"

队长和蔼地说："入伍前我也在莫斯科干活，在马里伊诺林场工作。以后恐怕无法再回去了，献身军旅看来是我唯一的选择。"他看了看朱可夫，沉默了一会儿，接着说："我看了你的评语报告，上面写着你在4个月的受训期间，一共被处罚了10多次。你还把自己的排长称为'剥皮'，甚至用各种脏话辱骂他。这些都是事实吗？"

朱可夫回答道："没错，阁下，这些都是真的。但是我想说明一下，换成任何一个人处在我的位置，他们的反应恐怕会比我更激烈。"接着，朱可夫把前因后果详详细细地告诉了队长。

队长听了，点点头说："这样吧，你先回去，剩下的事我来处理。"

在队长的过问下，朱可夫没有被开除，可以继续参加毕业考试。但他并没有如大家所愿获得第一，最终以准军士的军衔毕业。

这段经历对朱可夫影响很大，他在《回忆与思考》一书中这样写道：

假如要评价旧军队的话，我只能说那里的教导队长不错，因为他的确在认真搞训练，特别是队列的训练。从那里毕业的学员，每个人都可以熟练地掌握骑术，使用各种武器以及单兵作战。在"十月革命"以后，很多旧军队的军士之所以能够成为精干的红军军事长官，跟这个是分不开的。

8 月，罗马尼亚与沙俄并肩对抗德国。沙皇政府开始乐观起来，认为在罗马尼亚的帮助下，一定可以击败德国。

教导队接到命令，要求派学员去补充骑兵连，其中有 15 人将被分到前线的第 10 骑兵师。名单发下来的时候，朱可夫无意中看到“四指半”在阴笑，心里突然明白了什么。正如他所预料的，他就在这 15 人当中，并且排在第 2 位。

这一次，朱可夫服从了命运的安排。欢送会过后，他们朝着前线哈尔科夫方向赶去。火车线路繁忙，他们的火车走走停停，弄得士兵们心烦意乱。在一处车站，无数列车挤在一起，有开往前线的，有往回运送伤兵的。士兵们看到车站里有伤兵，便跑去询问前线的战况。伤兵们不断地抱怨，指责俄军的装备比敌人落后、高级军官不顾士兵的死活，甚至说统帅部里有德军安插的间谍。

这些消息使朱可夫和队员们情绪十分低落，他们默默地回到自己的车厢。过了很长时间，列车终于抵达目的地。就在大家吵吵闹闹地下车时，突然响起了刺耳的防空警报。一架德军侦察机在列车上空盘旋一阵后，投下几颗炸弹。这次空袭虽然只造成一名士兵死亡，但这是朱可夫第一次亲历战争，这给他留下了非常深刻的印象。朱可夫到达第 10 骑兵师后，驻守在德涅斯特河①岸，被编入了西南战线的后备队。

不愿做奴隶的人们

1916 年 9 月初，第 10 骑兵师在贝斯特里茨山林地区集结。战斗开始后，由于地形因素，上级命令骑兵作为步兵参加战斗。自大、乐观加

---

① 德涅斯特河：位于欧洲境内，发源于东喀尔巴阡山脉罗兹鲁契山海拔 900 米的山坡上，流向东南，流经乌克兰和摩尔多瓦两国，最后注入黑海的德涅斯特湾。

上装备落后，俄军很快被击退，而且损失惨重。

在这次战斗中，朱可夫因为俘虏了一名德军军官，得到了他军事生涯中的第一枚勋章——圣乔治十字勋章。

10 月，朱可夫和几个战友在侦察德军阵地时，无意中走进了德军预先埋设的雷区。很快，一枚地雷被引爆，朱可夫被气浪从马上掀下来，昏死过去。之后，他在医院里昏迷了一天一夜。等他醒来，才知道另外两名战友的伤势更严重。由于部队医院医疗条件有限，朱可夫又被送到了哈尔科夫医院。为了对朱可夫进行褒奖，上级再次给他颁发了一枚圣乔治十字勋章，并授予他军士军衔。

在哈尔科夫医院，朱可夫的伤势渐渐好转，但听力仍没有恢复，因此，他出院时，医务委员会把他调到远离前线的一个骑兵连。朱可夫很满意这个安排，因为这里是他以前所在的骑兵新兵连的驻地。

连年的战争使沙俄政府的经济形势异常严峻，工厂停工，土地荒芜，很多地方还闹起了饥荒。前线士兵知道家乡的情况后，愤怒的情绪一浪高过一浪。与此同时，布尔什维克领导的革命在后方如火如荼地开展起来。

在拉格尔村，朱可夫感到士兵们有很强的厌战情绪，他们不再信任沙皇，每个人都在私下议论布尔什维克，甚至有不少士兵加入了布尔什维克。

1917 年 1 月 22 日，布尔什维克领导彼得格勒（即圣彼得堡，苏联时代又被更名为列宁格勒）的工人举行大罢工，人数约有 10 万。接着，莫斯科、哈尔科夫、巴库等城市也举行了罢工和游行，翻天覆地的社会大变革开始了。

2 月 27 日凌晨，骑兵连突然接到了紧急集合的命令。朱可夫问排长："中尉先生，我们要去什么地方？"

排长看了看朱可夫，反问道："你有什么意见吗？"

朱可夫回答："我是看发了子弹才问的。"

排长狡黠地笑了笑："这你就别管了，发子弹肯定是有用处的。"

这时，连长冯·德·戈尔茨走了过来，他能征善战，获得过很多荣誉勋章。他将部队分成3个纵队，命令士兵快步走，让骑兵连顺着公路向巴拉克列亚城后备骑兵第5团司令部的方向进发。

骑兵连赶到团部操练场后，这里已经有了两支部队，正列成横队静静地等待着什么。朱可夫所在的连队按照命令也列成横队。大家一头雾水，不知道上级想干什么。但是，一切很快就水落石出了。操练场来了很多工人和士兵，他们手举红旗高声呐喊。

事态变得紧张起来，连长们不敢擅自行动，纷纷纵马朝团部方向跑去。这时，团部有一群军人和工人走了出来，其中一位高个子的军人对着大家高声喊道："沙皇尼古拉二世、资本家、地主不再被我们工人阶级、士兵和农民承认，我们愿意以生命捍卫我们的土地、和平与自由。"高个子军人说完，大喊："不要战争，和平万岁，打倒沙皇，工农、士兵代表苏维埃万岁！乌拉！"

士兵们都是穷苦百姓出身，他们原本是来镇压游行的，现在全部将枪口转向了身后的指挥官。朱可夫的连长和其他军官都被拘捕了，士兵们纷纷扬起手臂，高声喊着："乌拉！"布尔什维克秘密领导的士兵委员会成员站了出来，命令各部队回到原驻地，等候命令。

第二天，朱可夫所在的骑兵连举行大会，选举连队的苏维埃代表和士兵委员会。大家对朱可夫的能力特别认可，一致选他担任连队士兵委员会主席。

这个时候，不仅是朱可夫所在的连队，整个沙俄都像一根紧绷的弦。1917年3月初，彼得格勒再次爆发大规模工人罢工，人数达到25万之多。沙皇政府残忍地下令向手无寸铁的人们开枪。这一残暴的行径激起了全国人民的愤慨，布尔什维克维堡区委员决定发动武装起义。

3月12日（俄历2月27日），以工人为主体的起义轰轰烈烈地展开了。沙皇政府命令士兵向起义人群开枪，士兵们坚决拒绝并加入起义队伍，把枪口转向沙皇政府。很快，政府要员被逮捕。布尔什维克中央向全国发表《告全体俄国公民书》，宣布已经控制了首都，号召全国人

1917年3月8日，“二月革命”爆发，担任临时政府首脑的克伦斯基检阅军队

民起来推翻旧政府。3月15日，沙皇尼古拉二世被迫退位，沙皇政府的统治就此结束。这就是著名的“二月革命”。

不过，沙皇尼古拉二世并不甘心就此退出历史舞台，资产阶级在孟什维克①和社会革命党②人的支持下，悄然成立了以李沃夫③为首的资产阶级临时政府，想要建立君主立宪制，扶持沙皇尼古拉二世再次上台。不久，孟什维克和社会革命党人掌权了，强行要求全国人民执行他们的政策。3月，朱可夫所在的第5骑兵团举行的苏维埃大会上，布尔什维克与孟什维克进行了激烈的较量。5月，骑兵连士兵委员会下发通知，解散这个连队，士兵们领到退伍证明书后便返回各自家乡。朱可夫离开

---

① 孟什维克：俄文音译词，意为少数派。指俄国早期工人运动中的资产阶级改良主义派别。

② 社会革命党：成立于1902年，主张推翻沙皇政权，实行联邦制的民主共和国；实行自由的民族政策、政教分离；主张土地社会化，工厂社会化。1917年“二月革命”后，曾与孟什维克一起成为苏维埃中的多数派，主张与资产阶级临时政府妥协，其领导人曾出任临时政府的部长和总理。该党反对“十月革命”，在苏维埃政权成立后曾长期进行反对共产党和苏维埃政权的政治活动。1920年被苏维埃政府取缔。

③ 李沃夫（1861—1925）：即格奥尔基·叶夫根耶维奇·李沃夫，俄罗斯古代留里克王朝后裔，立宪党人。沙皇尼古拉二世退位后，临时政府成立，李沃夫成为俄罗斯后帝国时代的首位总理，“七月危机”后由社会革命党人亚历山大·克伦斯基接任。“十月革命”后被布尔什维克关押，随即越狱逃亡巴黎。

部队后，发现有些陌生人在四处搜寻他，他只得四处躲藏。

光荣的红军战士

1917 年 11 月 7 日（俄历 10 月 25 日），震惊世界的俄国“十月革命”爆发了。革命成功后，苏维埃政权宣布临时政府被推翻，命令俄军退出战场。可惜革命的喜讯很快就被各种叛乱掩盖了，内战开始在各地爆发。英、法、美、日不愿意看到俄国被无产阶级掌控，以各种借口出兵干涉。

11 月 30 日，朱可夫辗转回到莫斯科，不久又从这里回到了家乡。为了保卫苏维埃政权，保卫胜利的果实，朱可夫决定参加家乡的赤卫队。

1918 年 2 月，朱可夫正准备加入赤卫队，没想到意外感染了斑疹伤寒，不到两个月又患上了回归热，无法加入布尔什维克的部队，这让他一直耿耿于怀。

到 8 月，朱可夫的身体终于康复了。这时的红军已经是一支拥有 50 多万人的正规军，正在各个战场与国内白军①和外国干涉军作战。朱可夫和几名同乡报名参军，最后被选进红军莫斯科骑兵第 1 师第 4 团。参加红军可以说是朱可夫人生的一个重要转折点。正是从这时开始，他把自己的一生奉献给了苏维埃，奉献给了伟大的祖国。

第 1 骑兵师第 4 团的团长是谢苗・康斯坦丁诺维奇・铁木辛哥②，师长是著名的布琼尼③将军。朱可夫为自己能在布琼尼手下当兵感到十

---

① 白军：当时白色是皇室的代表颜色，白军指由支持沙皇的保皇党、军国主义者、自由民主分子及温和社会主义者组成的军队，因为与苏俄红军相对立而被称为白匪。

② 谢苗・康斯坦丁诺维奇・铁木辛哥（1895—1970）：苏联元帅、军事家，曾两次获得“苏联英雄”荣誉称号。苏德战争爆发后担任红军高级指挥官。

③ 布琼尼（1883—1973）：即谢苗・米哈伊洛维奇・布琼尼，第一次世界大战期间，曾在德国、奥地利和高加索战线作战。“十月革命”准备时期，先后担任高加索骑兵师连士兵委员会主席、团士兵委员会主席和师士兵委员会副主席。苏德战争期间担任西南方向总司令、北高加索总司令等。战后担任苏联农业部副部长，专管养马业。

分自豪，因为这支部队非常善战。第一次世界大战结束后，沙皇军队和白军，以及国外干涉势力对苏维埃政权构成了严重的威胁。这些军队不但装备先进、训练有素，而且规模庞大，人员将近 100 万。苏维埃政权为了抵抗他们，大规模扩军，到 1919 年年初，红军基本成形，拥有步兵师 42 个、骑兵 4 万人、大炮 1 700 门、飞机 450 架、军舰 50 多艘。

1919 年年初，东线战事紧张，朱可夫所在的师奉命前往东线战场。

俄国本来就是一个工业相对落后的农业国，又经历了 4 年的帝国主义战争，整个国家更是破败不堪。由于缺乏劳动力和原料，很多工厂早就倒闭关门了。大部分铁矿、煤炭、石油、棉花，以及大约四分之三的生铁、钢、糖及大部分谷物的产地，恰好位于国外干涉军和白军占领区。整个国家物资极度缺乏，尤其是那些最需要的东西，比如金属、燃料、衣服、谷物等。

骑兵团红军战士一到叶尔绍夫车站，全都下车涌向附近的集市。由于供应不足，每人每天只能领到四分之一俄磅[①]的劣质面包，加上一点马肉汤或鱼汤。这些食物对年轻的士兵们来说根本就是杯水车薪，他们都饿坏了，冲到集市就着急忙慌地买了很多大圆面包，狼吞虎咽地吃起来。

士兵们亲身体验到莫斯科、彼得格勒和其他城市的劳动人民忍饥挨饿的情况，以及部队供应恶劣的情况，所以非常仇恨富农、反革命哥萨克和干涉军，这种仇恨让他们更加坚定地投入保卫革命果实的战争之中。

当时东线红军遭到了白军的猛烈攻击，损失惨重，其中损失最严重的是第 5 集团军，伤亡和失踪人员所占比例高达 50%。为了拯救红军，人民委员会紧急任命图哈切夫斯基[②]为第 5 集团军司令。然而，白军凭借精良的装备，打得红军节节败退。嚣张的白军已经挺进到离喀山仅

---

① 1 俄磅≈409. 512 克。

② 图哈切夫斯基（1893—1937）：即米哈伊尔·尼古拉耶维奇·图哈切夫斯基，苏联最早的五元帅之一，军事战略学家，有“红军拿破仑”之称。

85 千米处。假如红军再向后撤退，只能退到伏尔加河的另一边了。为了尽快恢复士气，掌握战略主动权，伏龙芝①临危受命担任南部军队的最高指挥官。

伏龙芝一上任就对部队进行了大规模调整。他指出，在这种困难的条件下，应当尽快从白军手中夺取战略主动权，打击敌军的士气，树立己方士兵们必胜的信心。

伏龙芝认为，即使是在敌人获胜的情况下，如果能给白军造成一些障碍，并好好加以运用，这些障碍也可能成为白军溃败的开始。

伏龙芝猜测，敌军的主力正在东线中部的喀山、辛比尔斯克和萨马拉方向作战，试图由此推进到伏尔加，这样一来，其左翼就成了薄弱之处，敌方不可能迅速快捷地将主力调到左翼支援。

伏龙芝由此制订了作战计划：从正面拖住白军，同时用土耳其斯坦集团军、第 1 集团军全部、第 4 集团军的一部对敌人过长的左翼实施迅速而坚决的突击，然后进一步把这一反突击变成己方东线的大反攻，进而解放乌拉尔和西伯利亚。

这一计划得到了列宁的称赞，俄共中央和革命军事委员会批准了这一计划。

在东线胜利发起反攻的同时，乌拉尔斯克陷入哥萨克白军的围攻之中，它与南方军队集群的联系也被切断。尽管被围部队进行了顽强的抵抗，始终不愿放弃乌拉尔斯克，但一直没能成功突围，处境非常危险。6 月 16 日，列宁给伏龙芝发去电报：

请你转告保卫乌拉尔斯克的英雄们，不要泄气，再坚持几个星期，我相信他们一定能够胜利。在此，我向保卫乌拉尔斯克的英雄致以崇高的敬意！

---

① 伏龙芝（1885—1925）：即米哈伊尔·瓦西利维奇·伏龙芝，苏联杰出的红军统帅和军事理论家。伏龙芝军事学院便以他的名字命名。他一生在军事理论上有很多贡献，著作颇多，为苏维埃社会主义共和国联盟武装力量的建设做出了不可磨灭的贡献。

伏龙芝马上命令恰帕耶夫[①]的第 25 步兵师赶往被围的乌拉尔斯克。恰帕耶夫是一个富有传奇色彩的英雄人物，当朱可夫所在部队得知恰帕耶夫率领部队进抵乌拉尔斯克时，士兵们群情激昂，大家都相信乌拉尔的哥萨克白军一定会被打败。

朱可夫所在团在向希波沃车站前进的途中与敌人发生了战斗，阵地几经易手。白军在数量上占据优势，战斗相当激烈，直到晚年，朱可夫还对这场激战记忆犹新。

当时，大约 800 名哥萨克骑兵冲向他们，所幸朱可夫所在连队有一门大炮，大家把大炮藏在路堤上，当白军骑兵进入射程后，炮手们迅速架好大炮，对白军侧翼进行了猛烈的轰击。哥萨克白军一下子被打傻了，吓得四处逃窜。炮手们准确的射击继续给敌人以致命打击，白军支持不住，只得仓皇后撤。这次胜利极大地鼓舞了骑兵们的士气。

这时，朱可夫他们又听到了一个好消息：恰帕耶夫师击败白军，进入了乌拉尔斯克城，与守卫该城的部队会合了。

正是在这场战役中，朱可夫第一次见到他仰慕已久、由衷敬佩的方面军司令员伏龙芝将军。当时伏龙芝和古比雪夫[②]一同前往恰帕耶夫的第 25 步兵师。经过朱可夫所在团时，他们主动与士兵们攀谈起来。伏龙芝关心士兵们的情绪、给养和武器等问题，询问了士兵们村里的亲人来信以及士兵们的需求等。他平易近人、态度和蔼，士兵们都很喜欢跟他聊天。

伏龙芝热情地向士兵们介绍了列宁的情况，以及列宁对乌拉尔斯克地区情况的关怀。最后，他对士兵们说："我们目前的情况挺好，已经打垮了乌拉尔的哥萨克白匪，很快我们就能打垮剩余的反革命。我们要

---

① 恰帕耶夫（1887—1919）：即瓦西里·伊万诺维奇·恰帕耶夫，苏联国内战争英雄，具有高超的组织才能和军事才能，以意志坚定、勇猛果敢而闻名。历任尼古拉耶夫斯克第 2 师师长、东方面军第 4 集团军亚历山大罗夫盖军队集群司令、第 25 步兵师师长。

② 古比雪夫（1888—1935）：即瓦列里安·弗拉基米罗维奇·古比雪夫，苏联早期卓越的党和国家领导人，国内战争时期是伏龙芝的政委，建设时期是斯大林快速工业化的支持者，红场树立雕像的 12 位领导人之一。

解放乌拉尔、西伯利亚及其他被国外干涉军和白匪占据的地方，到时我们将重新建设我们的祖国。”

他的话让大家备受鼓舞，朱可夫后来还时常回忆起这次见面的情景。

加入布尔什维克党

朱可夫很早就想加入布尔什维克党，1919 年 3 月之前，他参加了党同情者小组的活动，在活动中得到了很多老党员的帮助，对党纲党章有了深入的理解，入党的愿望更加强烈了。多年后，朱可夫对当时的团党组书记特罗菲莫夫和政委沃尔科夫仍感激不尽。

在骑兵连中，党同情者小组一共有 5 个人。尽管人数很少，但特罗菲莫夫和沃尔科夫依然经常来他们这里，跟他们谈国内、国际形势，谈党在前线斗争的措施等。朱可夫很喜欢这样的谈话，觉得很有趣，尤其是谈到布尔什维克与沙皇专制制度的斗争及“十月革命”前后在彼得格勒、莫斯科和其他工业城市的激烈斗争时，士兵们总是听得津津有味，一脸兴奋。

1919 年 3 月 1 日，朱可夫光荣地加入了布尔什维克，这是他政治生涯的开始，从此，他在苏联红军中一步步成长，最终成就了辉煌的事业。后来，朱可夫在回忆录中深情地写道：

后来的许多事情我都记不清了，但我入党的日子一辈子也忘不了。

从这一天起，朱可夫更加努力，他始终让自己的思想、愿望和行动服从党的利益，时时处处以党员的标准严格要求自己。身为党员，他以更大的热情和责任感投入与敌人斗争的事业中，并力图使自己成为无条件服从人民利益的榜样。

希波沃车站战役后不久，朱可夫所在的师被调去消灭尼古拉耶夫斯克城附近的白军。当时他们并没有采取直接的军事行动，而是进行战斗训练。

这段时间，朱可夫有幸认识了与他同姓的师政委格奥尔吉·瓦西利耶维奇·朱可夫。

那天早上，朱可夫经过露天练马场时，看见有个人正在那里训马。他走过去一看，原来是师政委。他自己就是骑术和驯马术的行家，但他还是想看一看师政委是如何驯马的。

师政委正认真地训练马左跑步，根本没注意到朱可夫的到来。但无论他怎么用力，马总是乱跑，不迈左脚，而是先踢出右脚，急得他满头大汗。朱可夫在旁边看着，不禁也急了，大声喊道："拉紧左边的缰绳!"

师政委没有说话，放慢马步，走到朱可夫跟前，下马后对朱可夫说："来，你试试看!"

朱可夫没有推辞，蹬着马镫子上了马，骑着转了几圈，熟悉了马的性子，然后扯紧缰绳，让马左跑步，马很听话地跑了两圈。他又换右跑步，马跑得也不错。就这样，左右轮番跑了几圈，马的状态一直很好，步子丝毫没有错乱。他下了马对师政委说："小腿要夹紧!"话语中带了些训导的口吻。

师政委笑着问道："你骑马几年了?"

"4 年了。"

"哦，骑得不错嘛!"

两人就这样聊了起来。师政委询问了朱可夫的情况，在哪里当的兵，在哪里打过仗，什么时候到这个师来的，什么时候入的党等。朱可夫都如实作答。师政委也介绍了自己的情况：他当了 10 年骑兵，1917 年入的党，而且从旧军队中拉出一个骑兵团加入了红军。

这次相遇让两个朱可夫成了好朋友。后来朱可夫得到了师政委的很多帮助。

崭露头角的年轻指挥员

1919 年 7 月，东线白军已经逃到了西伯利亚，于是，南线白军邓尼金[①]就成了红军首要的作战对象。7 月 4 日，列宁起草并发布了公开信《大家都去和邓尼金做斗争》。红军开始集结，准备一举歼灭邓尼金的部队。但邓尼金提前得到了红军要反攻的情报，于是趁着红军立足未稳发动突袭，连败红军数支部队。红军不得不撤退并稍作休整，之后在苏维埃中央的英明指挥下，很快又发动了大规模反击。朱可夫所在的骑兵团与邓尼金一部相遇，双方展开激战，战斗一直持续到 10 月以后。

在与白军进行白刃战时，一颗手榴弹在朱可夫身边爆炸，破碎的弹片深深插进了他的左脚和左肋。他再次被紧急送进医院，这所医院离他的家乡不远，他得斑疹伤寒时曾在这里接受治疗。

伤好之后，部队特意给了朱可夫一个月的假期。利用这难得的假期，他回了一趟家乡。常年战乱使得家乡更为贫穷，朱可夫看着破败的家园，心里非常难受。让他稍感欣慰的是，贫苦的乡亲在苏维埃的号召下成立了贫农委员会，不再像以前那样任凭地主欺压了。看着乡亲们消瘦的脸庞上的笑容，朱可夫相信依靠群众的红军必将取得最后的胜利。

假期结束后，朱可夫前往兵役局，要求上前线。兵役局见朱可夫刚刚伤愈，认为他目前还不能作战，于是把他派到特维尔[②]的一个预备营，负责培训工作。1920 年年初，朱可夫进入了位于梁赞省斯塔罗日洛沃的第 1 骑兵训练班。这里的学员都是在战场上表现出色的骑兵，朱可夫因为文化知识丰富，并且拥有大量的作战经验，被任命为骑兵连司

---

① 邓尼金（1872—1947）：即安东·伊万诺维奇·邓尼金，苏俄内战和外国武装干涉时期白军首领之一，俄国步兵中将。参加过日俄战争。第一次世界大战期间历任旅长、师长。1916 年秋任罗马尼亚方面军步兵第 8 军军长。2005 年 10 月，邓尼金被以爱国将领的身份重新安葬在莫斯科，俄政府还为此举行了隆重的仪式。此举被认为是俄罗斯全国和解的一部分。

② 特维尔：位于俄罗斯联邦的欧洲部分，俄罗斯的中心地带，距离莫斯科西北约 167 千米。

务长，平时主要教导学员白刃战技术和队列，并负责对学员进行体能训练。

7 月，上级命令训练班的所有学员立即前往莫斯科。到达莫斯科后，朱可夫住在列弗尔托夫兵营，这所兵营里还有特维尔和莫斯科的训练班学员。经过一番休整，上级命令他们集结攻击白军弗兰格尔①的军队。

弗兰格尔是一个德国男爵家族的成员，于 1902 年加入俄军，1910 年从总参学院毕业。他作战经验丰富，在日俄战争和第一次世界大战中均取得了骄人的战绩。“十月革命”爆发后，他跑到克里米亚，之后加入了邓尼金组建的军队，一路高升。后来，弗兰格尔与邓尼金发生了矛盾，最终被邓尼金驱逐出国。1920 年，邓尼金的部队被红军打得七零八落，外国干涉势力见情况危急，赶紧让弗兰格尔接掌邓尼金的指挥权。

在此期间，朱可夫分别给莫斯科的朋友写了信，将自己的现状告诉他们。玛丽亚给朱可夫回了信，内容让朱可夫感到不安，这种不安很快得到了证实，不久传来了玛丽亚结婚的消息。初恋就这样结束了，朱可夫化悲痛为力量，全身心地投入工作中。8 月初，朱可夫所在部队先在克拉斯诺达尔②集合，然后出发寻找攻打弗兰格尔军队的机会。

为了凑足兵源和物资，弗兰格尔进入顿巴斯和顿河流域，把希望放在哥萨克人身上，准确地说是放在哥萨克的富人身上。然而，经过苏维埃的宣传，多数哥萨克人明白了白军和苏维埃的区别。

就这样，军事搏斗成了政治博弈，红军和白军都在争取哥萨克人。朱可夫所在部队来到哥萨克人的地区后，经常帮助贫苦人民。团政委克雷洛夫动员大家，建议大家为百姓干几天活，修理房舍和农具等。

---

① 弗兰格尔（1878—1928）：即彼得·尼古拉耶维奇·弗兰格尔，俄国步兵中将，苏俄内战和外国武装干涉时期白军首领之一。

② 克拉斯诺达尔：城市名，位于俄罗斯南部，距离黑海和亚速海 120～150 千米，素有“俄罗斯的南都”之称。

村里的百姓很感激红军帮他们干活，到了晚上，他们邀请红军参加宴会。哥萨克人与红军之间的友谊就这样建立起来了，他们站到了红军这边。不久，朱可夫所在部队接到了攻击弗兰格尔的登陆军队的命令，之后他们又四处寻找白军。有一次，在追击白军时，政委克雷洛夫遭到白军伏击，壮烈牺牲。

此时，朱可夫进入独立骑兵第 14 旅第 1 团，继续围剿新热列利耶夫斯卡亚镇附近的残余白军和地方反动武装。团长见朱可夫能力突出，就让他担任第 2 排排长。朱可夫详细地了解部队的情况，然后站在队伍前对大家说："我是新来的，你们有人可能会怀疑我的能力，但是我相信，你们以后一定会离不开我的。"

又过了几天，上级命令红军攻击滨海地区的残匪。朱可夫一马当先，冲锋在前。战斗很快就结束了，第 2 排没有任何伤亡。士兵们对朱可夫佩服得五体投地，纷纷向他竖起了大拇指。

第三章　冉冉升起的红军新星

第一枚红旗勋章

由于在战斗中表现突出，朱可夫很快升任骑兵第 1 团第 2 连连长。1920 年 12 月，坦波夫省还有大量以安东诺夫为首的白军。安东诺夫为人狡猾，从来不打没有把握的仗，而且从来不与红军的大部队较量。苏维埃政府为了肃清这股顽匪，成立了坦波夫剿匪部队。但部队的指挥官能力不够，不但无法歼灭安东诺夫所部，反而使守备部队常常遭到偷袭。

上级命令独立骑兵第 14 旅前往此地，配合剿匪。坦波夫省前任剿匪司令被调走后，图哈切夫斯基接替了他的工作。

图哈切夫斯基的战斗经验非常丰富，指挥并打赢过很多大规模战役，在军中可谓大名鼎鼎。大家听说如此有才干的统帅要来领导自己，都特别高兴。当图哈切夫斯基到独立骑兵第 14 旅慰问时，朱可夫第一次见到了自己的偶像。

图哈切夫斯基与独立骑兵第 14 旅旅长讨论了当前的行动，又与士兵、指挥员谈话，了解士兵们在哪里打过仗、部队与居民的情绪，以及他们为当地居民做过哪些有意义的工作。他离开部队时，对大家说："列宁认为，我们要尽快将富农叛乱以及他们的叛匪武装肃清。你们的任务很重啊，应当尽一切可能，又快又好地完成任务。"

几年后，朱可夫在国防人民委员部里讨论苏军的战术理论原则时，又见到了图哈切夫斯基，并有了多次接触，这是此时的朱可夫无论如何也没有想到的。

1921 年春，朱可夫参加了维亚佐瓦亚 · 波奇塔村的战斗。这次作战对朱可夫的军旅生涯产生了重大影响。

一天早上，根据情报，在离村子 10 多千米的地方出现了安东诺夫的骑兵部队，人数约有 3 000 人。骑兵第 1 团接到命令后，与第 2 团以间隔四五千米的方式推进。朱可夫的第 2 连走在大部队最前面，连队里有 4 挺重机枪和一门大炮。队伍正在挺进时，突然遇到了安东诺夫的骑兵。这支骑兵约有 250 人，朱可夫马上让队伍摆出攻击队形，利用大炮和机枪猛攻。在他们强大的攻势下，敌人准备撤退。为了歼灭这股顽匪，朱可夫下令队伍追击，双方展开了白刃战。

朱可夫正在奋力拼杀，突然，敌人的一个骑兵击中了朱可夫的坐骑，朱可夫被马压在了身下。敌人刚要再次射击，第 2 连指导员诺切夫卡恰好出现，一刀将准备射击的敌人砍死，并将敌人的马的缰绳递给朱可夫，朱可夫一跃而起，跨上马背继续攻击敌人。

就在这时，侦察兵找到朱可夫，告诉他安东诺夫的另一队骑兵打算攻击第 2 连的侧翼。朱可夫核实情况后，一面下令全力阻止敌人，一面让手下将这一情况通知团长。很快，团长带队赶来了，但安东诺夫的骑兵异常凶悍，第 1 团逐渐处于下风。与此同时，第 2 团因为遇到大量敌人，不得不撤退。团长经过考虑，决定让部队立即退回维亚佐瓦亚 · 波奇塔村，由朱可夫的第 2 连负责掩护。敌人见红军准备撤退，拼命地围攻负责掩护的第 2 连。

朱可夫看到黑压压冲来的敌人，沉着地命令连队用机枪和大炮进行火力压制。他还要求士兵们不能丢下任何一个战友，不管是伤者还是死者。士兵们都被朱可夫感动了，拼尽全力抢回战友的尸体。战斗中，第 2 连损失很大，朱可夫看着士兵们一个个倒下，心里痛苦万分。他的好朋友乌哈奇 · 奥戈罗维奇排长也受了重伤，跌落马下，而他只能眼睁睁地看着，无法相救。

乌哈奇 · 奥戈罗维奇是一名优秀的指挥官，从小受到了良好的家庭教育。他的父亲曾经是沙皇军队的陆军上校，苏维埃政府成立后，他成了梁赞军官训练班的教员。

乌哈奇·奥戈罗维奇在弥留之际，喃喃地对朱可夫说："请把我的事情写信告诉我母亲。请你们别把我留给匪军。"

悲痛的朱可夫发疯般地向敌人开火。骑兵第1团退到安全地带后，朱可夫忍着泪带着第2连离开了战场。为了不让战友的尸体遭到匪徒们的践踏摧残，朱可夫和部下把乌哈奇·奥戈罗维奇和所有伤亡的红军一起拉走了。

脱离敌人的火力后，朱可夫发现连里的一挺机枪落在了撤退的路上。红军的装备并不好，机枪可是稀缺的宝贝。朱可夫不忍看到机枪落入敌人手里，于是策马冲进了敌群中。结果，他的马被敌人击中了，他从马背上摔了下来，敌人越来越多，眼看就要围上来了。关键时刻，连指导员诺切夫卡带着几名士兵冲了过来，把朱可夫救了出去。朱可夫被救后，敌人在红军战士的英勇搏斗下退却了。

在这次战斗中，朱可夫的第2连有13人阵亡，15人受伤。大家都陷入了莫大的悲痛之中，发誓一定要为战友报仇，歼灭这帮敌人。第2连为全团赢得了撤退时间，1922年8月31日，革命军事委员会给朱可夫颁发了红旗勋章。革命军事委员会的嘉奖令这样写道：

1921年3月5日，独立骑兵旅第1团第2连在坦波夫省维亚佐瓦亚·波奇塔村附近的战斗中，为了掩护大部队撤退，在面对近2 000名敌人骑兵的攻击时，英勇顽强地阻挡住了敌人，为大部队赢取了7个小时的宝贵时间。他们在战斗中数次进行反攻，历经6次白刃战。为了嘉奖作为连长的朱可夫，委员会经过研究，决定颁发红旗勋章以资鼓励。

朱可夫把这枚勋章看得非常重要，因为这是他得到的第一枚红旗勋章。这次战斗之后，旅部经过研究，制订了周密的作战计划，最终将这股顽匪全歼了。

升任团长

保卫苏维埃政权的国内战争于 1921 年夏季结束，苏维埃政权开始致力于发展国内建设。为了恢复生产，革命军事委员会决定大裁军，让退伍的士兵参加经济建设工作。士兵们响应国家号召，纷纷放下武器回到家乡。到 1924 年年底，红军由 550 万人裁减为 56.2 万人。

此时国内战争虽然已经结束，但是各种敌对势力仍然虎视眈眈。列宁在一次会议上说："虽然现在我们胜利了，但是没有人敢保证，国外敌对势力不会反扑。"

中央政府发现，如果不保留一定的武装，那么当敌人反击时，根本没有力量抵抗。就这样，作为党员的朱可夫留在了部队，并快速地成长起来。从 1922 年 6 月至 1923 年 3 月，他先后担任骑兵第 38 团第 1 连连长、萨马拉骑兵第 7 师第 40 团副团长。

1923 年年初，朱可夫突然接到命令，让他去师司令部面见师长。到达师部后，师长卡希林①详细地询问了第 40 团的情况，并对他的回答感到相当满意。卡希林问："你对骑兵是怎么看的？在未来的战场上，骑兵的作用会占多少？"

朱可夫曾经思考过这类问题，他稍微整理了一下思路，回答说："我们的指挥缺乏现代战争的意识，仍然运用旧军队的一套方法来训练士兵。领导干部必须掌握现代的军事理论知识。"

卡希林点点头表示同意，说："没错，所以我们要让指挥员到军事政治院校和训练班学习深造，但国内现在的学校还少，大家只能自学了。"卡希林在屋里转了一圈，一字一顿地说："我并不怎么了解你，不过很多同志都非常欣赏你。我决定让你担任布祖卢克骑兵第 39 团团

---

① 卡希林（1888—1938）：即尼古拉·德米特里耶维奇·卡希林，苏联国防人民委员部军事委员会委员，北高加索军区司令员。1918 年加入俄共（布），参加苏军。曾获红旗勋章 2 枚。1960 年苏联在上乌拉尔斯克为其建了纪念碑。

长，任命的文件我已经签字了。”

朱可夫听了师长的话，非常激动，因为他无论如何也想不到，仅仅半年时间，自己就成了团长。激动之余，他也有些担心自己是不是能干好团长的工作。5 月底，朱可夫正式成为骑兵第 39 团团长。

朱可夫上任后，为了检查部队的战斗力，让部队进行野营训练，结果发现第 39 团不但战斗准备不足，而且射击能力和战术理念都非常差，于是他有针对性地训练部队，以提升部队的作战能力。

团政委亚宁与朱可夫配合得非常默契，两人很快成了知己。遗憾的是，亚宁及其儿子在第二次世界大战中壮烈殉国了。

就在朱可夫训练部队时，加伊成了第 7 师师长，是朱可夫的顶头上司。加伊是战斗英雄，指挥过许多战役，并且大部分取得了胜利。朱可夫去师部开会时，被加伊师长的个人魅力征服了。加伊师长对他说：“我听说你们的训练做得非常好，我去看看你们的马队训练和战术训练吧!”

朱可夫回到团里的第三天，师部下令检阅第 39 团。检阅完毕，加伊师长非常高兴地对朱可夫说：“非常好，我非常满意，谢谢你带出了这么好的部队。”接着，加伊师长来到队伍中央，站在马镫上向士兵们大声说：“作为老骑兵，我对骑兵的训练情况非常熟悉。今天看了你们的训练，我感到非常满意。红军士兵就应当具有强大的战斗力。我们红军之所以有今天，正是因为你们的不懈努力和英勇顽强的奉献精神。我由衷地谢谢你们，非常重!”得到师长的赞美，大家都很高兴，异口同声地高喊“乌拉”。

之后，军区为了检验部队的战斗力，派朱可夫所在的第 7 师前往奥尔沙①地区参加大演习。这次演习，第 7 师的任务非常重，必须行军进入奥尔沙地区。朱可夫的第 39 团被指定为全师主力的前卫。经过长达 30 个小时的急行军，他们终于赶到了指定地区，这时前方的侦察兵报告：“‘敌人’正向奥尔沙车站进发，他们目前的位置在莫斯科至奥尔

---

① 奥尔沙：城市名，位于白俄罗斯东北部，第聂伯河上游河畔。

沙铁路线附近，前方有部队已经‘交火’。”

就在这个时候，演习调度员来到朱可夫团部，问道：“你们现在对‘敌人’了解多少，想怎么做?”朱可夫看了看调度员，一边上马一边说：“具体情况我需要到现场了解一下，然后才能告诉你们。”

朱可夫来到“前线”后，前卫连的连长康斯坦丁·秋宾向他报告：“‘敌人’大概有两个团的步兵，正沿铁路线向前方的高地攻击前进。”朱可夫听后，判定“敌人”并不知道第 7 师骑兵部队已经来到，否则他们不可能采取这样的战术。

加伊师长此时也赶了过来，他听了朱可夫的报告和建议，用望远镜看了看前方，说道：“没错，这是个千载难逢的好机会！放手干吧！我决定让你们全团向敌人的侧翼发起攻击。不过，在攻击之前要用炮兵和机枪向‘敌人’射击。师主力将在半个小时内赶到，到时会在‘敌人’后面发动攻击，将他们彻底歼灭。”

一个小时后，“敌人”的阵地被一片浓烟包围，朱可夫的骑兵团如疾风骤雨般横扫“敌人”步兵。“敌人”主力想要反扑，结果第 7 师主力恰好赶到，“敌人”很快便崩溃了。

红军西部军区司令图哈切夫斯基观看了整个过程。他让演习调度员吹响演习结束的号声，并给予了第 39 团很高的评价。他说：“第 7 师，特别是第 39 团，指挥官智勇双全，士兵素质高，堪称我军最优秀的部队。”

不过，朱可夫很有自知之明，他知道自己虽然实战经验丰富，但是理论知识还很缺乏，需要加以补充。为此，他每天工作完毕，还要自学三四个小时，常常熬到深夜。

不久，布柳赫尔[①]到朱可夫团来视察。布柳赫尔是国内战争时期的

---

① 布柳赫尔（1890—1938）：即瓦西里·康斯坦丁诺维奇·布柳赫尔，苏联元帅，号称“远东军魂”，是苏俄国内战争时期成长起来的一颗将星，曾创造用一个步兵师打垮装备了大量坦克、装甲车的机械化的白军的奇迹。他是 1935 年苏联第一批五大元帅之一、远东方面军司令，也是苏联远东方面长期防御日本侵略的最高将领。1938 年 11 月 9 日被秘密处决，罪名是：打入苏联内部的日本间谍。1956 年得到平反。

传奇英雄，很多人都仰慕他，朱可夫也不例外。

布柳赫尔视察过宿舍、食堂和文娱设施后，问朱可夫：“你们离国境线非常近，不知道你们的战备情况如何?”

朱可夫诚实地回答说：“全团所有人员对自己的职责都很了解，随时准备履行对祖国的义务。”

布柳赫尔点点头说：“那很好嘛，现在请你向全团发出‘警报’信号。”

朱可夫愣了一下，没想到布柳赫尔会让他这么做，但他还是毫不迟疑地向团值班员下达了命令。

一个小时后，全团已经在驻地集合完毕。布柳赫尔仔细检查了骑兵的装备，对机枪连也检查得相当认真，其中一个机枪班没有按规定往机枪内注水，而且根本没有水的储备，遭到了布柳赫尔严厉的批评。

布柳赫尔沉着脸问道：“你们知道在战争中有这样的疏忽会造成什么后果吗?”

士兵们羞愧难当，全都涨红着脸低下了头，一句话也说不出来。

“同志们，一定要从这个错误中吸取教训!”布柳赫尔强调道。

检查完战斗准备后，布柳赫尔又提出了一个演习背景：假设“敌人”正朝一个非常重要的战术地区靠近，企图迅速占领它。“敌人”与该地区相距 12 千米，我团与“敌人”大约相距 25 千米，换句话说，有利的战术地区正好位于我团与“敌人”的中间。由于时间紧迫，向下级指挥员讲明情况、解释战斗任务已经来不及了，一旦延误时间，“敌人”就可能先于我方到达该地区。朱可夫当即决定亲自带领第 1 连作为前队快步前进，并配备 4 挺重机枪和一门火炮，行军途中布置战斗任务。副团长带领主力在距离前队 3 千米时出发，准备投入遭遇战。他们在前进中不断变换步法，有时会跑步。最后，前队得以先“敌”占领该有利战术地区，组织火力迎击敌人。

“战斗”很快结束了，布柳赫尔向全团讲话：“指战员同志们，非常感谢你们，你们忠诚地履行了军人的职责。今天，你们团显示出的一切都应当受到称赞。萨马拉骑兵师曾与白军和干涉军进行过英勇的战斗，你们要忠诚地继承和发扬这个师光荣的战斗传统。希望你们随时准备完成我们伟大祖国的战斗命令。”

布柳赫尔的话极大地鼓舞了全团的士气，“乌拉”的欢呼声此起彼伏。朱可夫对眼前这位天才统帅更加崇敬，梦想有一天自己也能成为布柳赫尔这样令人仰慕的英雄人物。

升任旅长、师长

1924 年 7 月末，加伊师长派人把朱可夫叫到师部，问他：“最近有没有学习啊?”朱可夫把自己最近看的理论材料以及结合理论分析的经典战例，都详细地告诉了师长。师长对他的回答相当满意，点头笑着说：“很好，你做得很不错，不过若想更好地补充知识，还需要经过系统的训练。为了对你今后的事业有所帮助，秋天时你到列宁格勒（即原彼得格勒，现圣彼得堡）高等骑兵学校学习吧!”

朱可夫明白去这所学校学习意味着什么，因为那里是每一个指挥员军旅生涯的重要转折点。他兴奋地回到团部，开始争分夺秒地学习，准备入学考试。其实，他根本没必要准备什么，因为考试只是个形式，学员都是内定的。

朱可夫去学校报到后，怀着浓厚的兴趣游览了列宁格勒，走遍了“十月革命”时发生过战斗的地方，这是他第一次来到列宁格勒。谁也没有想到，17 年后，他会指挥列宁格勒方面军抗击法西斯军队，保卫这座城市。

入学后，学校更名为骑兵指挥员深造班，原本的两年学制减为一年。不过，学习时间虽然减少了，但课程并没有减少，学业异常繁重。为了更好地学习，朱可夫白天上完课后，晚上还会自学到深夜。

在这个深造班里，朱可夫与罗科索夫斯基[①]、巴格拉米扬[②]等后来都成了苏军元帅。罗科索夫斯基元帅对当时的情形记忆深刻，他说：

我们在列宁格勒高等骑兵学校里是同学。当时，在所有同学中，朱可夫是最认真努力的一个，他把全部精力都投入对军事科学的研究中。从他的房间就能看出他的学习精神，他的地板上铺满了地图，上面勾画得密密麻麻。他从那个时候起，就把事业和职责放在了首位，置于一切之上。

朱可夫后来之所以能够成为叱咤风云的元帅，正是因为他在学习军事学术时付出了很大的努力。对此，他在《回忆与思考》一书中这样写道：

后来上了岁数，回想当年学习军事知识时那种坚韧不拔、狂热执着的精神，还真的有些震惊。

进修期间，朱可夫在深造班所办的刊物上发表了一篇名为《影响军事学术理论的基本因素》的文章。当时朱可夫对这个问题还不是很明白，甚至不知道应该如何开始、结束这个论述。这个军事学术报告最后是在其他学员的帮助下完成的。

深造班学员在学习之余还时常举行骑马竞赛，很多列宁格勒的人前来观看，特技骑乘、障碍跳跃、砍劈，以及夏季赛马、障碍赛跑等项目很受欢迎。罗科索夫斯基、萨韦利耶夫、巴格拉米扬和朱可夫等人都喜欢参加这些项目。

---

① 罗科索夫斯基（1896—1968）：即康斯坦丁·康斯坦丁诺维奇·罗科索夫斯基，苏联元帅、军事家，“二战”时期与朱可夫、科涅夫并称为苏联陆军的“三驾马车”。他头脑冷静沉稳、处乱不惊，在苏德战争中屡立战功，被誉为“逆境英雄”。

② 巴格拉米扬（1897—1982）：即伊万·赫里斯托福罗维奇·巴格拉米扬，苏联元帅，苏联英雄。苏德战争期间历任方面军参谋长、司令员。战后历任国防部副部长、总参军事学院院长、总后勤部部长等职。

秋冬时节，深造班主要学习军事理论和政治课。学员们常常利用沙盘作业和图上作业来加强和巩固理论，而且经常花费不少时间去学习骑术和调教术，这是部队指挥员必须熟练掌握的知识。他们还会利用课余时间学习马刀和击剑术，这几个科目也算是他们的文体活动。

1925 年夏天，深造班的学员大部分的时间都在进行野外战术训练。这些训练由深造班的班主任巴托尔斯基直接领导，朱可夫等人从他那里学到了很多知识和经验。骑兵指挥员深造班结束的时候，学员们又进行了一次向沃尔霍夫河的强行军，主要学习携马泅渡和强渡江河。这两项技能在骑兵训练中很受重视。

在这次训练中发生了一件有趣的事情。训练结束的时候，朱可夫的同学、骑兵第 42 团团长萨韦利耶夫为了显摆自己高超的骑术，建议让他表演一次不湿衣服和装备、站在马背上渡河的本领。领导和学员们都同意了。

得到许可后，萨韦利耶夫把马镫子搭在马鞍上，骑着马向河里走去，显得勇敢无比。马很快越过了浅水区，向深水游去，萨韦利耶夫紧握缰绳，自信地站在马鞍上。刚开始还比较顺利，可是当他到了河中央时，马可能有点累了，开始烦躁起来，他在马背上企图保持平衡，但挣扎一番后还是掉进了水里。最后，马是单独游上岸的。等萨韦利耶夫坐着急救船上岸时，狼狈极了，简直像个落汤鸡，惹得大家哈哈大笑起来，而他本人则一脸尴尬，怎么也笑不出来。他的鞋子掉进了河里，只能穿着袜子回了营房。

学习结束后，朱可夫为了锻炼自己，和几位学员商量一起骑马回明斯克①。从学校到明斯克有 963 千米远，路非常难走，领导们同意了他们的计划，同时也给他们设置了难点——路上不得依靠兵站进行补给。他们出发时正是寒冷的秋季，连绵细雨使道路变得泥泞不堪。仅仅第一

① 明斯克：位于欧洲东部、第聂伯河上流支流斯维斯洛奇河畔，是白俄罗斯的政治、经济、文化中心，独联体总部所在地，苏联宣布解体的地方。

天，他们所走的路程就比计划少了 10 千米。当天晚上，朱可夫的马右腿瘸了，一行人只好在一个村子里停下来。第二天，天刚蒙蒙亮，他们又出发了。7 天后，他们终于抵达了明斯克。在明斯克郊区，一些士兵和当地居民正在等着他们，原来上级在这里设立了一个欢迎台。

两天后，朱可夫等人又顺利完成了多项军事考核。上级对他们进行了嘉奖，当地政府也给他们颁发了奖金。考虑到他们一路劳累，上级特意给他们放了个小假。朱可夫决定回家一趟，他已经好几年没有见到父母了。回到家乡后，他发现因为连年战乱，乡亲们比以前更穷了。他的父亲康斯坦丁已经去世，母亲乌斯季尼娅老了很多，姐姐玛莎已经结婚并有了两个孩子。玛莎的两个孩子给沉闷的家增添了一丝欢乐，他们好奇地翻着朱可夫的行李箱。朱可夫看着他们，不由得想起了自己小时候，会心地摇头微笑。

假期很快就结束了。朱可夫回到部队后，才知道部队已经进行了整编，第 7 师原来的 6 个团被缩编为 4 个，朱可夫的团就在缩编之列。那样一来，被缩减部队的指挥员也可能要离开。出乎意料的是，朱可夫被师长加伊留了下来，成为新编第 39 团团长。

红军的制度为一长制，这种制度主要有两种形式：第一，指挥员若是苏联共产党党员，则兼任政委；第二，指挥员若不是党员，政委就由别人来当。朱可夫作为团长和政委，工作更加繁忙了。在他的努力下，团里的各项工作进行得有条不紊，没过多久，朱可夫领导的团在整个军区都出了名。

1927 年春，布琼尼来到朱可夫所在的第 39 团视察，充分肯定了朱可夫的工作。此后第 39 团经常会有重要人物前来，朱可夫作为一颗新星引起了人们的关注。

1928 年 4 月，国内战争时期的英雄塞尔基奇担任了骑兵第 7 师师长。朱可夫很佩服这位新师长的能力，后来又参加了几次由塞尔基奇组织的演习，从中学到了很多东西，战术素养有了很大的提高。他认为塞尔基奇是“一个称职的教员，一个优秀的教师”。

英雄总是惺惺相惜，塞尔基奇对朱可夫也颇有好感，对朱可夫的能力给予了充分的肯定与赞扬。他在一份报告中写道：

朱可夫是一个精力充沛、果断勇敢的指挥员。由于朱可夫同志在教育和作战训练方面都表现得相当出色，他的团在各方面都达到了规定的水平……像他这样的团长应该被提前晋升。

1929年年底，朱可夫再次被派到莫斯科，进入高级干部深造班学习。学员们住在中央红军之家招待所，上课地点在伏龙芝大街国防人民委员部大厦的教室和专修室里。

朱可夫小组的主任教员是布柳赫尔的副手桑古尔斯基。桑古尔斯基很有才华，做过很多关于军事科学问题的报告和演讲，多次引用第一次世界大战和国内战争中的典型战例。其他教员在战术和战役学方面也颇有见识。总之，对朱可夫这些学员来说，高干深造班的课程具有很高的水平。

学员们对军事理论很感兴趣，都尽可能地去搜集各种军事著作，以便带回部队进行实践。在当时的苏维埃军事科学著作中，伏龙芝的著作名列榜首。伏龙芝在其著作《伏龙芝文集》中，阐述了未来战争的性质、各军种的协调发展、后方与前线的作用，以及人与技术兵器在未来战争中的关系。为了确定建军的特点、部队军事训练的方法，以及根据在本国占主导地位的军事观点来领导部队，伏龙芝坚持必须创立统一军事学说。他根据国内战争的经验进行了深刻的总结，并提出一系列的原则，这些原则后来成为编写苏军条令、教令的基础。

在深造班里，学员们深入研究了一系列重要的战役战术题目和专题，熟悉了红军部队装备的新式技术和兵器。1930年春，朱可夫深造学习完毕，回到了自己的部队。经过这次学习，无论在实践还是理论方面，朱可夫都已成为红军高级指挥员中的佼佼者。

1930年5月，朱可夫迎来了军事生涯的另一个转折点，升任萨马拉骑兵第 7 师第 2 旅旅长。

同年年底，苏维埃军事革命委员会颁发命令，由朱可夫担任工农红军骑兵监察部助理。时任第 7 师师长罗科索夫斯基为朱可夫举行了欢送会。欢送会后，朱可夫回到明斯克城，看着这个生活了 8 年的城市，他一时感慨万千。在这 8 年间，朱可夫不仅结了婚，还有了一个女儿，职位也一直在升迁。

朱可夫是在 1922 年结婚的，妻子名叫亚历山德拉·季耶夫娜。季耶夫娜是一名中学教师，当时被编到大队司令部担任文书，朱可夫则正在指挥部队与安东诺夫叛匪作战。一天，季耶夫娜与一位红军战士发生争执，朱可夫走过去为她辩护了几句，二人由此一见钟情，很快确立了关系，并结婚了。婚后，身为军人的朱可夫经常调动，但不管到哪里，季耶夫娜都一直跟着他。由于常年奔波，他们的第一个孩子没能保住。季耶夫娜的身体非常虚弱，医生建议他们不要再生孩子了，但季耶夫娜没有听从医生的劝告，1928 年，他们的女儿艾拉出生了。

生孩子之前，季耶夫娜在朱可夫手下工作，朱可夫对她要求十分严格，如同要求自己的士兵一样对待她。季耶夫娜工作一向勤恳认真、任劳任怨，只有一次差点被关禁闭，朱可夫在最后一刻原谅了她。孩子出生后，季耶夫娜不再工作，专心在家相夫教子，操持家务。许多年后，他们的女儿在回忆父母时说道：

> 我们的父亲在家里就是一个偶像，妈妈特别爱他，把自己的一生都奉献给了父亲，奉献给了这个家，她所做的一切都是为了让父亲在家感觉好一些，舒适一些。我们也尽量使他快乐。我们把他的信都保存得很好，信中的每个字都充满了他的思家之情。在父亲的心目中，工作一直是第一位的，但他还是很喜欢自己的住宅和家庭。

由此可知，朱可夫与季耶夫娜的感情最初还是不错的，即使因为战争常年奔波在外，他也经常给妻子写信，对妻子和女儿关爱有加。不过，1946 年朱可夫被贬职后，季耶夫娜留在了莫斯科，没有继续跟在朱可夫身边，两人的感情逐渐疏远，婚姻也名存实亡了。

得到工农红军骑兵监察部助理的任命后，朱可夫带着妻子和两岁大的女儿，提着简单的行李从明斯克奔赴莫斯科。骑兵监察部总监布琼尼恰好有事外出，接待朱可夫的是副部长科索戈夫。

科索戈夫给朱可夫安排了工作，让他负责骑兵的军事训练。朱可夫非常熟悉这项工作，因而很好地完成了任务。3 个月后，朱可夫在一次党员大会上被选为党组织书记。

20 世纪 30 年代，全球资本主义经济陷入大衰退，德国、日本和意大利在军国主义的道路上越走越远。为了应对未来可能的战争，苏联开始加紧备战。朱可夫按照上级指示，不仅参与拟订了红军骑兵战斗条令草案，还加入了整编骑兵部队的任务。经过整编，骑兵师由 4 个骑兵团、1 个炮兵团和 1 个机械化团组成。骑兵团下属 4 个骑兵连、1 个机枪连、1 个团属炮兵连、1 个独立防空排、1 个独立通信排、1 个独立工兵排、1 个独立化学排和相关的后勤机构；炮兵团由 122 毫米榴弹炮营和 76 毫米加农炮营组成；机械化团主战装备为 BT－5 式坦克。

1933 年，为了锻炼朱可夫指挥大战役的能力，骑兵监察部打算任命他为骑兵第 4 师师长。骑兵第 4 师是骑兵第 1 集团军的主力，这个师在国内战争期间立过不凡的功勋。一天，副部长科索戈夫问朱可夫："你愿不愿意去白俄罗斯军区？我已经向国防人民委员会委员伏罗希洛夫[①]同志推荐你担任骑兵第 4 师师长，你对此有什么看法?"

朱可夫想了一下，回答说："我在白俄罗斯工作过 10 年，很熟悉那里的环境。我很愿意前往，这是我莫大的荣誉。"

任命文件下发后，朱可夫带着家人坐上了开往白俄罗斯的火车。时值晚春，融化的积雪将道路弄得泥泞难行。出了车站走向马车时，女儿

---

① 伏罗希洛夫（1881－1969）：即克利缅特·叶夫列莫维奇·伏罗希洛夫，苏联党务和国务活动家、军事家，苏联武装力量的积极建设者，苏联元帅，两次获"苏联英雄"称号，被誉为"红色元帅"。

问朱可夫："路怎么破成这样，跟我们那里根本不一样。"

朱可夫摸了摸女儿的头，说："以后这里会很漂亮的，现在的一切只是暂时的。"朱可夫一家到达兵营时，第 4 师已经做好了欢迎准备。由于条件简陋，朱可夫的住处只有 8 平方米。

为了彻底摸清第 4 师的情况，朱可夫决定亲自到各个部队视察，很快发现整个师包括师部都存在着不小的问题。朱可夫探根究源，发现第 4 师自从 1932 年划归白俄罗斯军区第 3 军指挥后，由于修建营房等工作，部队在一年半的时间里完全成了劳动部队。而第 3 军军部根本无法对第 4 师提供有效帮助，因为它下辖的其他师也存在类似的情况。

为了解决第 4 师存在的问题，朱可夫召开了全师党员大会。在大会上，大家都有解决问题的决心，并进行了批评与自我批评。

随后，朱可夫对第 4 师进行了大刀阔斧的改革整顿。他首先集中主要力量对各级指挥干部进行教学法训练，并对中高级指挥人员加强战术训练。

根据多年的经验，朱可夫认为，指挥员具备良好的战术素质，才能训练出高素质的队伍。他把战术训练看成全部军事训练中最重要的部分。而他本人在漫长的军事生涯中，不管是作为一名士兵，还是后来官居国防部部长，都在孜孜不倦地学习战术。

朱可夫极为重视在实战条件下进行部队训练，经常把全师拉到野外，训练部队在复杂条件下作战的能力。

他对属下虽然要求严格，但从不训斥他们，没有人看到过他大发雷霆，当然，如果有人违犯了部队的纪律，又教育无效，他也会干脆利落地将其送上军事法庭。

在部队里，朱可夫始终贯彻一项原则，那就是：你如果不会，我会教你；你如果不想学，我只有强制你去学。

他规定，穿着工作服不得离开车间，必须穿着规定的制服才能离开车库和坦克停车场去外面。野外训练回来后，无论时间多晚，必须马上洗刷战斗车辆。另外，他要求所有人都必须把皮鞋擦得锃亮。

每当战车从野外演习回来，洗车的专用台子都已经搭好，而且每次作业结束，朱可夫都要亲自查看。对于部下，尤其是军官，他会亲自考查，如果有人不称职，他会立即让这个人离开部队。

在朱可夫的领导下，士兵们学到了很多东西，而且大家都知道，他是一个处事公道的人，所以没有人愿意离开他的部队。

朱可夫经常在深夜到下面视察。如果发现有什么不对的地方，他会立刻要求部下纠正，或者把没有做好的事情重新做一遍。即使部下都睡了，他也会叫醒他们。

一天午夜时分，一个坦克连在战术演习结束后返回驻地，士兵们筋疲力尽，胡乱洗刷了坦克，然后请求停车场的值日军官允许他们停放，并保证第二天清晨一定会彻底清洗。值日军官非常清楚这样做是不被允许的，但是看到疲惫不堪的士兵们，他犹豫良久后终于同意了。一个小时后，朱可夫来车场检查车辆，看到那些没有彻底清洗的坦克，他很恼火，尽管值日军官找了很多理由进行辩解，但他仍然没有消火，生气地对值日军官说："你愿意帮助同志，这值得赞扬，但是你知道吗，你这样做并不是在帮助他们，而是在害他们！你不执行规定，就等于纵容他们违犯军纪军令。我也是人，知道士兵们很累，但他们既然参了军，就要接受训练，这样才能经受住战争的考验。我本来应该解除你的职务，然后再给你军纪处分，不过我今天破个例，不处罚你，党组织会对你的行为进行审查，然后宣布对你的处分，这样做对你是有帮助的。"说完，朱可夫立即命令连长、营长组织人员把坦克彻底清洗干净，在完成任务后向他报告，他会再检查。

两个小时后，坦克终于清洗完毕，朱可夫命令全连去休息，只留下了连长、营长，并对坦克进行了认真检查。临走时，朱可夫对连长说："我认为你还不能胜任连长一职，你好好想想，然后把自己的意见告诉我。我再次提醒你，如果再有下次，我绝不轻饶你。"

为了让部下严格执行命令，遵守各项规定，朱可夫可谓想尽办法。

有一次，在警卫队列上，朱可夫听取了值日军官的报告，决定对参加值勤的警卫兵的军容进行一次检查，结果发现一个士兵的靴子擦得不够好。他马上命令副官拿来一张凳子和擦鞋工具，然后让那个士兵把一只脚放在凳子上，认真地替他擦靴子。几分钟后，靴子就变得锃光瓦亮了。朱可夫把刷子递给那个士兵，让他把另一只靴子也擦亮，并要求他擦好后跟着值日军官到师部报告。这个士兵下了很大功夫擦好另一只靴子。值日军官和警卫队长又把两只靴子仔细进行了比较，然后才让他去让朱可夫检查。

这件事在全体官兵中引起不小的议论，大家都以为朱可夫会对擦鞋问题下一道严厉的命令，于是每天都认认真真地擦鞋，但他们最后什么也没有等到。

第 4 师在朱可夫的治理下变得井然有序，全体官兵都很信赖他，深深感觉到他存在的力量。

就在朱可夫踌躇满志地按自己的方式重塑第 4 师的形象时，发生了一件让他感到很不舒服的事情。当时朱可夫已经担任师长半年，军区司令员乌博列维奇①认为第 4 师的状况没有发生多大改变，于是给了朱可夫一个记过处分。

这是朱可夫第一次受到处分，他感到既羞辱又委屈，认为要想让一支部队脱胎换骨、改变旧貌，半年时间根本不够，况且，当时第 4 师已经在朝好的方向发展了。所以，他向国防人民委员会提出申诉，表示不愿再在乌博列维奇手下工作。

乌博列维奇得知此事后，对朱可夫的处理情况进行了审查，并亲自去朱可夫的部队检查各项工作，发现那个处分对朱可夫确实不公平，于是亲自找到朱可夫，对他说："我发现对你的处分是不公正的，我由衷希望你继续在这儿干下去。"

---

① 乌博列维奇（1896—1937）：即伊耶罗尼姆·彼得罗维奇·乌博列维奇，白俄罗斯军区司令员，一级集团军级将领（相当于大将军衔）。立陶宛犹太人，苏联"二战"前最有声望的将领。1937 年 6 月 12 日被以"法西斯间谍"的罪名处决，苏共二十大后得以平反昭雪。著有《工农红军指挥人员的训练》《战役战术和航空兵的军事演练》。

朱可夫为人耿直，听了乌博列维奇的话仍然不甘心，说："你这样说，是不是说明处分撤销了?"

"是的，处分是错误的。"乌博列维奇肯定地说。

俗话说不打不相识，经过这次的不愉快，朱可夫和乌博列维奇竟然成了朋友。

1935年，经过朱可夫的大力整顿，第4师的面貌焕然一新。在白俄罗斯军区组织的年度大检阅中，第4师在作战训练和政治训练等项目上取得了出色的成绩。

1936年4月，苏联国防人民委员会委员伏罗希洛夫到骑兵第4师视察。伏罗希洛夫是第4师的首任师长，如今再次回到这支英雄的老部队，他的心情十分激动，第4师的所有官兵也很兴奋。尽管心潮澎湃，朱可夫在指挥时仍然镇定自若，没有表现出一丝紧张与慌乱。在他的指挥下，官兵所有的检阅动作都做得很不错。检阅结束后，伏罗希洛夫与陪同人员进行了一次关于骑兵和坦克的谈话，朱可夫也在随行人员之中。

伏罗希洛夫说："在国内战争时期，整个骑兵集团军中只有几辆原始的装甲车，当时我和布琼尼工作进行得很艰难，现在我们的骑兵发生了多大的变化啊，所有骑兵师都有了优秀的坦克团，完全可以依靠自己的力量穿越复杂的江河障碍。"说着他又转过身问身边的军长科斯坚科[①]："老朋友，你觉得怎么样啊，对坦克，对我们的骑兵，你心里是怎么想的? 坦克不会骗我们吧，马匹或许更可靠，对吗?"

科斯坚科回答道："噢，不，伏罗希洛夫同志，就目前来看，我们还不能丢弃马匹、马刀和长矛，我觉得现在还不是放弃骑兵的时候，它还可以为祖国服务。不过，我们要充分重视坦克兵这种新型的快速机动兵种。"

---

① 科斯坚科（1896—1942）：即费多尔·雅科夫列维奇·科斯坚科，苏联将领。参加过第一次世界大战、国内战争。1921年加入俄共（布）。历任骑兵师长、军长，军区集团军级骑兵集群司令，第26集团军司令。苏德战争爆发后，担任西南方面军副司令，参加了基辅会战、叶列茨战役、巴尔文科沃－洛佐瓦亚战役。

政委津钦科当时也在旁边，伏罗希洛夫把目光投向他，希望他也能说一说自己的看法。津钦科回答说：“我个人觉得，科斯坚科的看法是正确的，假如我怀疑装甲坦克兵器的话，那么我就落伍了，不配当一个机械化兵团的政治委员，那将是多么可怜啊！目前我们的坦克兵团还很少，我们应该尽快使之发展起来，努力发展机械部队。伏罗希洛夫同志，我个人是这样想的。”

伏罗希洛夫听着他们的见解，频频点头。

演习结束后，伏罗希洛夫给予了第 4 师很高的评价。随后，第 4 师得到了苏联政府颁发的列宁勋章，朱可夫本人也得到了一枚。第 4 师的官兵们为此流下了激动的泪水，鼓掌声、欢呼声响彻全师，因为他们终于恢复了第 4 师那令人骄傲的荣誉。

这一年，朱可夫的名字频繁出现在各大报纸上，军事委员会还让他参与起草新宪法的工作。之后，朱可夫被任命为白俄罗斯军区骑兵第 3 军军长，第 4 师师长由骑兵第 21 团团长穆兹琴科接任。

对于自己在第 4 师的工作，朱可夫在《回忆与思考》一书中这样写道：

我在第 4 师工作的 4 年多时间，心中一直抱着一个信念，那就是让第 4 师成为红军最好的一个师。为了让第 4 师重振信心，我付出了大量的心血，不仅教会了指挥员们现代战术，还让他们学会了更有效地指挥部队的方法。我的意思是，我所做的一切并不十分完美，但我可以摸着良心说，我和我的部下都拼尽了全力。

就在朱可夫担任骑兵第 4 师师长期间，西班牙爆发了内战。为了阻止德军向东侵略的步伐，斯大林[①]决定干预西班牙内战，并派朱可夫前

① 斯大林（1878—1953）：即约瑟夫·维萨里昂诺维奇·斯大林，苏联政治家，苏联共产党中央委员会总书记、苏联部长会议主席（苏联政府总理）、苏联大元帅，是苏联执政时间最长的最高领导人。曾协助列宁领导“十月革命”。列宁逝世后担任苏联人民委员会主席。“二战”期间领导苏联红军，与盟军协力击败轴心国，取得了苏联卫国战争的胜利。战后组织了社会主义阵营，在“冷战”中与以美国为首的北约对峙。

往西班牙。与朱可夫同行的都是极其出色的军事专家。优秀的坦克专家帕夫洛夫①也在西班牙。帕夫洛夫负责坦克作战，他花费了不少心血撰写了关于指挥员和坦克作战情况的长篇报告，但他关于装甲作战的结论却是错误的。帕夫洛夫认为坦克在现代战场不能完成单独作战任务。朱可夫对此并不认同，并提出了相反的意见，不过红军上层并不支持他的看法，认为坦克只能起到步兵支援武器的作用，并解散了红军的大型坦克部队，把坦克部队编成一个独立营，附属于步兵部队。

斯大林画像

① 帕夫洛夫（1896—1962）：即彼得·彼德洛维奇·帕夫洛夫，苏联坦克军少将，参与了红军第一代坦克部队的组建和训练工作。历任坦克旅旅长、基辅军区第 41 坦克师师长、第 46 坦克旅旅长、第 59 集团军坦克司令、第 25 坦克军军长。在斯大林格勒战役后，他因指挥失利，不幸被捕。被监禁几年之后企图越狱，后被送上军事法庭，处以死刑。

在西班牙内战中，苏联的装甲部队大显身手，坦克兵获得了相当多的作战经验。从西班牙战场到哈桑湖、哈勒欣河、芬兰，苏联坦克部队经受住了严峻的考验。不久，德国和意大利进一步扩大了它们的干涉规模和范围，苏联认识到只有大量增加援助，才能把西班牙共和国政府从危难中拯救出来。但是，西方国家不愿向西班牙提供过多的援助，而苏联政府也担心因此与轴心国发生战争，所以，西班牙共和国的事业最终破产了。

通过这场战争，朱可夫汲取了大量宝贵的经验，试用了新武器，研究了现代战术中一些有争议的概念，验证了苏联的装甲战理论。

苏共大清洗

朱可夫的事业进入了上升期，这时，世界却开始不太平了。1935 年 10 月，意大利入侵阿比西尼亚（现埃塞俄比亚）；1936 年 3 月 7 日，德国撕毁《凡尔赛和约》①，进入莱茵河地区；1936 年 10 月 25 日，德国和意大利对西班牙作战；1936 年 11 月 25 日，德国和日本签署《反共产党国际协定》，日本逐渐变为德国和意大利的盟友。战火越烧越旺，世界大战开始逼近，扩军成为苏联高层的共识。1937 年年底，红军已经扩充到 150 多万人。与此同时，苏联党内也进行了一番大清洗。

自 1934 年起，苏联共产党为了巩固政权，彻底消灭反革命力量，在党内进行了大规模的肃反工作。然而，势态的发展失去了控制，很多老共产党员遭到杀害，包括图哈切夫斯基、布柳赫尔和叶戈罗夫②等一

---

① 《凡尔赛和约》：第一次世界大战后战胜国（协约国）对战败国（同盟国）的和约，主要目的是惩罚和削弱德国。

② 叶戈罗夫（1883—1939）：即亚历山大·伊里奇·叶戈罗夫，苏联元帅。参加过第一次世界大战。苏俄内战和外国武装干涉时期，历任第 9 军、西南方面军司令，在保卫察里津（今伏尔加格勒）、莫斯科以及解放乌克兰等作战中指挥有方，战功卓著。积极参与 1924—1925 年的军事改革，提倡按新的技术装备整编苏联陆海军，主张建立强大的装甲坦克兵和国土防空系统，为红军建设和军事学术的发展做出了重要贡献。1939 年在大清洗中被杀害。

大批拥有将军及元帅军衔的著名战将，先后被捕并被处以死刑。这对当时的苏联来说无疑是一场巨大的灾难。朱可夫每每谈到这件事，心里都无比痛苦，因为他认为他们是无辜的。

斯大林一向偏执多疑，希特勒[①]很好地利用了他的这一心理，让盖世太保[②]故意把一些虚假的文件资料落入捷克斯洛伐克政府高官手里，并大肆造谣说斯大林手下有很多高级军官正密谋暗杀苏联领袖。

没过多久，莫斯科突然传出消息，一大批军内高官以叛国、间谍和密谋推翻苏维埃政权等罪名被逮捕了，而莫斯科对外宣称，克里姆林宫的领导人正面临着被暗杀的危险。希特勒精心策划 10 年之久的骗局终于成功了。

对此，赫鲁晓夫[③]在 1961 年 10 月苏共二十二大闭幕词中这样说道：

有一次，国外报纸上出现了一个奇怪的消息，消息说希特勒为了进攻我国，通过自己的情报机关故意遗落了一份假文件，说雅基尔、图哈切夫斯基等同志是德国间谍。后来，捷克斯洛伐克总统贝奈斯得到了这份“机密”文件，出于好心把文件转交给了斯大林。于是，斯大林就逮捕了雅基尔等人……

赫鲁晓夫透露，当时轰动一时的反苏军事中心，其实是德国情报机关一手策划的，并且利用了苏联党内的“左倾”错误和斯大林对一部分军方领导人的不满和怀疑情绪。事实上，那些被指控叛国和从事反党

---

① 希特勒（1889—1945）：即阿道夫·希特勒，德意志第三帝国元首、政府总理，纳粹党党魁，第二次世界大战的发动者。积极宣扬法西斯主义、极端民族主义、反共产主义、反资本主义、反犹主义，改组并建立国家社会主义德国工人党（即纳粹党）。试图在欧陆建立以纳粹德国为首的新秩序，力主扩大日耳曼人的生存空间并重新武装德国。

② 盖世太保：即国家秘密警察，由党卫队控制。它在成立之初是一个秘密警察组织，后加入大量党卫队人员，一起实施“最终解决方案”，屠杀无辜。

③ 赫鲁晓夫（1894—1971）：即尼基塔·谢尔盖耶维奇·赫鲁晓夫，苏联党和国家最高领导人，曾任苏联共产党中央委员会第一书记、苏联部长会议主席（苏联政府总理）等重要职务。

活动而遭到镇压的数万名军官，全都是被冤枉的。

当时的斯大林十分愤怒，他痛下决心，要把那些隐藏在军内的“人民的敌人”彻底铲除；他痛斥名单上的人，武断地认为这些人已经被德军控制了。当时希特勒正绞尽脑汁想扼杀苏联红军，妄想把苏联变成第二个西班牙，使苏联红军丧失能征善战的将军，丧失履行保卫祖国的能力。

当然，苏联军内的审判工作都是秘密进行的，但政府控制的媒体报道说，逮捕起来的军官们都收了德国和日本的贿赂。这些人理所当然地受到了严厉的审讯，有的被判处死刑，有的被关进监狱。他们不仅受到秘密的军事审判，还在公众及包括外交官在内的外国来宾面前接受了几次声势浩大的“审判”。这些受到审判的所谓“人民公敌”，很多都是朱可夫的朋友，因此，朱可夫对这些审判痛恨至极，内心无比痛苦。

朱可夫在回忆录中讲述了很多关于“大肃反”的历史事件，多次提及那些被清洗的高级军官，其中提到最多的是图哈切夫斯基和乌博列维奇。他在回忆录中说，他学到的很多基本作战理论都是由图哈切夫斯基和其他所谓的“阴谋者”创立的，正是靠着这些理论，他才能够在后来的蒙古哈拉哈河战役①中大显身手，取得绝对的战场优势。

当时，由于跟朱可夫有过私交的数十名高级官员都因各种罪名被逮捕，朱可夫经常被迫交代自己与这些人的关系。在那个时代，整个社会对反间谍活动都充满了狂热，朱可夫受到牵连和讯问在所难免。

白俄罗斯军区军事委员会委员菲利普·戈里科夫在明斯克传讯了朱可夫。朱可夫告诉戈里科夫，这些人对祖国无不充满了热爱，对党也很忠诚。戈里科夫对他的回答显然很不满意，于是又提出了其他问题说：“有人报告说你对待属下很苛刻、很粗暴，而且对从事政治工作的人充

---

① 哈拉哈河战役：又叫诺门罕事件，是“二战”初期日本与苏联在远东地区发生的一场战役。战事于 1939 年发生在诺门罕。日、苏双方军队分别代表“伪满洲国”及“蒙古国”（苏联朱可夫元帅和蒙古人民共和国乔巴山元帅领导的苏蒙联军）交战，但日、苏双方并没有正式向对方宣战。战事以日本关东军失败结束。

满鄙视。”

朱可夫回答道：“我之所以会对一些人动粗，是因为他们在执行任务时散漫拖沓。”

戈里科夫又说：“我听说你的夫人曾经为你们的女儿艾拉做了洗礼。”朱可夫对此予以否认。

这次谈话相当不愉快，这让朱可夫担心自己会因此失去担任骑兵第3军新任军长的机会。幸运的是，他的任命并没有因为这件事受到影响。

一般来说，如果哪位指挥官对属下要求严格，那么负责肃反工作的内务部官员就会攻击他们，想尽办法把这些指挥官说成是“人民的公敌”，然后将其拉下马。每当遇到上级侵犯下级权利的行为时，朱可夫经常大胆地进行干预，而不是袖手旁观。

当时有一位军官因为和一名在大肃反中被捕的高级军官交往甚密，受到了指控，他非常担心自己会被开除，甚至担心自己会被秘密情报机构逮捕。事情正如他所担心的那样，在一次会议上，有人提出要开除他的军籍与党籍。朱可夫当场为这位军官作了辩护发言，称赞他是一位忠诚而有才华的指挥官。会议结束时，朱可夫的观点占了上风，那位被指控的军官没有受到处分。他对朱可夫充满了感激，甚至流下了热泪。

大清洗不仅让苏军失去了很多杰出的指挥员，还导致了苏联军事理论的严重倒退。这些损害在后来逐渐表现出来，苏德战争初期苏军的惨败便是最好的证明。

对于清洗后的红军统帅机关，埃里克森这样评论：“最高统帅部内部，除了沙波什尼科夫①，其余都是平庸之辈，或缺乏经验之人。”正是因为他们的平庸和缺乏经验，朱可夫和沙波什尼科夫关于组建大规模

---

① 沙波什尼科夫（1882—1945）：即鲍里斯·米哈伊洛维奇·沙波什尼科夫，苏联军事家和军事理论家，苏联元帅，第七届苏共中央执行委员会委员，苏联第一届最高苏维埃代表。苏德战争期间曾任红军总参谋长，性格温和，博学多才，深受斯大林敬重，是第一个被斯大林称呼全名的人。

机械化部队的建议没有被采纳，甚至连现有的机械化部队也被改组了。

值得庆幸的是，朱可夫在这次大清洗中得以幸免，同样幸运的还有沙波什尼科夫、华西列夫斯基[①]、罗科索夫斯基等人，他们都是很有才能的红军将领，他们使红军在“二战”初期遭受挫折时能够重新振作起来，并取得最后的胜利。

朱可夫个性耿直，在工作中难免得罪人，很多人也想借大清洗之机报复他。但朱可夫还是逃过了这场灾难，主要原因在于他出色的军事才能与工作能力，当然还有其他的因素，比如他的骑兵身份。当时斯大林非常信任骑兵出身的领导人，所以对骑兵出身的人显得格外宽厚。不仅如此，朱可夫还得到了提升，1937 年秋，他从西班牙回国后取代被捕的塞尔基奇，担任骑兵第 3 军军长。上任后，他发现这支部队的军事和政治教育水平非常低，于是把这一切都怪罪到大肃反上，认为是大肃反影响了部队的士气和训练。

朱可夫在骑兵第 3 军军长的职位上没待多久，很快又被调到骑兵第 6 军，朱可夫对此很满意，因为他曾担任师长的哥萨克第 4 师也在第 6 军的编制内。在骑兵第 6 军，他花费了大量工夫研究了很多重要战役。每天他都有一项工作，那就是阅览战史、军事学术著作以及各种回忆录，并努力对现代战争、战役和战斗进行总结。他深知作为一个现代化军队的军长，必须掌握更多的知识，必须顽强地钻研军事科学。不仅如此，在进行师、军指挥员演习及首长司令部演习、实兵演习时，他都会亲自制订战役战术计划，这些为他日后纵横战场打下了坚实的基础。

朱可夫还意识到，作为一名军长，必须认真学习政治理论知识。有时他阅读马列主义经典著作，一直读到深夜。他在《回忆与思考》中这样写道：

---

① 华西列夫斯基（1895—1977）：即亚历山大・米哈伊洛维奇・华西列夫斯基，苏联军事家，苏联元帅，两次获得“苏联英雄”称号。苏德战争期间担任苏军总参谋长，是斯大林格勒反攻作战的指导者、克里米亚的收复者和加里宁格勒（哥尼斯堡）的解放者，也是除苏联陆军“三驾马车”外最具有才华的将领，参与指挥、筹划了苏联卫国战争中的所有战役。

我不得不承认，阅读这些著作，尤其是马克思的《资本论》和列宁的哲学著作，对我而言是非常吃力的。但是，我认为，只要坚持学习就一定会有收效。结果让我很高兴，无论遇到什么困难，我都一如既往地坚持学习，始终没有放弃。这让我受益匪浅，使我更深地理解了我们武装力量的组织问题、我们党的对内对外政策问题。

为了更好地领导、训练和教育部队，也为了在需要的时候能够率领部队为保卫祖国而战斗，我不仅要求自己努力学习，还要求部属经常学习列宁的策略。

在朱可夫的领导下，1938 年，骑兵第 6 军取得了很好的成绩。这年年底，朱可夫经人举荐，被任命为白俄罗斯军区主管骑兵和坦克旅的副司令员。

哈拉哈河战役

在朱可夫为不断提升自己的军事素养而努力的同时，欧洲的形势越来越严峻，俨然成了一个大火药桶。在东亚，日本已经撕下伪装，露出了凶残的面目，发动了全面侵华战争。为了试探苏联的态度，也为了切断苏联对中国的援助，日本于 1938 年夏季在哈桑湖地区发动了一场战争，这就是张鼓峰事件①。

日军虽然在这次战争中失败了，但苏联红军也暴露出很多问题。随后，不甘失败的日军加大了哈尔滨到海拉尔铁路的运输量，集结兵力准备再发动一次战争。1939 年 4 月，日军的一支先遣队前往哈拉哈河地

---

① 张鼓峰事件：1938 年 7 月末 8 月初，日、苏两国之间围绕着张鼓峰、沙草峰两个高地进行的一场军事冲突。伪满军也卷入了这场冲突。此战以日军失败而告终，苏军趁机侵占全部张鼓峰，将其划为“苏满（中）界山”，并将其在洋馆坪一带的控制区推进到图们江边，仅给中国居民留出一条通往防川的狭窄“通道”。

区观测地形，接着又派飞机到这片区域进行侦察。哈拉哈河地区是平坦的开阔地，河面有三四十米宽，约 2 米深。河东岸杂草丛生，地形起伏不定，不利于机械化部队的展开。

根据情报，日军得知这一带的苏蒙兵力空虚，只有星星点点的边防哨，而离这里最近的苏联正规军独立第 57 军，还有长达 500 千米的路程。不过，苏联红军早就注意到了日军的动向，并在河西岸巧妙地埋伏了大量炮兵。1939 年 5 月底，朱可夫接到通知，让他前往莫斯科向国防人民委员会委员伏罗希洛夫报到。

6 月 2 日，朱可夫来到伏罗希洛夫的办公室，伏罗希洛夫指着一张地图对他说："根据《苏蒙条约》，我国有义务保卫蒙古，现在日军突然进逼蒙古边境，这张地图就是当前日军的入侵情况。"

朱可夫看地图时，伏罗希洛夫接着说道："一直以来，日军都在对蒙古边防军进行小规模的骚扰，现在日军已经正式袭击了哈拉哈河以东的蒙古边防军。"

朱可夫看了看伏罗希洛夫，问道："请说吧，我需要做些什么？"

伏罗希洛夫脸色严峻地说："看来一场大规模的战役就要在这里展开了。我知道你的能力，你是否可以去前线指导，若有必要可以完全接掌指挥权。"

朱可夫坚定地说："我现在就去那里。"

伏罗希洛夫笑着说："很好，为你准备的飞机会在下午 4 点停在中央机场。你先去总参领取必要的材料，那边会给你派几个专业军官作为助手。就这样吧，祝你一切顺利！"

几经辗转，朱可夫于 6 月 5 日抵达红军独立第 57 军驻守的塔木察格布拉克。在军司令部里，朱可夫受到了热烈的欢迎。朱可夫很快就发现，独立第 57 军对前方战事一头雾水，甚至连准备工作都没有做，他对此很不满意。经过详细了解，他发现情况远比自己预想的还要糟糕，因为司令部里除了政委，其余人员都没有去过发生冲突的地区。

朱可夫通过分析判定日军正在筹划大规模战役，而独立第 57 军显

1939 年，哈拉哈河战役期间，朱可夫来到蒙古高原

然不是日军的对手。他马上给国防人民委员会报告了自己的行动计划：哈拉哈河东岸的登陆点一定要坚守，反突击的纵队也必须安排妥当。次日，伏罗希洛夫回电同意他的计划，并让他担任独立第 57 军军长。朱可夫要求国防人民委员会加强第 57 军的航空兵部队，同时增派 3 个步兵师、1 个坦克旅和大量炮兵前往预定战场。伏罗希洛夫按照朱可夫的要求调兵遣将，准备战前工作。

6 月 22 日，日军出动 120 架飞机进入作战区域，朱可夫马上命令 95 架歼击机起飞迎击。空战一直持续到 26 日，日军共有 64 架飞机被击落。但被军国主义冲昏了头脑的日军，仍然继续以小股空军袭扰红军。朱可夫认为，日军之所以继续发动空战，目的是击垮红军的空中力量，从而保证地面部队将要进行的陆地战。果然不出他所料，日军在 6 月份制订了一份侵略计划，这个计划被称为“诺门罕事件第二阶段”，目的是消灭哈拉哈河东岸的苏蒙部队，然后渡过哈拉哈河，消灭那里的红军预备队，从而改变这一地区的对峙情况。日军打算在7月上旬完成这个计划，在秋季到来之前结束蒙古地区的全部战斗。

7月3日，日军乘夜色渡过哈拉哈河，偷袭了沿岸驻守的蒙古军。蒙古军没有料到日军会偷袭，蒙古骑兵第6师急急地向后撤离。日军占领巴英查岗山一带后，朱可夫接到了日军偷袭的消息，命令部队立即出击，攻击巴英查岗山一带的日军。次日上午7时，在朱可夫的要求下，红军大批轰炸机和歼击机飞抵巴英查岗山一带，对日军进行了地毯式轰炸。与此同时，红军炮兵也进行了大规模炮击，红军的反突击预备队已经挺进到作战地区。

红军的快速反应，打得日军措手不及，他们还没来得及修筑工事，就遭到了猛烈的轰击。空袭结束后，红军地面部队立刻投入战斗，面对红军的坦克，日军很快就被打败了。残余日军纷纷向哈拉哈河逃窜，但他们抵达渡口后才发现渡口已经被后方的日军炸毁。危急之中，日军残兵跳进哈拉哈河，整个河面都漂浮着尸体。

战斗结束后，巴英查岗山一带堆满了日军的尸体和各种物资。通过这场战争，朱可夫证明了用与空军、炮兵协同作战的坦克机械化部队参战，是进行快速作战的根本性战术。

7月19日，独立第57军被扩编成第1集团军，由朱可夫担任集团军总司令。

此时，日军已经被苏联红军打怕了，失去了进攻的信心，开始修建掩体和战壕，准备与红军对峙。

朱可夫并不打算与日军浪费时间，经过一番准备，他决定在8月20日之前发动总攻。他从国内要来了大批装备和人员，准备突袭日军两翼，以便包围日军第6师团。

在准备阶段，朱可夫还采取了一系列迷惑日军的措施：一是隐藏从国内新调来的兵力，让日军误以为红军只是在做防御；二是部队的一切行动都只在夜间进行；三是负责勘察行动的指挥员务必穿着士兵服装；

四是没有上级命令，任何部队都不能进入计划中的攻击区域；五是无线电通话使用易被破译的密码，并且通话的范围只能为防御内容；六是印制防御宣传单，并将它们有意散落到日军的阵地上。

为了加强攻击的突然性，朱可夫还让士兵们在突击集团军调动的前15天，用各种音响器材模拟大批部队运动的声音。日军果然上当了，他们一开始还向发出声响的地方射击，没过多久知道是音响声后，便对这种声音麻痹大意起来，不再理会。

日军没有料到，他们很快便会为这种习以为常付出血的代价。战前四五天，朱可夫逐级向高级军官传达作战计划，战斗开始前3个小时，下层军官和士兵才接到作战任务。8月19日夜，红军大部队开始秘密进入作战区域。8月20日刚好是周日，这天阳光明媚，很多日本军官在前一天到外地休假去了。

1939年，哈拉哈河战役，苏联红军第1集团军指挥官在研究作战方案（右二为朱可夫）

清晨5时45分，苏联红军大炮开始朝日军的高射炮和高射机枪阵地发射炮弹。炮击过后，红军的 150 架轰炸机和 100 架歼击机悄然飞抵战场上空，对日军阵地投下了一枚枚炸弹。航空兵将日军阵地“犁”了一遍后，各种大炮在早上 8 时 15 分又开始轰鸣起来。8 时 30 分，航空兵再次飞临日军阵地轰炸，朱可夫命令全军在 15 分钟后发动总攻。8 时 45 分，红军开始总攻，航空兵为掩护地面部队，一次又一次地对日军阵地进行火力覆盖。

随着战斗的进行，大势已去的日军只能垂死挣扎。在一个高地上，红军进攻的部队一度遭到日军反扑，直到朱可夫急令预备空降兵第 212 旅增援，形势才得到扭转。而在大沙丘地区，红军也遇到了日军顽强的抵抗，之后在红军摩托化装甲第 9 旅的增援下，最终击溃了日军。

8 月 22 日，红军彻底粉碎了日军侧翼部队。朱可夫收到捷报后，马上下令机械化部队务必在 26 日之前完成对日军第 6 师团主力的合围。8 月 30 日，在苏联红军摧枯拉朽的攻势下，日军第 6 师团覆灭了。

战后，包括朱可夫在内的 70 名指战员，被苏联政府授予光荣的“苏联英雄”称号。

哈拉哈河战役使朱可夫的大名传遍了整个红军。据《苏联伟大卫国战争史》记载，在哈拉哈河战役中，红军以伤亡约 1 万人的代价，消灭了日军第 6 师团近 5.5 万人。巨大的胜利让朱可夫成为红军战士心目中的战神。一家媒体评价朱可夫说：“在哈拉哈河战役中，朱可夫表现出了非凡的领导能力、组织能力以及在短时间内摧毁强敌的能力。”1939 年 9 月 15 日，苏、德、蒙三方在莫斯科签订停战协议。

第四章　德国对苏联宣战

苏德战争爆发

哈拉哈河战役刚刚结束，1939 年 9 月 1 日，德国对波兰发动了闪电战，不久，英、法等国相继对德宣战，第二次世界大战欧洲战场拉开了序幕。

1939 年 10 月底，朱可夫回到莫斯科，让大家分析、总结哈拉哈河战役，并派出优秀的士兵和军官向没有参加战斗的部队传授经验。后来，这些人在与法西斯作战中立下了卓越的战功。

1940 年 5 月初，年仅 44 岁的朱可夫被授予大将军衔。在所有大将中他是非常年轻的一位。授衔仪式结束后，斯大林等领导人接见了朱可夫。朱可夫向他们汇报了有关哈拉哈河战役的情况，随后被任命为基辅特别军区司令员。基辅特别军区是苏联最强大的军区之一，被任命为基辅特别军区司令员，意味着朱可夫步入了红军高级将领的核心领导之列。

这是朱可夫第一次见到斯大林，他内心非常激动。在这次接见中，朱可夫还见到了加里宁①、莫洛托夫②和其他政治局委员。

---

① 加里宁（1875—1946）：即米哈伊尔·伊万诺维奇·加里宁，苏联政治家、革命家、早期的国家领导人。从“十月革命”后到去世为止，他一直担任苏俄和苏联名义上的国家元首。

② 莫洛托夫（1890—1986）：即维亚切斯拉夫·米哈伊洛维奇·莫洛托夫，苏联领导人，苏德战争期间曾任苏联人民委员会第一副主席兼外交人民委员、苏联国防委员会副主席。他在列宁时期已经是中央政治局候补委员，斯大林时期是斯大林的亲信、斯大林领导班子的二号人物，曾支持斯大林的农业集体化政策并参与指挥了大清洗。

双方致意问好后，斯大林问朱可夫对日军有什么看法。朱可夫回答道：“日军士兵训练得不错，尤其是在近战方面，这一点从哈拉哈河战役中可以看出。他们纪律严明，执行坚定，作战顽强，防御战打得相当不错。他们的下层指挥人员普遍受过良好的训练，作战相当勇敢，一般不会投降，一旦被俘，会毫不犹豫地剖腹自杀。中高级军官则差一些，作战不太灵活，往往墨守成规，缺乏主动性。”

斯大林很有兴致地听着，朱可夫继续说道：“我认为日军的技术装备是落后的，他们的坦克相当于我们的 MC－1 坦克，最大行程很短，武器也很落后。不过，在战争初期，日军的空军强过我们，我们在没有得到改装的“海欧”型和伊－16 的时候，他们的飞机优于我们。在荣获‘苏联英雄’的飞行员到来后，我们就牢牢地掌握了制空权。在哈拉哈河战役中，与我们作战的应该是日本的精锐部队。”

听了朱可夫的讲述，斯大林又问：“我们的士兵打得如何？”

朱可夫回答：“我们的正规部队打得很好。我个人认为，哈拉哈河战役是我们的部队、兵团指挥员、部队指挥员以及我本人学习战斗经验的好机会。我相信，现在日军对我们红军的力量和作战能力也有了一个比较客观的认识。”

在作战时，朱可夫没有机会仔细研究德国和英法集团之间的战争，借着这个机会，他诚恳地问斯大林：“对于西方国家对战争的极端消极性，应该怎样去理解呢？下一步战争将朝什么方向发展？”

斯大林微笑着说：“法国和英国两国政府都不愿对希特勒作战，他们一直都在怂恿希勒特与苏联作战。他们不想束缚希特勒东侵的手脚，因此在 1939 年，他们拒绝与我们共同建立反希特勒同盟。但是，这对他们没有一点儿好处，他们必定会为这种短视的政策付出巨大代价。”

朱可夫对这次谈话印象深刻，当时的情景时常萦绕在他的脑海。他在《回忆与思考》中这样写道：

斯大林给我留下了深刻的印象，不论是他的外表还是他的声音。他对问题的分析是那样深刻而具体，他的军事知识是那样渊博，听取报告是那样认真、聚精会神……当时的一切都深深地刻在了我的脑海中。

1940 年 6 月，朱可夫到基辅特别军区上任了。基辅特别军区的两个集团军和敖德萨军区的一个集团军将组建成南方方面军，由朱可夫担任司令员。南方方面军建立起来后，上级命令朱可夫出兵由罗马尼亚人统治的北布科维纳和比萨拉比亚。就在朱可夫下令部队出发时，罗马尼亚政府与苏联政府签订了盟约，罗马尼亚军队将全部撤离以上地区，并且不带走原地区的所有物资。

然而，罗马尼亚军队并不甘心交出所有的物资，他们竭尽全力把能带走的东西都让运输队带走。朱可夫接到报告后，下令两个坦克旅追赶罗马尼亚军队的运输队，并向普鲁特河[①]地区空投了两支空降部队，抢先占领罗马尼亚军队的运输队必经的桥梁。罗马尼亚军队进退两难，只得把物资交给红军。朱可夫的行动再次得到了斯大林的表扬。

1940 年夏秋两季，第二次世界大战正如火如荼地进行，基辅特别军区进行了紧张的战斗培训，学习红军与芬兰军队作战，以及与日军在哈拉哈河作战的经验，并参考了德军与欧洲一些国家的作战经验。

这一年，朱可夫与军区军事委员鲍里索夫、训练部和作战部部长在部队度过了整个夏季，时刻关注指挥人员、司令部和各兵种部队的野外训练情况。

1940 年 9 月底，朱可夫接到通知，党中央将在 12 月召开高级指挥员会议，让他在会议上作一个报告，题目为《现代进攻战役的特点》。另外还要进行一次大规模的军事演习，朱可夫为演习的蓝方。国防人民委员会要求他在 11 月 1 日之前把报告草稿交上去。

---

① 普鲁特河：多瑙河下游左支流。源出乌克兰西南部东喀尔巴阡山东北坡，向东南流成摩尔多瓦和罗马尼亚界河，在烈尼附近注入多瑙河。全长 950 千米，流域面积 2.7 万平方千米。

这份报告的主题相当复杂，而且会议的水平很高。为了起草这份报告，朱可夫夜以继日，花费了整整一个月的时间。在这个过程中，军区司令部作战部的巴格拉米扬给予了他很大的帮助。

朱可夫按时提交了报告草稿，两周后又接到总参谋长梅列茨科夫①的电话，被告知领导已经批准了他的报告草稿，让他务必做好发言的准备。

1940 年 12 月底，会议如期进行。朱可夫的报告《现代进攻战役的特点》赢得了与会人员的一致好评，大家还对它做了一些补充和批评。

在会议结束的第二天就要举行大型演习，在头一天斯大林又把朱可夫等人叫去，问道："你们什么时候开始演习？"

铁木辛哥回答："明天早晨。"

"那好，你们进行吧。不过司令员们不能走。谁是蓝方，谁是红方？"斯大林又问。

铁木辛哥如实回答："朱可夫大将是蓝方，巴甫洛夫②上将是红方。"

第二天，大规模的军事演习开始了。当时假设的情况是苏联遭到了德国的进攻，而西部边界可能发生状况。

演习结束后，朱可夫在克里姆林宫的总评大会上做了发言，肯定了这次演习的意义和价值，并特别强调了这次演习有利于提高高级指挥员的战役战略水平。他还建议经常举行这种演习，尽管组织起来很复杂。同时，为了提高军区、集团军司令员及参谋人员的军事素质，必须在国防人民委员和总参谋部的领导下，开始演练大规模的带通信器材的首长

---

① 梅列茨科夫（1897—1968）：即基里尔·阿法纳西耶维奇·梅列茨科夫，苏联英雄、苏联元帅。参加过俄国内战和西班牙内战。苏芬战争后被斯大林提拔，是当时红军仅有的五名大将之一。苏德战争期间短期担任红军总参谋长，参与红军"反侵略计划"的制订。1941 年有过被内务部审问的经历，之后他全力参与了柳班战役和第一次解围列宁格勒这种仓促的进攻行动。

② 巴甫洛夫（1897—1941）：即德米特里·格里戈利耶维奇·巴甫洛夫，苏联将领，"一战"时应征加入沙俄军队，1919 年加入俄共（布）和苏联红军。苏德战争爆发后任西方面军司令，因指挥上的重大失误，同年 7 月 1 日被解职，不久被处决。1956 年为其平反。

司令部野外演习。

演习讲评的第二天，斯大林召见了朱可夫，对他说："政治局决定由你来接替梅列茨科夫总参谋长的职务。"

朱可夫愣住了，一时不知该如何回应，他沉默良久，说："我一直在部队里，没有在司令部工作过，胜任不了这个职务。"

斯大林口气坚定地说："政治局决定任命你。"

朱可夫见反对无效，便表达了自己的感谢，之后说："好吧，假如我实在胜任不了总参谋长这一职务，请允许我回到部队。"

斯大林点点头，说："好，命令将在明天颁布。"

当天晚上，朱可夫就去了基辅，以便尽快回到莫斯科。途中，他的心情十分沉重。后来，他在《回忆与思考》中这样描述当时的心情：

基辅是一个古老且美丽的地方，乌克兰也是，我一直很喜欢在这里生活。在这里，我受到了乌克兰人的尊重和信任，他们推选我为乌克兰最高苏维埃代表和苏联最高苏维埃代表。

乌克兰党中央为军区部队的演习、教育和生活供应提供了很大的帮助。

从这段话不难看出，朱可夫非常热爱和留恋基辅这个地方。

1941 年2 月1 日，朱可夫正式成为总参谋长。不久，在苏联共产党第 18 次代表大会上，朱可夫又被选为候补中央委员。

此时，包括斯大林在内的苏联高级领导人，都认为德国不会在欧洲战事尚未结束时对苏联发动攻击。1941 年 6 月 21 日，朱可夫接到了德国将于 22 日对苏联发起进攻的报告。他马上给斯大林打电话汇报情况，但斯大林不相信德国真的会进攻苏联，在电话里一直保持沉默，在朱可夫的一再追问下，斯大林才让他和铁木辛哥一起到克里姆林宫参加全体政治局委员会议。

朱可夫和铁木辛哥来到克里姆林宫时，政治局委员都已到齐，斯大林坐在桌旁，眉头紧锁地抽着烟。看到朱可夫他们到来，他说："应该马上给德国使馆打电话。"

电话很快得到了回复，对方说德国大使冯·舒伦布格勋爵带着紧急通知求见。莫洛托夫接见了德国大使。这时，第一副总长瓦杜丁①报告说，德军经过猛烈的轰击，已经在西北和西部方向的许多地段向苏军发起进攻。不一会儿，莫洛托夫也神色沉重地走进来说："德国政府已经向我国宣战。"斯大林一声不吭地坐到椅子上，思索起来，整个办公室陷入令人窒息的沉默中。

朱可夫首先打破了沉寂，建议立刻用各边境军区的全部兵力猛攻入侵的德军，阻止德军继续前进。铁木辛哥则说要把入侵的敌人消灭掉。

这时，斯大林开口了："下命令吧。"

6 月 22 日早上 7 时，国防人民委员会的第 2 号命令转发到了各军区。

早上 9 时，铁木辛哥又到克里姆林宫向斯大林报告了苏联最高苏维埃主席团关于实行全国动员和成立统帅部的命令草稿，以及其他诸多问题。

斯大林看了一遍命令草稿，对总参提出的动员范围进行了一些压缩，然后将命令交给波斯克列贝舍夫报送最高苏维埃主席团批准，随后，苏联政府发布了全国动员令。

大约下午 1 时，斯大林打电话对朱可夫说："我们各方面军司令员都缺乏足够的作战经验，面对目前的情形都有些发慌。你是一个很有经验的指挥官，政治局决定派你到西南方面军担任统帅部代表。"

朱可夫接到命令后，马上按照斯大林的吩咐，把总参谋部的工作移交给瓦杜丁，然后飞往塔尔诺波尔（现称捷尔诺波尔），赶往西南方面

---

① 瓦杜丁（1901—1944）：即尼古拉·费奥多洛维奇·瓦杜丁，苏德战争期间曾任红军副总参谋长、沃罗涅日方面军司令、西南方面军司令、苏联乌克兰第 1 方面军司令等职，被称为"闪电将军""小土星"。

军司令员基尔波诺斯[①]上将的指挥所。

此时，准备充分的德军迅速突破了苏联西南方面军的阵地。6 月 24 日，朱可夫命令西南方面军进行反击。此后的一周时间里，双方投入坦克 1 000 余辆，交战激烈。红军的这次反突击行动，阻挡了进攻乌克兰首府基辅的德军，德军的突击计划被暂时打乱了。

然而，一切都是暂时的。6 月 25 日晚，德军在红军西方方面军右翼推进了 230 千米，而在其左翼，德军绕过红军主力部队，包围了布列斯特要塞，并快速朝明斯克方向进军。这两次推进对明斯克以西的红军主力产生了极大威胁。斯大林急令朱可夫到莫斯科共商对策。

看着风尘仆仆的朱可夫，斯大林问道："德军攻势猛烈，面对这种情况，我们该怎样应对？"朱可夫冷静地说："给我 40 分钟，我再把意见告诉您。"随后，他和一些将领进入了一个房间。

40 分钟后，朱可夫等人走出房间，向斯大林说明了他们的计划：在德军进攻莫斯科的路上，设置纵深梯次防御，一方面尽量削弱德军，另一方面，努力把德军阻止在防御圈外，然后调集兵力组织反攻。采取这一战略，需要自西向东建立防线，在前沿地区沿西德维纳—波洛茨克—维捷布斯克—奥尔沙—莫吉廖夫—莫济里一线构筑防线，在后方地区沿谢利扎罗沃—斯摩棱斯克—罗斯拉夫利—戈梅利一线构筑防线。另外，把莫斯科民兵师组编成两三个集团军。

斯大林同意了上述计划，但事态能否按他们的希望发展，还得看西方方面军的战况。6 月 27 日上午 10 时，朱可夫代表统帅部向西方方面军发布命令：一、通知所有部队，包括失联部队，告诉他们战况的发展并下达任务；二、在德军后方的红军集合到列佩利和波洛茨克地带、明斯克地带、格卢沙森林和博布鲁伊斯克地带；三、德军挺进明斯克和博

---

① 基尔波诺斯（1892—1941）：即米哈伊尔·彼得罗维奇·基尔波诺斯，苏联红军上将，苏联英雄。参加过苏俄国内战争，在红军中历任营长、团参谋长、副团长、团长。苏芬战争期间任第 70 步兵师师长，因战绩突出，升任列宁格勒军区司令。后接替朱可夫担任基辅特别军区司令。苏德战争爆发后任西南方面军司令，同年牺牲。

布鲁伊斯克方向的机械化第 1 梯队与主力部队相隔较远，可以抓住这一机会集中力量进行反击。

然而事态的发展出乎所有人意料，西方方面军根本没有办法完成以上任务。6 月 28 日晚，在德军强大的火力进攻下，明斯克失守了。接着，德军沿着明斯克以东的别列津纳河继续攻击前进。

6 月 30 日，失去联系很久的西方方面军总司令巴甫洛夫终于与朱可夫联系上了。朱可夫命令他将部队转移到别列津纳河以东，在那里构筑防御阵地，阻止德军过河，以保证在第聂伯河沿岸地区的红军完成集结。但就在当天晚上，疲惫的西方方面军总司令巴甫洛夫被斯大林紧急召回莫斯科，送上了军事法庭。随后，斯大林任命国防人民委员会委员铁木辛哥元帅担任西方方面军司令，并为其增加了几个集团军。

7 月 3 日，斯大林代表苏共中央发表广播讲话：

我们的祖国面临着严重的危机！这不仅关系到苏维埃国家的生死存亡，还关系到苏联人民的生死存亡，关系到苏联人民是享受自由还是沦为奴隶……一切为了前线！一切为了胜利！

“一切为了前线！一切为了胜利！”这个口号使每一个苏联人都意识到了危险。具有不同观点和习惯的人，不同年龄、身份和出身的人，都在这个口号下团结起来。

朱可夫在总参谋部和一些将被派往敌后执行侦察和破坏任务的共青团员进行了谈话。他虽然没能记下他们的名字，但是一直记得和他们见面的情景。他在《回忆与思考》中这样写道：

7 月上旬，敌人占领了明斯克，并逼近了别列津纳河，我方决定向敌后明斯克地区空投一个侦察破坏小组。小组由两个姑娘和两个小伙子组成，都是共青团员，他们的德语说得很好。

我记得很清楚，这两个姑娘是外语学院的学生，是莫斯科人。我问她们飞往敌后害不害怕，她们彼此看了一眼，笑着说："有点害怕，假如我们在着陆时被敌人抓住就惨了。如果那个时候不会被抓住，一切都会好的。"

朱可夫由衷地敬佩这些响应祖国的召唤而从事危险、困难工作的年轻人。

7月10日，斯大林任改组后的最高统帅部主席，并建立了三个方向的总指挥部。这三个总指挥部分别为西北方向总指挥部、西方方向总指挥部和西南方向总指挥部。西北方向总指挥部由伏罗希洛夫担任总司令，日丹诺夫①担任总军事委员，扎哈罗夫②担任总参谋长；西方方向总指挥部由铁木辛哥担任总司令，布尔加宁③担任总军事委员，马兰金④担任总参谋长；西南方向总指挥部由布琼尼担任总司令，赫鲁晓夫担任总军事委员，波克罗兰斯基担任总参谋长。

然而，局势并没有如斯大林所愿。德军于7月10日夜间至11日凌晨，在第聂伯河的多个地点强渡。7月8日，德军最高统帅部下达指令，东线参战部队继续执行"巴巴罗萨"计划：北方集团军群占领列宁格勒并迫使波罗的海舰队投降；中央集团军群歼灭斯摩棱斯克附近的红军部队，打开进入莫斯科的通道；南方集团军群消灭乌克兰第聂伯河西岸地带的苏联部队，攻占基辅并夺取顿巴斯和黑海舰队的基地。

德军最终占领了斯摩棱斯克地区，但在苏联红军的顽强抵抗下，德

---

① 日丹诺夫（1896—1948）：即安德烈·亚历山德罗维奇·日丹诺夫，联共（布）中央政治局委员、中央书记、苏联最高统帅部常务顾问、上将政委，在1934年苏联共产党十七大升任中央书记处书记，主管意识形态工作达14年之久。苏德战争期间领导了列宁格勒保卫战。

② 扎哈罗夫（1893—1972）：即马特维·瓦西里耶维奇·扎哈罗夫，苏联元帅。国内战争时期历任连长、营长和旅副参谋长。苏德战争时期任科涅夫和马利诺夫斯基的参谋长，在制订作战计划时的准确性及把握战场形势、随机应变地指挥部队方面尤为出色。

③ 布尔加宁（1895—1975）：即尼古拉·亚历山德罗维奇·布尔加宁，苏联国务和党务活动家、军事家、社会主义劳动英雄、上将，曾任苏联部长会议主席等职。

④ 马兰金（1894—1961）：即格尔曼·卡皮托诺维奇·马兰金，苏联陆军大将。苏德战争初期任西方方面军和西方方向总指挥部总参谋长，不久被降为西方方面军副总参谋长。1941年11月因德国"台风"行动而被打得大败，遭解职，任总参军事学院教研室主任。

军损失严重，伤亡近25万人。7月30日，希特勒为了让部队得到休整，命令该方向的德军暂停进攻，进入防御状态，不过占领莫斯科桥头堡叶利尼亚的军队还在战斗，因为红军正试图抢夺该地区。

经过仔细研究，朱可夫判断德军近期不会进攻莫斯科。7月29日，他带着相关资料去见斯大林，提出了三个建议：首先加强中央方面军，至少增加3个炮兵部队的集团军，分别从西方方向军群、西南方向军群和统帅部预备队中抽调。朱可夫进一步解释说，之所以从这几个集团军群抽调，是因为德军短期内不会进攻他们，再过不到半个月，远东方向具有很强战斗力的8个师，包括1个坦克师就会补充进来。其次，西南方面军要放弃基辅，全部转移到第聂伯河以东。最后，西方方面军要尽快进行反攻，夺回叶利尼亚突出部，因为这里极有可能被德军当作进攻莫斯科的桥头堡。

斯大林对朱可夫的建议置之不理，恼怒地说："反攻？把基辅交给德军，你在想什么？这样的计策你也想得出来！真是胡言乱语！"

朱可夫遭到斯大林的指责后，脸色铁青地说："我作为总参谋长，您却说我胡言乱语！那您还让我当总参谋长干什么，直接解除我总参谋长的职务吧！我在这里胡言乱语，还不如去前线呢，最起码还能做点贡献！"

斯大林怒道："不要以为我们缺你不可……"他稍微冷静后，让朱可夫先出去。不一会儿，他又把朱可夫叫进来，说："经过研究，你的总参谋长职务将被解除，由沙波什尼科夫接任。不过，你的其他职务不变。"斯大林见朱可夫情绪有些激动，接着说："你刚刚既然提到叶利尼亚地区需要反攻，那你就担任这一战事的指挥吧！另外，勒热夫至维亚济马防线上的各预备队集团军的行动需要统一起来，这件事交给你去办，由你担任这个方面军的总司令。"

朱可夫板着脸一声不吭，斯大林看了看他，问道："你打算什么时候去？"

"这就去，一个小时过后！"朱可夫说完，转身离开了。

叶利尼亚战役

从斯大林的办公室出来后，朱可夫并没有因为斯大林的指责而陷入懊恼之中，反而暗暗下定决心要打好叶利尼亚战役，让斯大林认识到他的能力。他后来在回忆录中说："叶利尼亚战役是我第一次在苏德战争中亲自指挥的一场战役，这是对我能力的一次检验。我想我的心情，每个人都能了解。当时我非常兴奋，慎重而又耐心地一次次模拟和准备战役的每一个细节。"

朱可夫来到位于格扎茨克的预备役司令部后，顾不上休息就召开了指挥员会议，研究作战情况和德军的部署情况。当天，他去了负责主要攻击任务的第 24 集团军，并和该集团军司令员拉库京约好第二天去前线视察。经过这次细致的视察，朱可夫和指挥员们对德军的防御阵地有了大致了解，但还没有充分掌握德军的火力部署，为此他命令部队对德军进行试探性攻击，终于大概知道了德军的火力点。

此时朱可夫仍没有麻痹大意，他深知在战斗前还有大量的工作要做：首先，攻击部队需要再调入两三个师和炮兵部队；其次，需要更进一步地了解德军的整个防御体系；最后，发动战斗所需的全部物资必须抓紧运抵。完成这些工作需要 10～12 天，所以发起战斗至少得在 8 月下旬。

为了不让德军有所察觉，朱可夫在战役前没有改变先前防御的态势，继续按以前的方法，不断用大炮和机枪对德军进行射击。攻击的时间终于确定在 8 月 17 日。红军的突然进攻使德军受到了重创，德军随后将损失严重的 2 个坦克师、1 个摩托化师和 1 个摩托化旅撤离阵地，德军阵地上仅剩步兵军团，紧接着德军司令部向希特勒请求将部队全部撤出叶利尼亚，但遭到了希特勒的拒绝。

朱可夫指挥战斗时，留心观察着德军呈现出来的优点和弱点。他精准地看出了德军的一个优点——德军在居民点附近建起了防御工事，这些工事不是一般的单点防御，而是整条防线上的一个个极为重要的火力点。每个火力点都可以朝不同方向射击，如果一个火力点被摧毁，那么其他火力点照样可以接替防守。了解这个情况后，朱可夫命令红军在攻击一个火力点时，必须压制敌人相邻方向的火力点，以保证自己两侧的安全。

为了彻底歼灭德军，朱可夫一直在考虑怎样给予德军致命一击。几经权衡，他决定采取钳形战术，从两侧向中心实施进攻，合围并切断德军的退路。为了不让德军在红军决定性攻击的方向上集结兵力，他还下令辅助性的攻击部队在别的地点对德军进行猛烈攻击。

朱可夫的战术取得了奇效。8 月 30 日凌晨，第 24 集团军从东北、第 43 集团军的几个兵团从东南，一起对德军进行向心攻击。战斗持续了一个星期，尽管有些德军趁着红军包围圈还未扎紧时逃了出来，但是大部分德军仍被围困及歼灭。

这次战役的胜利使斯大林非常高兴，因为德军损失了近 5 个师，伤亡 4. 5 万人以上。斯大林对朱可夫进行了表扬，并对步兵第 100、第 127、第 153 和第 161 师颁发了嘉奖令，还向全军介绍了他们成功的经验。这些经验包括：一、每次攻击都要提前进行准备，摸清敌人的优点和弱点，并增强两侧的防卫；二、敌人正面被突破后，不是继续直行，而是对敌人后方以及正面缺口的两翼进行突击，更大范围地撕开突破口；三、夺取敌方阵地后，马上构筑新的防御工事，一面派出警戒部队，一面派出侦察部队，弄清退却敌人的动向；四、攻占敌人阵地后，不是坐等敌人进攻和进逼，而是主动采取反攻，在攻击中摸清敌人的情况，同时改变阵地构造；五、敌人进攻节奏加快时，利用一切机会有组织地对敌人实施反攻击；六、师长和政委要起到带头作用，严格要求部下执行命令，并大胆严惩不听命令的人。

朱可夫也总结了这次战役和其他战役的经验和教训：

对于叶利尼亚战役，在战斗发起前的 5 周里（我军）进行了异常复杂而又重要的准备工作。这些工作使我能更好地谋划，并掌握战役中的各种战术。

现在我清醒地体会到司令员要掌握什么，才能有效地完成任务。这就是，对于所属部队，必须进行良好的政治教育，必须说明战役的重要性，必须提振士气，必须信任部下。

另外，取胜的一个重要条件，就是更好地掌握和了解敌军以及敌军指挥官的弱点。在这次战役中，我们从抓住的俘虏那里了解到敌军指挥官和部队呆滞刻板，只知道不折不扣地服从上级的命令。一旦战场上情况有变，上级的命令未到，他们就无所适从。要知道战场上瞬息万变，上级不可能及时发布有效的指示。我根据亲身体验，确信不纯粹防御、能利用一切条件对敌人进行反突击的军队，一般来讲都能获胜，尤其是在夜里，因为德军有个缺陷，那就是在夜间行动迟缓，不能有效地组织防御。

另外，如果指挥战役的指挥官只待在司令部里研究地图、发布命令，而不亲自到前线去侦察，往往会打败仗。因为指挥员若不能熟知敌人的战斗队形，不知道敌人哪个方向兵力较弱，就无法更好地进行指挥。更重要的是，指挥员如果不对情报进行细致核查，那么根据这个情报所发出的指示，会对整个战役产生非常大的危害。

不管什么部队，也不管部队规模大小，只有严谨地训练协同作战，才能更好地保证战争的胜利。

西南方面军惨败

此前，朱可夫曾经告诉斯大林，德军会暂时停下在莫斯科方向的攻击，将主要精力投到中央方面军和西南方面军的右翼及后方。8 月 12 日，朱可夫从俘虏口中得知攻击莫斯科方向的德军已经停了下来。8 月中下旬，他发现有大批德军正向南方转移，这使他更坚信了自己的判断。8 月 19 日，朱可夫决定将自己了解的情况报告斯大林。他在电报中说：

德军知道我军在莫斯科方向上部署了大量兵力……因此他们暂时停止了对该方向的攻击，而把重要的力量集中起来，用来攻击中央方面军、西南方面军和南方方面军。德军的计划是消灭中央方面军，进军切尔尼戈夫—科诺托普—普里卢基一带，然后从背后对西南方面军进行毁灭性攻击。

因此，我们需要在格卢霍夫—切尔尼戈夫—科诺托普一带安排一个集团军，如果敌人真的将计划付诸行动，我们就可以立即对他们的侧翼进行攻击。这个集团军应包括 10 个步兵师、3～4 个骑兵师，不少于 1 000 辆坦克和四五百架飞机。

斯大林接到朱可夫的电报后，当天答复如下：

对于德军的动向问题，我们认为是对的。从德军的行动来看，他们是想从第聂伯河东岸对我基辅集团军进行迂回，并对我第 3、第 21 集团军进行包围。现在，我们已经采取相应的对策，组建了以叶廖缅科[①]为总司令的布良斯克方面军，相信德军的行动一定会被阻住。

但斯大林的电报并没有消除朱可夫的担心，他知道刚刚组建的集团军存在很多不足，而且以总司令员叶廖缅科的能力，根本无法率领这个方面军抵挡住德国中央集团军群的进攻。8 月末，当德国中央集团军群的古德里安[②]第 2 坦克集群向乌克兰境内的科诺托普进发后，朱可夫更加担忧了。他建议斯大林放弃基辅，将西南方面军的右翼军队转移到第

① 叶廖缅科（1892—1970）：即安德烈・伊万诺维奇・叶廖缅科，苏联元帅，骑兵出身，性格粗暴而好说大话，对苏德战争初期基辅会战的失败负有直接责任。后来因布良斯克的大败而被降职。1942 年年底奉命指挥斯大林格勒方面军坚守成功，表现出巨大的勇气和超人的胆识，此后出任一系列方面军要职。

② 古德里安（1888—1954）：即海因茨・威廉・古德里安，德国陆军大将，军事家、理论家、战术家，是“闪击战”的创始人，也是“装甲战”“坦克战”的倡导者，被称为“德军装甲兵之父”。

聂伯河东岸。

斯大林拒绝了他的提议，回电报说已经和赫鲁晓夫、基尔波诺斯开过会，他们一致认为基辅不能放弃。而负责防御德国中央集团军群的叶廖缅科方面军，即使无法消灭进犯的德军，也能有效地阻止他们前进。

8 月 29 日夜，受到斯大林信任的叶廖缅科受命进攻德军南下的古德里安坦克集群。随着事态的发展，斯大林发现自己高估了叶廖缅科的能力，德军坦克集群很快就突破了叶廖缅科的阻拦，继续向目的地进发。

9 月 9 日，朱可夫正在工作，突然接到了总参谋长沙波什尼科夫让他在晚上 8 点前到达总部的命令。这让他有些为难，因为他手头正有紧急事务需要处理，但军令如山，而且斯大林一向对迟到者没有好脾气。朱可夫仔细思考后，给莫斯科发去了会迟到一个小时的电报。在战况非常紧急的时候，迟到一个小时是非常严重的行为。不过，朱可夫并没有对上级的命令不理不睬，而是预先发去了会迟到的电报。事后，他解释说："司令员的脾气，战争是不会迁就的。在战场上，司令员需要做出正确的判定，那么司令员是先将战场上的任务完成，还是按照上级的命令，放下一切赶去报到？我认为，司令员如果不能很好地解决这个问题，就不可能成为一个合格的司令员。"

当天晚上 9 时 05 分，朱可夫来到斯大林的办公室。斯大林正在研究列宁格勒形势图，看到朱可夫进来后，向他介绍了列宁格勒的局势，接着问朱可夫如何看待莫斯科方向的战况。朱可夫分析道，莫斯科方向的德国中央集团军群在此前进行的一些战役中损失较大，短期内不可能展开攻击，但也不能掉以轻心，这个方向仍然要做好充分的防御工作。

此时德军正加紧进攻列宁格勒，斯大林听了朱可夫的话，决定让他前往列宁格勒挽救那里危险的局势。斯大林还说，西南方向的情况很糟糕，统帅部决定撤换那里的总司令，但是不知道谁能担此重任。朱可夫想了想回答道："铁木辛哥元帅熟悉乌克兰，而且最近在组织作战方面也经受了考验，我建议派他去。至于代替他指挥西方面军的合适人选，可以派第 19 集团军司令科涅夫①中将去。”

借着这个话题，朱可夫再次提出了转移西南方面军的建议。他说：“那里过不了多久就会出现严峻的情况，德国中央集团军群很有可能击垮第 21 集团军，进而转战到西南方面军后方。所以，我再一次建议把西南方面军转移到第聂伯河东岸，在科诺托普一带组建预备军。我们没有别的办法，只有放弃基辅。”

这一次，斯大林没有反驳，只是说第二天会让沙波什尼科夫和铁木辛哥研究研究。9 月 11 日，斯大林与西南方面军司令部通了电话，他说：“如果你们撤离到第聂伯河东岸，那么我军将被德军包围，因为德军不但会从北面，也就是科诺托普方向对你们进行攻击，而且会从南面和西面一起进攻，这样一来，德军的科诺托普部队与克列缅丘格部队就会会合，使你们陷入包围圈。”

接着，斯大林作出指示：一是重新调整兵力，与叶廖缅科集团军配合，集中大部分空军，对德军的科诺托普部队发动攻击；二是马上在普肖尔河一带构筑防线，调集五六个师进行防守。等一切部署完毕，立即从基辅转移。

尽管斯大林重新颁布了命令，但是由于对德军能力的低估，他弄错了摆脱德军包围的办法。因为不先放弃基辅，把基辅的大量兵力转移到第聂伯河东岸，就无法让这些军队组成防御德军科诺托普部队的防线，这样不但无法挡住德军科诺托普部队的南下，而且会加快德军进攻以及合围的步伐。

9 月 17 日夜，红军最高统帅部终于下令放弃基辅，把部队转移到第聂伯河东岸。然而一切已经晚了，北方的德军科诺托普部队与南面的德军部队已经完成合围。在德军的疯狂进攻下，西南方面军主力被消灭，伤亡多达 45 万人。基尔波诺斯等高级将领在突围中阵亡。布琼尼、铁木辛哥和赫鲁晓夫在基辅陷落前，乘飞机离开了该城。

---

① 科涅夫（1897－1973）：即伊凡·斯捷潘诺维奇·科涅夫，苏联元帅、军事家，“二战”中与朱可夫、罗科索夫斯基并称为苏联陆军的“野战三驾马车”。他擅长步炮协同作战，而且在激励士气、做思想工作等方面也很有一套。

第五章　列宁格勒保卫战和莫斯科会战

接手列宁格勒

西南方面军在基辅会战中遭遇惨败的同时，朱可夫成功地在列宁格勒保卫战中扳回了一局。

列宁格勒的战略地位非常重要，这座城市当时有300多万人，是苏联第二大城市和重要的港口。苏德战争爆发后，仅仅5天时间，德国北方集团军群就已经渡过西德维纳河，进逼列宁格勒。如果德军占领列宁格勒，那么苏联就要从北方构筑保卫莫斯科的防线，这样一来整个战局就会发生根本性的变化，所以列宁格勒对苏联有着非常重要的战略意义。

但随着德军进攻节奏的加快，红军在这个方向上根本无力抵挡。1941年7月9日，德军攻占了紧挨着列宁格勒州的普斯科夫州的普斯科夫市。红军西北方面军现在只剩下5个师编制齐全，其余的部队都被打得七零八落，剩余的兵力仅有十之二三。

普斯科夫市被德军攻破的第二天，苏军最高统帅部颁布命令，西北方向的总指挥由伏罗希洛夫接任，总军事委员由日丹诺夫接任。然而，西北的局势并非他们所能扭转的，德军仍在继续进攻，红军节节败退。8月20日，德军向红军的卢加河防线挺进，进逼到赤卫队城附近。在这一带与列宁格勒之间，红军的兵力严重缺乏，仅有一些被打残的部队。斯大林本来对伏罗希洛夫寄予厚望，但随着战局的发展，斯大林渐渐对他丧失了信心。

8月26日，为了挽回局面，斯大林派出了由莫洛托夫、马林科夫[①]等6人组成的国防委员会代表团，前来帮助伏罗希洛夫。但局面并没有因此而改变，反而越来越严重。8月30日，斯大林又将波罗的海舰队转交给列宁格勒方面军。可惜也是徒劳无功，局面仍然没有改观，德军于9月8日占领了施吕瑟尔堡，切断了列宁格勒仅剩的唯一与外界联系的陆地交通线，列宁格勒陷入了德军的包围圈。

这才有了9月9日斯大林对朱可夫的召见，让他接替伏罗希洛夫。从此，属于伏罗希洛夫和布琼尼这些在苏联国内战争时期纵横战场、叱咤风云的杰出战将的时代结束了。

9月10日早上，朱可夫登上了飞向列宁格勒的飞机，同行的还有他特意向斯大林要来的两名爱将，一位是霍津[②]，另一位是费久宁斯基[③]。这趟飞行极其凶险，因为德军的飞机整天都在列宁格勒上空盘旋，为保险起见，斯大林表示任命会在朱可夫抵达列宁格勒后宣布。果然，他们飞往列宁格勒时，被两架德军飞机追截。驾驶员凭着娴熟的操作，一路超低空飞行，终于安全到达了列宁格勒。

朱可夫一下飞机，立即赶到列宁格勒方面军司令部。当时伏罗希洛夫正在司令部召开会议，朱可夫跟在座的将领打招呼后，将一张纸条递给他。字条是斯大林写的，上面的内容为："立即回莫斯科，指挥权交给朱可夫。"

朱可夫随即接手了会议，会议讨论的主题是：如果列宁格勒守不住，需要采取何种对策。朱可夫耐着性子听了大家的发言，有人建议摧

---

① 马林科夫（1902－1988）：即格奥尔基·马克西米连诺维奇·马林科夫，苏联领导人，斯大林死后曾担任苏联部长会议主席（苏联政府总理）。后迫于赫鲁晓夫的压力辞职，改任苏联部长会议副主席兼电力部部长。1956年反对赫鲁晓夫失败，被打成"反党集团"，免去主席团委员职务，同时被开除党籍。

② 霍津（1896－1979）：即米哈伊尔·谢苗诺维奇·霍津，苏联陆军上将。

③ 费久宁斯基（1900－1977）：即伊万·伊万诺维奇·费久宁斯基，苏联陆军大将、苏联英雄。苏德战争期间曾任步兵军军长、第32集团军司令、第42集团军司令、列宁格勒方面军司令、第54集团军司令、第5集团军司令、沃尔霍夫方面军副司令、布良斯克方面军副司令、第11集团军司令、突击第2集团军司令，是一位勇敢且富有经验的军事指挥员。

毁重要的军事、工业设施以及其他具有战略价值的目标。他实在听不下去了，马上终止了会议，果断地作出指示："任何人不得再讨论放弃列宁格勒，我们会竭尽全力保卫这座城市，哪怕只剩最后一个人。"

这一天结束时，斯大林虽然没有正式下达任命，但是朱可夫凭借纸条，已经接过伏罗希洛夫的工作。晚上，朱可夫和伏罗希洛夫与最高统帅部进行通话。朱可夫向最高统帅部报告："我已经接过列宁格勒方面军的指挥权，请转告斯大林，我一定把工作干好。"站在朱可夫身边的伏罗希洛夫听了，一声不吭地转身离去。

9 月 10 日晚，朱可夫召开了指挥员大会，商议针对列宁格勒目前的局面如何迎敌。负责进攻列宁格勒的是德国北方集团军群，包括第 1 坦克集群、第 18 集团军、第 16 集团军，他们在列宁格勒东南、南、西南和西方向集结了大量兵力。红军顺着这个半圆形地带，也部署了第 55、第 42 和第 8 集团军，其中最重要的地段是南至西南方向的普尔科沃—乌里茨克一线，由第 42 集团军防守。

在朱可夫的主持下，大家讨论了整整一夜，确定了以下应对措施：

一、由于防线上缺乏反坦克炮，决定部署可以击穿坦克装甲的高射炮。高射炮由城内防空部队抽调，尽量部署在重要地带。

二、在重要地带组织阶梯式防御，并在通往城市的主要道路上铺设一些带有电网的阻碍物和大量地雷。普尔科沃高地需要严加注意。

三、加强普尔科沃高地至乌里茨克一带的防御，防御兵力从北面卡累利阿地峡的第 23 集团军抽调。另外，除本方面军的火炮外，波罗的海舰队的舰炮火力也要支援该地。

四、组建五六个独立步兵旅，人员从波罗的海舰队水兵和列宁格勒各军事院校调拨。

五、9 月 11 日早上，上述措施务必开始进行。

就在 9 月 11 日这天，德军加快了攻击普尔科沃方向的节奏。当天德军便占领了杜杰尔戈夫，次日攻占红谢洛，直接威胁普希金城和斯卢茨克的苏联防守部队。

9 月 13 日早上，德军集结大量兵力，包括 2 个步兵师、1 个坦克师和 1 个机械化师，开始向乌里茨克发动攻击。红军的防御阵地短时间内便被攻破，德军在占领几座城镇后，向乌里茨克一带进发。危急关头，朱可夫大胆地将步兵第 10 师，也就是最后一个预备队投入了战场。这个师没有辜负他的信任，在空军和兄弟部队的协助下，于 9 月 14 日早上对德军进行了反突击。德军被突如其来的攻击打懵了，丢下刚刚占领的几座城镇落荒而逃。

在忙于战事的同时，朱可夫没有忘记关心当地民众的生活，因为他也是穷苦出身，能够深切地感受到民众的苦与乐，因此他始终把无法保护好人民当成是一个军人最大的痛苦和失职。接手列宁格勒后，他一边组织城里的军民进行防御作战，一边安抚民众，对城内居民实施粮食配给制度，他自己也不例外。

一天，朱可夫去视察一个肉类加工厂，该厂已经成为一个防御据点。由于一直忙于工作，朱可夫竟然忘记了吃饭，经随行人员提醒才感觉自己饿了，于是坐在路边吃起了干粮。他吃着吃着，看到不远处有两个小女孩一直盯着他看。他不明所以，于是招手让女孩们过来。两个小女孩来到他跟前，尽管很拘束，但还是一个劲儿地盯着他看。朱可夫开口问道："小姑娘，你们有什么事吗？"

其中一个小姑娘摇着头，害羞地说："我们没什么事，只是……只是……"她支吾了好大一会儿，终于鼓起勇气说："如果您不介意的话，我们想为您做点事情。"

朱可夫更加纳闷了，心想，两个小女孩能为我做什么呢？于是就问道："你想为我做什么事情呢？"

小女孩说："为了不浪费食物，我们想用手为您接住掉下来的面包渣，随意掉在地上太浪费了。"

朱可夫万万没想到孩子们想为自己做的是这件事，他脸上的笑容顿

列宁格勒保卫战期间，民众在街头宰杀死在战场上的马作为食物。1941年入秋以来，德军将列宁格勒城团团围住，苏联军队的反攻结束了900天的围困

时消失了，他站起来，神情无比凝重，紧紧地抱住孩子，然后把面包掰开分给她们。两个小女孩走后，朱可夫对随行人员说："我们身为军人应该感到耻辱，看看吧，我们的孩子竟然饿成了这个样子，这是我们军人的失职啊！为了他们，我们必须打败希特勒！"

守住列宁格勒

为了更好地指挥作战，朱可夫调整了相关部队的指挥员。他让自己的两名爱将担任主要指挥员，其中，霍津担任列宁格勒方面军的参谋长，费久宁斯基担任第42集团军司令。

从德军的兵力部署和进攻态势分析，朱可夫判定德军想集结兵力从南面攻入列宁格勒。列宁格勒南部有大量的建筑物和整片森林，朱可夫认为德军会顺着道路前进。他当机立断，下令部队用各类火炮封锁该地区的所有道路，出动空军对道路进行轰炸，并用障碍物封堵道路。

经过一段时间的对峙，朱可夫总结出了德军的一个特点：对于红军防御的主动性非常敏感，每一次红军的反突击或反冲击，都能让德军暂停攻击的节奏，而红军每一次的反突击或反冲击，都会使德军从主攻方向上分出兵力过来增援，这样一来，防御德军主攻方向的红军压力就会减少。与此同时，红军在不断变化的势态中所配备的兵力又能更好地发挥主动性。这表现在：一、德军攻击乌里茨克至普尔科沃一带时，列宁格勒西面的第 8 集团军对它的侧翼及后方进行突击，负责主攻的部分德军会从前线回撤；二、德军沿普尔科沃地带向列宁格勒进攻时，位于列宁格勒东面由库利克①率领的第 54 集团军向西发动攻击，可以将德军的部分兵力吸引过来，从而使列宁格勒守军在东面和东南面打破封锁，若有可能再寻找时机进行反突击。

根据研究所得，朱可夫制定了以下作战方针：

一、党的政治工作要覆盖部队基层和民众，加强纪律，坚定打败德军的信念。

二、以陆海空火力尽可能地损耗德军的有生力量，使其不敢盲目地进攻红军的防线。

三、在 9 月 18 日之前，新组建 5 个步兵旅和 2 个步兵师，主要配给第 42 集团军，建立以第 42 集团军为主导的第四道防御线。

四、与库利克的第 54 集团军协作，攻击并夺取被德军占领的姆加至施吕瑟尔堡一带。

五、发动列宁格勒以南的地下党和游击队，让他们行动起来。

---

① 库利克（1890 – 1950）：即格里戈里·伊万诺维奇·库利克，苏联元帅，有“察里津炮王”之称，参加过西班牙内战。曾担任副国防人民委员。苏德战争期间因作战不力被降为少将，1950 年被枪决。1957 年获得平反。

9 月 14 日，朱可夫向总参谋长沙波什尼科夫发电报阐明自己将要采取的措施。在电报中，他表示将让第 8 集团军对从西南面攻击的德军部队的侧面及后面进行突击。德军若分散兵力，第 8 集团军和正面对敌的第 55、第 42 集团军会一同发起猛攻。但时间要在 9 月 17 日以后，因为目前兵力还不足。至于兵员的来源，朱可夫把希望放在近两天会从德军包围圈中跳出的阿斯塔宁集群身上。而对于协同突击，朱可夫想等到歼灭德军红谢洛集团军后再进行。当务之急是解决列宁格勒被围的现状，朱可夫要求库利克立即进行反突击，并让沙波什尼科夫给库利克增配两三个师。

但库利克并不认可朱可夫的计划，认为自己若发动反突击，一定会吸引大量德军，到时朱可夫就可以在列宁格勒立下战功，胜了还好，一旦失败，自己作为堂堂的副国防人民委员和元帅就成了败军之将。更重要的是，部队并不具有反突击的条件，如果强行攻击，一定会带来无法估量的损失。

就在朱可夫与库利克争执不下的时候，9 月 15 日，德军 4 个师在空军的掩护下，疯狂地向防守乌里茨克方向的红军第 42 集团军发起攻击。第 42 集团军抵挡不住，下属的第 10、第 11 师撤离到沃洛达尔斯科耶镇和乌里茨克镇南面。朱可夫见势态严峻，为防止德军从乌里茨克闯进列宁格勒，他把最近建起的 1 个步兵师、1 个民兵师和 2 个由水兵以及各防空部队人员组成的步兵旅派往第 42 集团军。德军进至乌里茨克后，左侧战线拉得太长，被朱可夫抓住了机会。他命令由 4 个步兵师组成的第 8 集团军群进行反突击。德军赶忙从主攻乌里茨克至列宁格勒方向撤出部分兵力前来增援。

战事瞬息万变，列宁格勒的南面防御在 9 月 17 日又进一步恶化。德军 6 个师在北方集团军群的空军掩护下，凶猛地冲击列宁格勒南面。朱可夫紧急调集兵力，暂时挡住了德军进攻的势头，但是在接下来的几天里，德军动用各种手段发起疯狂的进攻。

9 月 18 日，德军突破并占领普希金城后，打算从左面绕过普尔科沃高地，再从右面绕过科尔皮诺，直接攻入列宁格勒。9 月 19 日，德军开始对列宁格勒进行长时间的炮击，炮击一共持续了 18 个小时；德国空军同时发起了 6 次空袭，投入的飞机达到 276 架次。

关键时刻，朱可夫给第 42、第 55 集团军下了死命令："无论如何都要坚守，哪怕战到最后一个人，也得给我守住。"他又紧急调来位于卡累利阿地峡的第 23 集团军的预备队。战况十分惨烈，为了守住列宁格勒的最后一道防线，朱可夫又从其他的地方调来主力部队，最终，德军在红军不惜一切代价的防守下退却了。

9 月 20 日以后，德军发动数次攻击均未能攻克列宁格勒，部分兵团开始调往莫斯科方向。9 月末，德军在列宁格勒附近修筑工事，暂时停止了攻击。

朱可夫对指挥保卫列宁格勒的战役记忆深刻，他在《回忆与思考》中这样写道：

> 在最危难的时刻，委任我指挥保卫列宁格勒的所有军队，我感到非常光荣。在被封锁的条件下，组织军队与兵力装备占绝对优势的敌人进行斗争，对我后来承担方面军司令员和最高副统帅的工作，都有着非常重要的意义。
>
> 我对 1941 年 9 月终身难忘。

列宁格勒之所以能够守住，除了朱可夫拼尽全力调动预备队投入战斗外，还在于他在德军进攻时能够有效地调整兵力。根据苏联卫国战争的史料，朱可夫把列宁格勒分成 6 个防区，每个防区都在以营为单位的防御圈内，构建了大量永久性工事。他还下令在全城布置路障，挖掘防坦克壕。据相关资料统计，仅列宁格勒附近及城中就有 150 千米长的防坦克壕，大量的峭壁、断崖，201 千米铁丝网，以及 7 179 条步兵班战壕和 626 千米交通壕，以及用钢筋混凝土修建的 140 座炮兵掩体、487 处装甲火力点。此外，朱可夫主持修筑了防坦克障碍物 1 500 个、土木火力点 1 395 个，以及不计其数的各种指挥所、观察哨和地下掩体等。这些防御手段使列宁格勒的防御如同铁桶一般。

俄罗斯圣彼得堡二战胜利广场，为纪念列宁格勒保卫战胜利而建的列宁格勒英勇保卫者纪念碑

朱可夫成功守住列宁格勒后，斯大林对他更加信任了。自此，朱可夫在各个战场上起到了“消防员”作用，哪里有危险，斯大林便将他调到哪里，而下一个防御的地点便是莫斯科。

保卫莫斯科

1941 年，希特勒在秋季作战计划中，制订了代号为“台风”的战略计划进攻莫斯科，由中央集团军群负责主攻。“台风”计划的主要内容为：在维亚济马和布良斯克地区歼灭守卫莫斯科的红军主力，接着坦克和摩托化联合兵团进行战略大迂回，经克林和加里宁从西北，经图拉和卡希拉从东南，最后各个集团军群在莫斯科东北方向的诺金斯克地区完成合围莫斯科的大战略。

为了实施计划，希特勒给中央集团军群增调了大量兵力，包括原属北方集团军群的第 4 坦克集群。在合围莫斯科的方向上，德军一共集结了 53 个步兵师、14 个坦克师以及 8 个摩托化师，其中步兵占整个苏德战场德军步兵的 38%，坦克和摩托化兵团占 64%。

莫斯科保卫战期间，德军在莫斯科外围阵地上发动进攻

负责守卫莫斯科的红军，有三个方面军——西方方面军、预备队方面军和布良斯克方面军。每个方面军的防线各不相同，谢利格尔湖—叶利尼亚的防御由西方方面军负责；西方方面军身后，沿奥斯塔什科夫—谢利日阿罗沃—奥列尼诺—斯帕斯和基洛夫一线的防御，由预备队方面军的第 31、第 32、第 33、第 49 集团军负责（预备队方面军的第 24、第 43 集团军，被安排到西方方面军防区从叶利尼亚—杜波罗夫卡一带的防线上）；从杜波罗夫卡—普蒂夫尔一带的防御，由布良斯克方面军负责，以防德军顺着布良斯克—奥廖尔一线向莫斯科挺进。

1941 年 9 月末，红军这三个方面军的总兵力达到 125 万人，拥有坦克 990 辆、飞机 677 架，其中以西方方面军的兵力和火力最为强大。相比之下，德国中央集团军群除了后勤补给不足、地形不熟外，其他方面都略胜红军一筹。

9 月 30 日，德军打响了“台风”战役。红军布良斯克方面军的两侧遭到德军第 2 坦克集群和第 2 集团军的猛烈攻击，最终第 3、第 13 集团军被德军包围。德军的进攻速度之快，大大出乎红军的意料，布良斯克方面军的总司令叶廖缅科在 10 月 2 日与前线的奥廖尔军区参谋长秋林通话时，还拍着胸脯承诺：“奥廖尔一切稳定，不管什么时候，我们都会牢牢掌握局势。”然而，就在一天之后，奥廖尔便被德军攻陷了。

10 月 2 日，德军第 4 坦克集群和第 4 集团军、第 3 坦克集群和第 9 集团军开始进攻红军西方方面军和预备队方面军，在攻克红军的防御阵地后，迅速从南北两面把红军所在的维亚济马地区合围。

战局的变化让斯大林忧心忡忡，他一边打电话训斥西方方面军司令员科涅夫，一边让其不管采取什么办法，一定要将被德军合围的部队救出来。科涅夫遭到斯大林的责骂后，命令相关部队进行反冲击，但是失败了。

10 月 6 日，德军攻破维亚济马防线，红军西方方面军和预备队方面军的很多军队，被围困在维亚济马以西和以南。

德军的顺利推进令希特勒异常兴奋，甚至有点得意忘形。他站在偌大的地球仪前，紧紧地盯着莫斯科，眼睛里闪烁着兴奋的光芒，对身边的帝国元帅戈林①说：“通向莫斯科的一切障碍都被猛烈的‘台风’扫清了，斯大林完蛋了！这个圣诞节我们将到克里姆林宫设宴庆祝！哈哈

---

① 戈林（1893－1946）：即赫尔曼·威廉·戈林，纳粹德国的政治、军事领导人，与希特勒关系极为亲密，在纳粹党内有相当大的影响力。历任德国空军司令、“盖世太保”首长、“四年计划”负责人、国会议长、冲锋队总指挥、经济部部长、普鲁士邦总理等党、政、军的诸多重要职务，曾被希特勒指定为接班人。

哈……”他的笑声疯狂而狰狞。

在希特勒看来，莫斯科无论在政治上还是战略上都具有重大意义，能否占领莫斯科关系到整个战争的成败。他原计划在战争的最初几个星期就一举攻占苏联首都，没想到计划失败了，于是又筹划了这个代号为“台风”的大规模进攻战役。

莫斯科面临着前所未有的危机，因为在维亚济马防线和它的后方，苏军并没有第二道有效的防线。紧急关头，斯大林的脑海里再次浮现朱可夫的身影。10 月 5 日，斯大林打电话命令朱可夫马上从列宁格勒前往莫斯科。他在电话中没有把莫斯科的真实情况告诉朱可夫，而朱可夫因为还有紧急事务要处理，于是向斯大林发电报说次日早上再出发。

斯大林接到朱可夫的电报后，马上再给他打电话，要求他把事务交给别人处理，本人必须在翌日清晨回到莫斯科。这一次，他把莫斯科的危急形势告诉了朱可夫。朱可夫赶紧交代了列宁格勒方面的事务，坐上飞机赶往莫斯科，一下飞机就直奔斯大林的办公室。斯大林把朱可夫带到地图前，指着上面的维亚济马地区说：“这里的情况非常复杂，我不知道这里究竟发生了什么，但是可以肯定我军正处在非常严重的局面中。因为不清楚我军状况和德军攻击的情况，我无法下达任何命令。现在，你马上前往西方方面军司令部，搞清楚那里的情况，然后向我汇报。我会一直等你的电话……”

朱可夫按照斯大林的指示来到总参谋长沙波什尼科夫的办公室，向沙波什尼科夫汇报了列宁格勒目前的局势。随后，沙波什尼科夫简单地说明了西方方面军司令部所在地及现状，并向朱可夫宣布了最高统帅部的指示：

预备队方面军司令员、西方方面军司令员：

最高统帅部宣布，朱可夫同志是预备队方面军作战地区的最高统帅部代表，你们务必将部队所有情况告知朱可夫同志。以后，朱可夫同志做出的各种指示及命令，你们要不折不扣地执行。

从沙波什尼科夫的办公室出来后，朱可夫马上坐车前往西方方面军司令部。当他抵达目的地时，已经是凌晨了，不过西方方面军军事委员会还在开会。朱可夫向他们传达了最高统帅部的命令，西方方面军作战部部长马兰金把敌我情况向朱可夫做了汇报。

在会议上，朱可夫经过与主要的指挥人员交流，悲痛地发现：维亚济马地区的惨败完全是可以避免的。德军在兵力上虽然占有优势，但是红军如果能提前判断出德军的主要攻击方向，并部署相关的兵力加强防御，那么被合围的情况就不会发生。但是，指挥员们并没有认清战势，不但防御线被德军击破，而且在防御线被击破后，也未能有效地组织预备队补上缺口。

对此，朱可夫在回忆录中这样说道：

西方方面军、预备队方面军和布良斯克方面军司令部根本没有认识到战争形势的发展，德军在筹划此次战役时，我们的部队没有进行有效的防御准备。尽管最高统帅部告诉他们，德军已经集结了大量兵力，准备发起攻击，但是他们没有安排必要的侦察，从而导致我军在德军主攻方向上兵力严重不足。他们若能正确认清这些，只要加强德军攻击方向上的兵力，组织有效的纵深防御，趁德军集结时以炮火和空中火力预先进攻，事态就会完全不一样。而当德军突破我军防御阵地时，司令部若能制订相关的撤退计划，那么我军是不可能被德军包围的。

对于这些教训，朱可夫不仅做了总结，还将其牢牢地记在心里，使之成为自己的经验。随后，朱可夫向斯大林汇报了莫斯科战线的状况，同时说明：“目前我军防御薄弱的环节在莫扎伊斯克一线，为了防止敌人装甲坦克突袭这里，需要加强防御。”

斯大林询问了西方方面军以及预备队方面军的情况，朱可夫悲痛地回道：“德军已经包围了维亚济马以西和西南一带。”

1941 年 6 月被派往前线的苏联士兵

10 月 8 日清晨，朱可夫想去了解预备队方面军的情况，却不知道他们的司令部在哪儿，于是凭着自己的推断一路打听，终于在奥博连斯科耶车站附近的森林里找到了该司令部。在这里，朱可夫见到了两个指挥员，一个是方面军参谋长阿尼索夫，另一个是最高统帅部代表麦赫利斯①。他们既不清楚自己部队的情况，也不知道敌人的信息，甚至与自己的司令员布琼尼失去了联络。这让朱可夫十分恼火。

为了到前线弄清情况，朱可夫打了声招呼便匆匆离开了。他乘车来

---

① 麦赫利斯（1889—1953）：即列夫·扎哈洛维奇·麦赫利斯，苏联一级集团军政委，总政治部主任。国内战争时期历任旅政委、师政委和集团军政委。苏德战争期间，任总政治部主任，当选副国防人民委员。1942 年当选最高统帅部驻克里米亚方面军的代表。战败后降为中将，后任各方面军军事委员会委员。1944 年晋升为上将。

到普罗特瓦河和奥布宁斯克时，不由得想起了童年往事，因为距此地10千米远就是他的家乡。他想到了母亲、姐姐和姐姐的孩子们，突然打了个寒战，如果德军侵入家乡，知道红军高级将领的家属在此地，这些侵略者会如何对待他们呢？他不敢再往下想，他马上派人将家人接到了莫斯科。两周后，德军果然侵占了那里，这让朱可夫感到一阵后怕。

朱可夫稍作停留，又继续前行，终于在小雅罗斯拉韦茨找到了焦急万分的布琼尼。

布琼尼见到朱可夫后，介绍了预备队方面军的现状，并说自己与司令部失去了联系，昨天还差点被德军抓住。朱可夫了解情况后，将司令部的地点告诉他，让他回到司令部后尽快与斯大林联系。两人分开后，朱可夫又察看了其他的地方，直到10月10日才赶回西方方面军司令部。

朱可夫前脚刚迈进司令部，斯大林的电话就打了过来，说最高统帅部决定让他接替科涅夫，担任西方方面军司令员。朱可夫在接受任命时，为了不让科涅夫受到责罚，向斯大林建议让科涅夫去指挥西方方面军下属的加里宁方向的集团军，理由是这个集团军与西方方面军总司令部相距太远，在那里设置方面军的辅助指挥机关，将有利于整个战局。

斯大林接受了朱可夫的意见，并用坚定的语气对朱可夫说：“预备队方面军的番号会被撤销，原防御线和所属的部队都划归西方方面军。你得努力呀！行动起来吧！”

朱可夫从斯大林的话语中听出了最高统帅部对自己的莫大信任。信任也意味着责任，朱可夫深知自己肩上扛着沉重的担子，他不再像以往那样容易激动了，而是冷静地回道：“我会立即按您的指示去做，不过请您尽快将预备队调过来，因为德军近期很有可能加快进攻莫斯科的节奏。”

1941年10月10日下午5时，红军最高统帅部发布命令：

一、重建西方方面军，由原西方方面军和预备队方面军合并。

二、西方方面军司令员由朱可夫同志担任。

三、西方方面军副司令员由科涅夫同志担任。

四、西方方面军军事委员会委员由布尔加宁同志、霍赫洛夫同志和克鲁格洛夫[1]同志担任。

五、1941年10月11日下午6时，朱可夫同志正式接手西方方面军的工作。

六、撤销预备队方面军指挥机关，其人员划入西方方面军和莫斯科战线的预备队。

粉碎德军强攻

接手西方方面军的工作后，朱可夫第一件事就是把西方方面军的司令部转移到阿拉比诺，并让科涅夫带着几名指挥员前往加里宁地区，协助那里的红军开展工作。另外，他还派司令部的几名军事委员前往莫扎伊斯克筑垒一带，摸清这一地区的德军情况。

朱可夫下达指示后，当即前往莫扎伊斯克，在那里布置了司令员波格丹诺夫的工作，然后又马不停蹄地赶往阿拉比诺。刚刚迁来的方面军司令部非常简陋，朱可夫就在临时搭成的几个帐篷里制订了方面军的行动计划：

一、马上沿沃洛克拉姆斯克—莫扎伊斯克—小雅罗斯拉韦茨—卡卢加一线构筑防御阵地，并加强纵深防御。

二、为了加强薄弱地带的增援力量，立即成立第2梯队和方面军预备队。

三、加强对德军的侦察，有效利用地面和空中力量，务必及时、准确地掌握敌人的动向。

四、加强对各部队的指挥，保障各部队所需物资的供应。

---

① 克鲁格洛夫（1907—1977）：即谢尔盖·尼基福罗维奇·克鲁格洛夫，苏联政治人物，曾任内务人民委员、内务部部长。1956年失势，1960年被开除党籍。

五、增强将士们的信心，尤其是连续作战失败的部队，务必让他们坚信敌人一定会在莫斯科附近被消灭。

其实，对于莫扎伊斯克防线的重要性，不仅朱可夫明白，最高统帅部也早就意识到了。从 10 月 7 日起，最高统帅部开始向这条防线调集部队，仅仅一周后，该防线的防守兵力便达到 9 万人。不过，对于漫长的防线来讲，这点兵力并不能构成全面牢固的防线。当朱可夫要求再派部队时，最高统帅部表示已经尽了最大努力。朱可夫见增兵无望，只得在漫长的防线上集中兵力，着重防御几个主要的位置。

经过研究情报，朱可夫选择了几个主要区域，并进行了以下安排：罗科索夫斯基的第 16 集团军负责防御沃洛克拉姆斯克一带；列柳申科[①]的第 5 集团军负责防御莫扎伊斯克一带；叶夫列姆的第 33 集团军负责防御纳罗—福明斯克一带；戈卢别夫的第 43 集团军负责防御小雅罗斯拉韦茨一带；扎哈尔金的第 49 集团军负责防御卡卢加一带。

对于这些安排，朱可夫在回忆录中说道："我们非常熟悉这些部队的主要指挥员，他们的战斗经验非常丰富，把主要的防御点交给他们，我们非常放心。"

朱可夫一边布防莫扎伊斯克防线，一边绞尽脑汁地研究如何拯救被德军包围在维亚济马以西的苏联集团军。他深知，如果被包围的集团军能够冲出来，或者坚持战斗，那么德军的一大部分兵力就会被拖住，从而有助于莫扎伊斯克防线的防守。

朱可夫一边派空军向被围的部队空投物资，一边命令空军对包围的德军进行轰炸。他还给各被围部队的司令员发去电报，下达准备突围的

---

① 列柳申科（1901—1987）：即德米特里·丹尼洛维奇·列柳申科，苏军将领，以骁勇善战著称。苏德战争初期任机械化第 21 军军长。1941 年任苏军汽车装甲坦克总部副部长。同年参加莫斯科会战，历任步兵军长、集团军司令、坦克集团军司令。1959 年晋升大将，两次获得"苏联英雄"称号。

命令，并委任第 19 集团军司令员卢金[①]为突围总指挥。

朱可夫虽然采取了一系列措施，但是掌握着主动权的德军并没有给他多少时间。10 月 13 日，德军向莫斯科重要的方向发动了全面进攻，当天卡卢加失守；次日，西北重镇加里宁被占，莫扎伊斯克防线被撕开了多处缺口。

嚣张的希特勒以为战争很快就会结束，发布了一个残忍的命令：不准冯・博克[②]元帅接受莫斯科方面投降，即使红军主动投降也不能接受，德军一定要以炮火炸平莫斯科。面对如此危急的局势，斯大林在 10 月 15 日悲痛地签署了国防人民委员会关于将政府机关撤离莫斯科的文件：

一、今天要将外国使团转移到古比雪夫，声明的发表由莫洛托夫负责。

二、最高苏维埃主席团及莫洛托夫副主席领导的政府也将在今天转移。

三、国防人民委员会各机关和海军人民委员会各机关转移至古比雪夫，总参谋部的主要职能部门撤到阿尔扎马斯。

四、必要时，内务人民委员会的贝利亚[③]和谢尔巴科夫[④]负责将不能带走的企业、仓库、机关及一切电力设施悉数摧毁。

莫斯科守不住的传言引发了大规模的民众恐慌：商店被劫，部分党

---

① 卢金（1892—1970）：即米哈伊尔・费奥多罗维奇・卢金，苏联陆军中将，苏联英雄。苏德战争初期率第 16 集团军在处于劣势的情况下创造了一系列奇迹，拖慢了德军的进军步伐，虽然最终负伤被俘，但他的表现赢得了双方的一致好评。

② 冯・博克（1880—1945）：纳粹德国将领，绰号“库斯特林的圣火”。“二战”期间历任第 1 集团军群司令、北方集团军群司令、B 集团军群司令、中央集团军群司令、南方集团军群司令。他没有参加纳粹党，也不关心纳粹的内外政策，甚至对 1938 年希特勒在国防军的大清洗也无动于衷，但他竭诚拥护希特勒的各项军事政策，觉得这给他提供了大显身手的机会。

③ 贝利亚（1899—1953）：即拉夫连季・巴夫洛维奇・贝利亚，苏联部长会议副主席兼内务部长，是斯大林大清洗计划的主要执行者之一。“二战”结束后被斯大林晋升为元帅。直到斯大林逝世之前，他是苏联实际上的二号人物，后在争夺斯大林继承权的斗争中失败，被撤职并处决。

④ 谢尔巴科夫（1901—1945）：即亚历山大・谢尔盖耶维奇・谢尔巴科夫，苏联国务和党务活动家、军事家，上将。苏德战争期间任副国防委员、红军总政治部主任兼情报局长。

员撕毁党员证，甚至有些干部私拿公款出逃。斯大林不顾劝告，执意留在莫斯科，并签署了国防人民委员会关于自10月20日起在莫斯科及附近各区进行戒严的文件。文件的内容大致为：

对搞破坏和骚乱者，立即逮捕并送交军事法庭；对挑拨者、敌人的特务和间谍，一经发现当场击毙。另外，对于莫斯科保卫战的指挥权，已经交给刚刚指挥过列宁格勒保卫战的朱可夫大将。

这份文件发布后，人心得以稳定下来，秩序慢慢恢复了。

这段时间，朱可夫承受了前所未有的压力，他的压力来自两个方面，一是德军节节胜利、红军连连溃退；二是国家领导人和人民把最后的希望放在他的身上。面对如此大的压力，朱可夫没有被压垮，他号召全体将士不惜一切代价抵抗。西方方面军军事委员会发布了告全军书，内容如下：

在祖国面临生死存亡之际，每个军人的生命都已不属于个人，而属于国家。国家若要求我们贡献一切，那么我们就应当尽一切可能完成祖国的要求。当前，祖国需要我们阻止法西斯进攻莫斯科的步伐，因此我们应当随时准备为了祖国而献身。

朱可夫又向红军最高统帅部提出了两点建议：一、把部队后撤，沿诺沃扎维多夫斯基—克林—伊斯特拉水库—伊斯特拉郊区—红帕赫拉—谢尔普霍夫—阿列克辛组建防御阵地；二、西方方面军由于防线太长，无法有效地指挥加里宁集团军，因此需要缩短该方面军的防线，而加里宁集团军应交给别的方面军指挥。

红军最高统帅部同意了朱可夫的这两点提议。10月17日，红军最高统帅部组建了加里宁方面军，包括第22、第29、第30集团军，总司令为科涅夫上将。此时，尽管莫扎伊斯克防线被德军冲破，但是德军也付出了惨重的代价，进攻态势渐渐放缓了。

10 月末，德军被阻挡在图尔吉诺夫、沃洛克拉姆斯克、多罗霍夫、纳罗－福明斯克、谢尔普霍夫以西和阿列克辛一带。此时，加里宁方面军在加里宁地区的防御呈稳定态势，布良斯克方面军打败了从奥廖尔冲击而来的德军。战局的变化出乎德军意料，他们不得不暂停进攻。

德军停止攻击后，朱可夫一面命令各部队加固防御阵地，一面在各部队中总结、学习在这三个星期各部队所使用的有效的作战方法，并号召部队向涌现的战斗英雄和英雄部队学习。

眼看“十月革命”胜利 24 周年纪念日快要到了，为了消除市民的恐慌，提振全国人民战胜德军的信心，斯大林计划如同往年一样，在首都莫斯科举行庆祝活动。不过，他对前线的战事心中没底，于是在 11 月 1 日召见了朱可夫。

见面后，斯大林开门见山地问道：“今年我们打算在‘十月革命’纪念日，除了召开庆祝大会，还要在莫斯科进行阅兵。我让你前来的目的，就是想问问你，前线的战事允许吗?”

这个问题事关重大，朱可夫非常自信地答道：“德军在上一次战役中损失惨重，这几天正是他们补充兵力和调整部署的时候。因此，德军近日不会有什么大的动作，但是举行活动需要防备敌军空袭，可以将友邻军群的歼击航空兵调入莫斯科进行防备。”

斯大林点头表示赞许。随后，他在与莫洛托夫、贝利亚会面时，故意轻描淡写地说：“我们的阅兵怎么来安排呢？能不能比以往提前一两个小时?”

莫洛托夫和贝利亚听了，吃惊地看着斯大林。斯大林看了看他们，继续说道：“阅兵务必要加强空中防备，检阅部队就由布琼尼来负责。阅兵时，假如遇到德军飞机轰炸，要迅速转移伤亡人员，让阅兵继续进行。另外，新闻电影制片厂负责摄制这次活动的纪录片，然后送往全国进行播放……报刊等媒体也要大张旗鼓地进行报道。在庆祝会和阅兵式上，我会讲话。对此，你们有什么看法或建议?”

莫洛托夫说：“虽然很冒险，但是会对国内外产生积极的政治影响。”

斯大林拍了一下大腿，说：“那就这么定了!”他转身又对贝利亚说："你这就去安排吧！记住，这事除了身边信得过的人以外，不到最后一刻不能让其他人知道。"斯大林这样要求显然是担心消息会被泄露，从而被德军利用。

11 月 6 日晚，"十月革命"胜利 24 周年庆祝大会在马雅可夫斯基地铁站举行，次日，阅兵仪式在红场进行。在阅兵仪式上，斯大林发表了著名的《阅兵式演说》。他说："虽然我们眼前的形势很严峻，但是对比 23 年前的十四国武装干涉，又要好很多。那个时候我们能赢得胜利，今天我们也一定可以打败法西斯德国。"

1941 年 11 月 7 日，莫斯科红场，苏联冒着德军炮火举行庆祝"十月革命"胜利 24 周年阅兵式，参加阅兵式后的苏军直接开赴前线

阅兵结束后，参加检阅的部队没有休息，而是唱着雄壮的歌曲开赴前线。这次红场阅兵意义非凡，是一次提振军心的"精神战役"。

与此同时，德军也在抓紧调整兵力，准备下一次的攻击。至 11 月 15 日，德军在红军西方方面军正面部署了 51 个整编师，其中包括 31 个步兵师、13 个坦克师和 7 个摩托化师。

这些兵力的具体部署是：

在红军第 16 集团军正面，也就是沃洛克拉姆斯克—克林和伊斯特拉一线，德军集结了第 3、第 4 坦克集群（编制 7 个坦克师、3 个摩托化师和 4 个步兵师），并配备 2 000 门火炮和大批飞机。

在红军第 50 集团军正面，也就是图拉—卡希拉方向，德军集结了由摩托化第 24、第 47 军和步兵第 53、第 43 军组成的攻击集群，外加大批飞机（11 月 10 日，红军最高统帅部将布良斯克方面军撤销，而把自图拉沿卡希拉方向的部队及其防御任务全部交给西方方面军，使得该方面军的防线进一步延长）。

德军在兹韦尼戈罗德卡、库宾卡、纳罗－福明斯克、波多利斯克、谢尔普霍夫等方向上，集结了由 6 个军组成的第 4 集团军。该集团军的任务是进行正面攻击，以牵制红军西方方面军的防御部队，然后向莫斯科进行冲击。

11 月 1 日至 15 日，针对德军不断在西方方面军正面增兵，红军最高统帅部也紧急给西方方面军调拨了 10 万人、300 辆坦克和 2 000 门火炮。不过，朱可夫仍觉得这些兵力不够，难以进行全线防御。幸好他在 11 月初就断定德军的主攻方向会在沃洛克拉姆斯克—克林和伊斯特拉一线，于是将大部分兵力调到此处。而把剩余的兵力派往图拉—谢尔普霍夫一线。

这时，斯大林也认为形势比较乐观，西方方面军足以对抗德军。这就使他和朱可夫在制定对敌策略时产生了矛盾。11 月 13 日，斯大林和朱可夫在电话里发生了争执，斯大林想在德军准备进攻前发起反攻，以瓦解德军的进攻节奏，朱可夫则认为整条防线太长，纵深内的中央预备队太少，一旦反攻失利，各集团军的防御阵地就无法巩固。但斯大林没有听从朱可夫的建议，强行要求按照自己的指示行动。

朱可夫为此非常痛心，一方面是因为斯大林的固执，另一方面是最后的预备队将要被投入没有把握的战斗中，一旦预备队有所闪失，防御薄弱地带就无兵可调了。

朱可夫与斯大林通话结束后，布尔加宁来找朱可夫，朱可夫把刚刚在电话中自己被斯大林斥责的事说了一遍。布尔加宁说："斯大林同志说你和我过于骄傲，最高统帅部会对我们进行管束。他还要我马上与你制订反攻的行动计划。"

朱可夫不敢违抗命令，只得和布尔加宁方面军参谋长索科洛夫斯基①、第 16 集团军司令员罗科索夫斯基和第 49 集团军司令员扎哈尔金，一起商量怎样进行反攻。两个小时后，他们向第 16、第 49 集团军以及其他兵团下达了反攻命令。

11 月 15 日，德军与西方方面军的突击几乎同时开始。在加里宁防线，德军投入 300 多辆坦克，而红军在该地的第 30 集团军只有 56 辆轻型坦克。战斗没有持续多久，该地区的防线就被德军突破了。

11 月 16 日早上，德军从沃洛克拉姆斯克向克林发起冲击。原本安排在这里的苏军预备队被调走进行反攻，致使该地区双方兵力悬殊。就在这一天，伊斯特拉一带的德军也发动了攻势，投入 2 个坦克师、2 个步兵师和 400 辆中型坦克，而防守这里的红军只有 150 辆轻型坦克，德军的推进很顺利。

斯大林着急了，他急电朱可夫，问道："莫斯科能守住吗？问这个，我非常痛心，但我需要你以党性保证，告诉我实情。"

朱可夫斩钉截铁地说："一定会守住，这毋庸置疑。若是能增加 2 个集团军和 200 辆坦克，那更是万无一失。"

斯大林对朱可夫的话虽然心存疑虑，但还是让他去和总参谋部商量，看看他需要的兵力应该从哪里调拨。很快，朱可夫便与华西列夫斯基商定，11 月底前给西方方面军再调入第 1 突击集团军、第 10 集团军和第 20 集团军。这些新增加的兵力将被部署在极其危险的地区，其中，莫斯科西北方向的亚赫罗马、索尔涅奇诺戈尔斯克地区，由第 1 突击集团军和第 20 集团军防御；而莫斯科东南方向的梁赞地区，由第 10 集团

---

① 索科洛夫斯基（1897—1968）：即瓦西里·丹尼洛维奇·索科洛夫斯基，苏联元帅。苏德战争期间历任方面军参谋长，方面军副司令、司令，曾参与指挥莫斯科、斯摩棱斯克、维斯瓦河—奥得河和柏林等战役。因在柏林战役中指挥有方，被授予"苏联英雄"称号。

军防御。不过，这几个集团军什么时候才能准备好还是个未知数。

11 月 17 日，西方方面军又接手了加里宁方面军的第 30 集团军及其防御地区，这样一来，西方方面军的防御地带延伸到了伏尔加河水库。在这条漫长的防线上，有些地段已经被德军攻破，但是纵观全局，最重要的一些地段仍在红军手中。朱可夫调兵遣将、灵活指挥，使得这条防线看起来仍然非常坚固。

德军装甲部队于 11 月 23 日攻进了克林，红军第 16 集团军面临着被合围的危险，朱可夫忙下令他们火速撤退。但是，在德军占领索尔涅奇诺戈尔斯克地区后，朱可夫当即下令不许后撤，要求他们拼尽全力将德军钉在这个地区。与此同时，朱可夫紧急抽调部队，终于建立起了一条稳固的防线。

11 月 26 日，德军斩断了图拉至莫斯科的地面要道，但在卡希拉地区，德军推进的脚步被阻挡住了。为了更好地防御该地区，朱可夫又调集了步兵第 173 师和火箭炮第 15 团增援这里。

为了将德军从韦尼奥夫一带赶走，朱可夫于 11 月 27 日命令近卫骑兵第 1 军及先后赶来的坦克第 112 师、步兵第 173 师和其他部队，对德军进行反攻。行动开始后，德军受到重创，不得不向南后撤十几千米。朱可夫不断调集兵力赶赴各个战场，终于粉碎了德军想从图拉至卡希拉一带进攻莫斯科的计划，逼迫他们收敛攻势，转入防御。

朱可夫敢于这样大规模地调动兵力，关键就在于他能准确地把握整个战场局势，并能抓住德军的缺点进行布防。他后来在回忆录中这样写道：

> 西方方面军正面的德军并没有和其他部队同时展开突击，我不知道德军统帅部是怎么想的，他们的中央部队拥有充足的兵力。我就利用这个机会，把中央次要防御线上的预备队分调各个战场。

时间很快到了 11 月末，德军的进攻虽然还在继续，但是攻势渐缓，莫斯科最危险的时刻过去了。此时，列宁格勒方面军正在进行反攻，德军再也无力往莫斯科战场调动一兵一卒。朱可夫一向对战机具有敏锐嗅觉，于是及时将这个情况报告给最高统帅部，并根据最高统帅部发回的意见，决定实施反攻。

红军进入反攻

1941 年 11 月 29 日，朱可夫向斯大林报告自己将要组织反攻的计划，请求最高统帅部把曾经答应给自己的 3 个集团军尽快调过来。

斯大林听到朱可夫要组织反攻，担心地问道："以德军现有的状况，我军真的可以实施反攻吗？你确定德军没有新的重兵团投入战场?"

朱可夫自信地回答："目前德军非常疲惫，如果不利用这个机会歼灭他们的突击兵团，那么等他们从北方和南方集团军群调来预备部队，莫斯科就会陷入无法预料的危险之中。"

斯大林让朱可夫等消息，他需要在最高统帅部内商议此事。晚上，朱可夫接到红军最高统帅部的通知，让他尽快拟订反攻计划，并递交统帅部。实际上，德军此时的状况并不差，甚至在兵力上还具有一定的优势。西方方面军的兵力、坦克、大炮均弱于德军，唯有空军比德军强一些。因此，当斯大林再次询问反攻计划时，朱可夫的回答是："目前我们没有能力进行全面大反攻，但在西方方面军的两侧可以进行一定的反攻。"11 月 30 日早上，朱可夫把拟好的反攻方案递给了最高统帅部。具体内容如下：

短期的任务是，为了解除莫斯科的直接威胁，需要粉碎德国中央集团军群的攻击集团军，尽可能地把他们赶到较远的地方；长期的任务是，进一步击溃乃至消灭全部德军。

12 月 3 日夜间至 4 日早晨，向位于西方方面军右翼的德军重要兵团进行攻击，以消灭克林、索尔涅奇诺戈尔斯克和伊斯特拉一带的敌人；向位于西方方面军左翼的德军侧翼和背后进行攻击，以消灭乌兹洛瓦亚和博戈罗季茨克的古德里安集团军。

12 月 4 日至 5 日，方面军中央的各集团军进行反攻，以牵制正面德军，策应两翼的战斗。航空部队的大部分兵力配合右翼攻击兵团作战，剩余兵力配合左翼攻击兵团作战。

斯大林看了朱可夫的计划，毫不犹豫地同意了。朱可夫随即向所属部队分派了具体任务：

方面军中央部队的第 5、第 33、第 43、第 49 集团军，在其他部队打响战斗时，对正面之敌进行有效攻击，只要牵制正面之敌即可。

方面军右翼的第 1 突击集团军需在德米特罗夫—亚赫罗马地区调集所有兵力，并在第 20、第 30 集团军的配合下，对克林一带的德军进行攻击，然后向捷里亚耶瓦—斯洛博达方向突击。

第 20 集团军沿红波利亚纳—白拉斯特一线前进，配合第 1 突击集团军和第 16 集团军，向索尔涅奇诺戈尔斯克方向进军，绕过正面从南面对该市攻击，然后大部队向沃洛克拉姆斯克进行冲击。

另外，第 16 集团军的右翼对克留科沃进行冲击后，根据自身以及战场情况自由采取行动；方面军左翼的第 10 集团军与第 50 集团军配合，对斯大林诺戈尔斯克—博戈罗季茨克一带进行冲击，然后对乌帕河以南地区展开攻击。

红军最高统帅部为了扩大这次反攻的成果，命令加里宁方面军在西方方面军反攻时，朝苏军西南方向进发，赶至德军在克林至索尔涅奇诺戈尔斯克的集团军背后，配合西方方面军前后夹击该集团军，然后一同歼灭莫斯科西南的德军。

不过，加里宁方面军司令员科涅夫对这个命令提出了异议。他向最高统帅部报告说他的部队兵力和坦克都不足，攻击加里宁局部地区还可以，进行如此大规模的突击战斗，实在难以完成。斯大林见科涅夫心有疑虑，便让副总参谋长华西列夫斯基去做他的思想工作。

华西列夫斯基并没有马上给科涅夫打电话，而是先认真研究了加里宁方面军的整体战况和战力，心里有底后才与科涅夫通话。他对科涅夫说："要想拯救莫斯科，要想为消灭德军打下基础，我们唯有抓住时机积极行动。现在机会来了，假如近期我们不能开战，那么贻误战机的罪责不是你我所能承担的。"他停顿片刻，指出了科涅夫目前拥有的兵力，告诉科涅夫组成五六个师的集团军该从哪里抽调部队。科涅夫无话可说，一边向华西列夫斯基保证会集中力量去干，一边嘴硬地说："这是在冒险。"

对于这么大规模的战斗，斯大林始终忐忑不安。他在 12 月 4 日深夜与朱可夫通话，问道："你们方面军还有没有别的要求?"朱可夫不客气地答道："除了已经给的，还需要最高统帅部预备队航空部队和国土防空军航空部队的支援。另外，若能再增加 200 辆以上的坦克，那就更好了，有了这些坦克，反攻的战果才能迅速扩大。"

对于朱可夫要求的坦克，斯大林感到非常为难，不过他答应让航空部队进行支援。最终，事实证明了朱可夫有先见之明，在接下来的战斗中，果然因为坦克的缺乏，战果一度不能迅速扩大，但朱可夫利用航空兵弥补了这一不足。

就在朱可夫努力为反攻做准备时，12 月初的一场大雪打乱了他的计划，他不得不把反攻时间推迟到 12 月 6 日。

12 月 6 日早上，红军西方方面军率先从莫斯科南北两面展开攻击，与其协作的友邻方面军也在加里宁和叶利齐地区发起攻击。

加里宁方面军尽管在战役开始当天就突破了德军的防御前沿阵地，但因为兵力欠缺，加上大雪封堵，很快就被德军阻挡住了前进的步伐。尽管如此，他们还是吸引了大量德军兵力，为西方方面军的突击减轻了压力。西方方面军加快攻势，想要独自继续执行任务。在他们的猛烈攻势下，德军想将其他地方的兵力调来应急，但由于朱可夫的灵活部署，德军被苏军打得左支右绌，兵力难以调动。

12 月 8 日，红军攻占了克留科沃；12 月 12 日，红军攻克索尔涅奇诺戈尔斯克；12 月 13 日，红军攻入克林市。

12 月 13 日，苏联新闻局向全国宣布：德军进攻莫斯科的计划被粉碎了。同时，苏联各大报纸相继刊登了立下战功的红军将领们的照片，包括朱可夫、列柳申科、库兹涅佐夫①、罗科索夫斯基、戈沃罗夫②、鲍尔金、戈利科夫③、别洛夫④和弗拉索夫⑤。在这些照片里，朱可夫的照片被放在了中间醒目位置。

由于连续工作，朱可夫的身体已经极度疲劳——声音嘶哑，双眼布满了红血丝。为了提振精神，继续指挥部队，他不得不用浓茶驱赶瞌睡。就在攻下克林时，朱可夫注意到突击部队在正面作战时，往往会因损失严重而无法继续发动攻击；有的指挥员因为经验不足，将一些重要的地点和敌军关键的部署忽略了；甚至有的指挥员因为担心被敌人包围，不敢全力将部队投入战场。

针对这些情况，朱可夫对各支部队及时地发布了以下命令：

为防止德军撤离战场，务必追击并黏上敌人。对于道路的交叉点和要道，务必动用先头部队抢占，最大限度地打乱德军的战斗队形和行军阵形。

对于德军坚固的防御地带，不得进行正面攻击。先头部队应绕道前进，把它们留给后续部队。

---

① 库兹涅佐夫（1902—1974）：即尼古拉·格拉西莫维奇·库兹涅佐夫，苏联军事家，苏联英雄，海军元帅，苏德战争期间任海军总司令。在斯大林晚年和赫鲁晓夫时期两度被解除职务降级。

② 戈沃罗夫（1897—1955）：即列昂尼德·亚历山德罗维奇·戈沃罗夫，苏联元帅，苏联英雄。苏德战争期间历任防线部队司令、集团军司令和列宁格勒方面军司令，被誉为“炮兵大师”，擅长从对方的最强点中寻找破绽。战后出任防空军司令直至逝世。

③ 戈利科夫（1900—1980）：即菲利普·伊万诺维奇·戈利科夫，苏联元帅。内战期间当过政治委员，大清洗后出任主管情报的总参侦察局局长，后来还当过外交代表与英、法谈判。莫斯科战役时他率领的第10集团军在反攻时打得最远，1943年春季他是红军最成功的方面军司令，还担任过红军总干部部长、装甲兵学院院长、总政治部主任，是赫鲁晓夫时期的红人。

④ 别洛夫（1917—2000）：即安德烈·伊万诺维奇·别洛夫，苏联副总参谋长兼通信部部长，通信兵元帅。

⑤ 弗拉索夫（1900—1946）：即安德烈·安德烈耶维奇·弗拉索夫，苏联红军将领，苏德战争期间被德军俘虏，继而投降德军，为法西斯德国效力，在历史上颇具争议。

朱可夫还充分发挥了航空兵的作用。在西方方面军右翼的反攻战中，他让航空兵对德军的炮兵阵地、坦克部队和指挥所进行猛烈轰炸；在德军后撤时，他又让航空兵对德军的步兵、装甲坦克和汽车运输纵队进行俯冲攻击。仓皇后撤的德军为了加快逃跑的速度，沿途丢下大量的武器装备，因而堵住了一路猛追的红军，使其追击速度减慢。朱可夫了解到这一情况后，马上命令滑雪部队、骑兵和空降兵快速封堵和消灭逃跑的德军。

负责指挥方面军左翼的指挥员是别洛夫。他是一个作风彪悍并且善打硬仗的将军。他不停地让骑兵军和第 10、第 50 集团军向古德里安坦克集群冲击，德军抵挡不住，纷纷后撤。红军乘势推进了 130 千米，解放了沿途大量的城镇。12 月 16 日到 18 日，别洛夫指挥的骑兵军接连击溃德军坦克第 17 师和步兵第 28、第 29、第 30 师。

别洛夫因为战功显赫，备受斯大林器重，在红军中的威望也很高。但这个性格倔强的将军不喜欢听命于人，经常我行我素。这一次，他遇到了脾气比他还倔的朱可夫，朱可夫极其不喜欢手下指挥员不服从命令。

在这次战役中，朱可夫给别洛夫打电话，强硬地说：“你马上过来，15 分钟内我要看到你的身影。”

结果，电话那头竟然传来：“我不能来!”

朱可夫一听，马上咆哮着说：“不能来，为什么不能来？你就是死了，15 分钟内我也要看到你的尸体！你要是敢不来的话，我就关你禁闭，你信不信?”别洛夫听到朱可夫强硬的话语，无奈地摇了摇头，马上赶往朱可夫所在地。

1941 年 12 月 6 日至 25 日，西方方面军一共摧毁和缴获德军1 000 辆坦克、1 434 门火炮和不计其数的装备；西南方面军一共摧毁和缴获德军坦克 81 辆、火炮 491 门和大量装备。德军伤亡及被俘约 30 万人。

至 1942 年 1 月 1 日，西方方面军右翼的第 1 突击集团军、第 16 集团军和第 20 集团军，将德军击溃至拉马河和鲁扎河一带；西方方面军中央的第 5、第 33、第 43、第 49 集团军沿着鲁扎河、纳拉河和奥卡河一线，向莫扎伊斯克—博罗夫斯克—小雅罗斯拉韦茨方向展开攻击；西方方面军左翼的别洛夫骑兵军和第 10、第 50 集团军加紧追击溃逃的德军，朝尤赫诺夫、莫萨利斯克和基洛夫一带进军。

加里宁方面军正在向斯塔里察和勒热夫发起攻击，推进至布良斯克方面军（于 12 月 8 日重建）在西方方面军左翼背后的奥卡河一带，并在该地展开攻击。

形势对红军非常有利。朱可夫让西部方向的军群继续冲击，把战线扩大到德军最初进攻时的地区。但后方已经没有了预备队，朱可夫要求增调预备队的请求被驳回了。朱可夫无奈，只得在奥列什基—斯塔里察—拉马河和鲁扎河—小雅罗斯拉韦茨—吉洪诺瓦普斯滕—卡卢加—莫萨利斯克—苏希尼奇—别廖夫—姆岑斯克—诺沃西利一带巩固战线。

事后，朱可夫有些遗憾地说："那个时候，假如最高统帅部能给我们增加 4 个集团军，那么我们就能给予德军更猛烈的攻击，将他们赶到远离莫斯科的地方。"不过，战果已经非常可观了，因为经过这次反攻，希特勒的"台风"计划彻底失败了。

为了重振德军的信心，阻止红军进一步推进，希特勒采取了以下措施：

一、派一些能力更强的将领，取代布劳希奇[①]元帅的陆军总司令、冯·博克元帅的中央集团军群司令、古德里安将军的第 2 坦克集群司令和其他几十名将军的职务。陆军总司令由希特勒亲自担任。

二、为提振军队的信心，于 12 月 11 日对美国宣战，以此显示德军不但可以与苏联作战，还能同时与美国作战。

三、苏联境内德军不得后撤。1942 年 1 月 3 日，希特勒再次下达命令："不准后退，想都不要想，现在的形势要求你们，务必死守每一个

① 布劳希奇（1881—1948）：即瓦尔特·冯·布劳希奇，纳粹德国陆军元帅，是仅次于纳粹德国元首希特勒、帝国元帅戈林的纳粹德国第三号人物。"二战"期间任德国陆军总司令，在入侵波兰时成功进行了"闪击战"，与英、法作战时突破阿登山区一役，创造了德军军事史上"声东击西""出奇制胜"的典型战例，但终因攻打莫斯科失败而遭到希特勒的轻蔑和辱骂。

地区，哪怕只剩下一枪一弹。虽然红军夺取了几个地方，虽然我们受到了一些损失，但是红军想要守住现有阵地，无疑是痴心妄想。”

四、为增强兵力，从后方和其他占领国调集部队，务必扭转苏联战场的形势。

与此同时，斯大林通过这次战役对红军的战斗力做出了乐观的估计，认为德军抵抗不了红军，由此产生了在苏德战场发动全面攻击的想法。

德军“闪击战”破产

1942年1月5日晚，红军最高统帅部命令朱可夫从前线返回莫斯科，参与制订对德军发起总攻的计划。这次会议的参与者不仅有最高统帅部的成员，还有国防人民委员会在内的所有委员。会上，总参谋长沙波什尼科夫首先简要介绍了前线的状况和反攻总计划的草案。随后，斯大林说：“经过这次战役，德军士兵的信心受到重创，而且他们没有足够的越冬装备。我相信，德军希望把进攻的时间拖到明年春天，因为那个时候他们又做好了充分的准备。因此，要想歼灭德军的有生力量，现在就是发起总攻的最佳时机。”

斯大林说到这里，环顾会场的所有人，接着说道：“当前，我们的任务是让德军得不到休整的机会，持续不断地往前推进，直到把德军彻底赶出苏联。一定要在春季来临时耗掉他们的预备役部队，因为那时他们就不会有预备役部队了，而我们将会组建更多的预备役部队。”

斯大林谈完总攻的必要性和前景后，给各部队分配了任务：西北方面军左翼部队、加里宁方面军和西方方面军从德国中央集团军群的两翼进行迂回，消灭勒热夫、维亚济马和斯摩棱斯克地区的德军主力，彻底粉碎德国中央集团军群；列宁格勒方面军、沃尔霍夫方面军和西北方面军右翼部队负责围歼德国北方集团军群；西南方面军和南方方面军负责围歼德国南方集团军群，以解放顿巴斯；高加索方面军和黑海舰队负责解放克里米亚。

斯大林说完，让与会人员发表意见。朱可夫抢先说道：“我们在西线可以进攻，因为那里的德军还没有恢复战斗力，而且地形条件对我军也有利。不过，为了更好地完成任务，还需要补充一些部队，首先要补充的就是坦克部队。假如兵力无法补充，进攻便很有可能遭到失败。至于我们在列宁格勒附近和西南方向的进攻，一定会遭到德军的拼死抵抗。如果缺乏大量的炮兵支援，那么想攻破德军的防线，几乎没有一点可能性，并且自身还会受到严重的损失。因此，我的看法是，加强西线各方面军，然后在西线组织大规模攻击。”

朱可夫讲完后，国家计划委员会主席沃兹涅先斯基①表示同意他的意见，并补充道：“我们现有的物资，还无法保障各个方面军攻击的需要。”

沃兹涅先斯基刚刚讲完，斯大林就起身反驳道：“我已经和铁木辛哥商量过，为了尽快消灭德军，使他们不能在春季来临时发动攻击，我们主张先在西南方向发动攻击。”

在座的所有人见斯大林的态度如此坚决，便不再提出其他建议。总攻方案就这样定了下来。会议结束后，沙波什尼科夫对朱可夫说：“没用的，你的意见提了也白提，最高统帅部已经就这个问题讨论过了。”很明显，沙波什尼科夫在会议召开前已经就此事发表过意见，但也被斯大林否决了。

朱可夫问他：“既然早就定了下来，那为什么还要开会，还要问我们的意见呢?”

“谁知道呢？反正我是不知道!”沙波什尼科夫无奈地摇了摇头。

两天后，红军最高统帅部向朱可夫下达了攻击命令。朱可夫不敢耽搁，马上给下属部队布置具体的作战任务：

---

① 沃兹涅先斯基（1903—1950）：即尼古拉·阿列克谢耶维奇·沃兹涅先斯基，苏联20世纪三四十年代的著名经济学家。1938—1948年领导国家计划委员会，对苏联的经济发展做出了重要贡献。曾两次荣获列宁勋章。

第 1 突击集团军、第 20 集团军和第 16 集团军的方面军右翼部队朝瑟切夫卡方向发动攻击，配合加里宁方面军击垮德军的瑟切夫卡—勒热夫方向的集团军；第 5、第 33 集团军在中央对莫扎伊斯克—格扎茨克方向的德军展开攻击；第 43、第 49、第 50 集团军向尤赫诺夫进行冲击，歼灭这一带的德军后，向维亚济马推进；在方面军左翼，别洛夫指挥的骑兵军朝西北方向的维亚济马一带进发，与加里宁方面军的骑兵第 11 军会合后，一起对维亚济马德集团军进行攻击；第 10 集团军朝基洛夫方向攻击前进，并为方面军的左侧进行掩护。

1 月 10 日，红军最高统帅部又对各个方面军发出命令，就攻击德军的防线做出具体指示：

对于即将开展的战役，一定要学会如何突破德军的防线，并组织对纵深地带的德军进行突击，为我步兵、坦克兵和骑兵开辟进发的道路。这是因为德军正在修建第二、第三道防线，假如先头部队不能有效地突破德军防线，那么我们的后续部队就无法前进。

进攻的方法分为两种：

一是突击集团军的攻击。以往我军都是按照独立师或旅进攻敌人正面，当前不能再以这种方法进攻，因为这样无法在兵力上产生优势，强行进攻一定会失败。要想在某一地带进攻，在兵力上必须要有足够的优势，这样才能取得预定的战果。因此，进攻德军的每个集团军内部，一定要由 3～4 个师组成的进攻集团军，对某一个地带发动攻击。这是集团军指挥员的首要任务，务必完成，不得有异议。

二是组织炮兵攻击。过去我们常常让步兵在没有炮兵支援的情况下突击德军阵地。在步兵无法按时完成任务时，又埋怨步兵进展太缓慢。要知道，这样的攻击不仅没有效果，甚至是一种自杀行为，这是指挥员的不负责任，对祖国、对士兵都是一种犯罪行为。所以，首先，炮兵的行动不能仅限于攻击前一两个小时，而应当和步兵一起向前推进，不停歇地进行轰击，直到步兵完全攻破德军的防线；其次，步兵要改变思路，不能只在炮击停止后再突击，而要顺着炮火的延伸冲击；最后，炮兵不得分散行动、部署在各条战线上，而要集中在集团军、方面军突击的地带。

对于红军最高统帅部的指示，朱可夫没有任何异议地执行了。不过，他很清楚各条战线的情况，每条战线上的兵力大致相当，如果按照上述计划，红军步兵根本无法组建新的突击兵团，更不可能得到炮兵的有效配合。

战事的发展，果然验证了朱可夫的想法。

1942 年 1 月 10 日，西方方面军右翼的第 20 集团军、第 1 突击集团军部分兵力、近卫骑兵第 2 军和坦克第 22 旅开始进攻，仅用两天时间便攻破了德军在沃洛克拉姆斯克地区的防线。1 月 16 日和 17 日，他们又攻占了洛托希诺和沙霍夫斯卡亚，并切断莫斯科至勒热夫的铁路。朱可夫深知此地需要加强兵力，以便进一步扩大战果，但他在 1 月 19 日却接到斯大林的紧急命令，让他将第 1 突击集团军编入最高统帅部预备队，并从战场撤离。

接到命令后，朱可夫苦苦哀求斯大林，说现在正面战场战事紧急，无法再调整原有的兵力部署，如果将第 1 突击集团军调走，那么在该地区就无法对德军施加应有的压力。然而，斯大林并没有同意，随后朱可夫又向沙波什尼科夫说明这一情况，但仍然毫无效果。朱可夫无奈，只得把第 20 集团军的进攻正面加宽，这就使原本具有优势的红军战斗力大减，推进至格扎茨克后便无法再向前挺进了。

在这次战役中，西方方面军的任务是歼灭维亚济马的德军，为此朱可夫空投了 1 个团和 2 个营的空降兵在维亚济马以南 40 千米处的热拉尼耶一带，目的是斩断德军的后勤补给线。接着，朱可夫又让叶夫列莫夫①的第 33 集团军在攻破的突破口处继续向前推进，配合由东南方向攻

---

① 叶夫列莫夫（1897—1942）：即米哈伊尔·格里戈里那维奇·叶夫列莫夫，苏联中将，苏德战争爆发后历任第21、第10 和第33 集团军司令，布良斯克方面军副司令，在西方方向作战。后来在维亚济马战役中被德军包围，在战斗中英勇牺牲。

击至此的别洛夫骑兵军及由西北方向攻击至此的加里宁方面军的骑兵第11军、空降兵、游击队，一起攻打维亚济马。这几路部队一路猛攻猛打，推进得非常顺利。

1月27日，别洛夫的骑兵军在尤赫诺夫西南35千米处越过了华沙公路，接着经过三天的急行军，在维亚济马以南与空降兵及游击队会合。1月31日，叶夫列莫夫的第33集团军攻击至尚斯基扎沃德和多马诺夫一带，德军居然没有在这里部署重兵。

朱可夫和叶夫列莫夫由此分析，认为德军没有足够的兵力来防御维亚济马，决定抢在德军调来预备队之前，先攻克维亚济马。

2月1日，叶夫列莫夫带着由3个师组建而成的攻击群，从尚斯基扎沃德打开的突破口冲击到维亚济马附近。2月3日到4日，就在他率领部队突击维亚济马时，德军出人意料地斩断了他们撕开的突破口根部，并顺着乌格拉河一带构建了防御阵线，于是，处在尚斯基扎沃德一带的第33集团军的第2梯队被困住了。与此同时，沿左侧推进的第43集团军在梅登一带也被困住了，无法按计划完成上级布置的援助叶夫列莫夫突击群的任务。

此外，德军还切断了准备与叶夫列莫夫所部会合的别洛夫的骑兵军的后路，战事瞬间变得复杂起来。朱可夫见部队被围，十分焦急，想方设法进行增援，并空投弹药、药品和给养。2月10日，红军最高统帅部调遣援助维亚济马地区的空降兵第8旅和游击队，攻取了莫尔尚诺沃—佳吉列沃一带，并且打掉了德军第5装甲师的司令部。朱可夫听到这个消息后非常高兴，命令被困的别洛夫、叶夫列莫夫二人立即配合该部队行动。

4月初，被围困了两个月的红军处境越来越差，德军为了在春季来临前歼灭他们，攻势越来越猛。此时，天气开始变暖，被围红军的补给也越来越困难。别洛夫和叶夫列莫夫二人看穿了德军的意图，请求突围。朱可夫知道突围的难度，但又没有其他更好的办法，只好同意并做出了批示，要求他们一定要从维亚济马地区经过游击区和森林向基洛夫一带进行突围，因为这里的德军兵力较弱，而第10集团军会在德军的防线上打开一个缺口，以便接应他们。

朱可夫的命令发布后，别洛夫的骑兵军和空降兵部队当即按照指令行动，在经过漫长的行军后，终于抵达了第10集团军的前沿。在这里，他们悄然绕过德军重兵力集团军，歼灭沿途的小股德军，拼死冲出了由第10集团军打开的缺口，顺利突围。然而，叶夫列莫夫兵团并没有按照朱可夫的命令行事。叶夫列莫夫认为，部队已经疲惫不堪，朱可夫指示的突围路线对他们来说实在是太远了。他向总参谋部请求让他从较短的路线突围，这个路线需要经过乌格拉河。

斯大林接到叶夫列莫夫的请求后，当即给朱可夫打电话问他对叶夫列莫夫的建议有什么看法。朱可夫马上回答："这个方案我坚决不同意。"

斯大林经过思考，最终同意了叶夫列莫夫的请求，并说叶夫列莫夫是非常有经验的司令员。斯大林完全不给朱可夫反驳的机会，直接命令他组织兵团掩护叶夫列莫夫突围。朱可夫只能按照斯大林的命令，让第43集团军负责这次攻击行动。正如朱可夫所预料的，叶夫列莫夫的突击群并没有按计划进行突围，因为他们在朝乌格拉河运动转移时，被德军侦察到了。德军没有放过这一机会，马上组织兵力对他们发起进攻，并很快消灭了他们。叶夫列莫夫身负重伤，不愿被俘，于是自杀身亡，包括集团军炮兵司令员阿夫罗西莫夫在内的一批指挥员也壮烈殉国。

这一阶段的作战行动，红军尽管取得了一定的战果，但是整体的行动仍没有达到先前的目标。其中，西方方面军在付出大量伤亡后，仅仅把战线推进了70～100千米。究其原因，无外乎和朱可夫及沃兹涅先斯基在战前预测的那样，红军准备不够充分，没有能力进行全线的反攻。

以西方方面军为例，1月的上半月，他们得到的82毫米迫击炮弹仅占战前计划的1%，其他炮弹仅占20%～30%；整个1月份，得到的50毫米迫击炮弹仅占战前计划的2.7%，120毫米迫击炮弹为36%，82毫米迫击炮弹为55%，其余炮弹为44%；2月的上半月，战前计划给他们作战物资316节车皮，结果他们连火车的影子都没有看见。

为了节省弹药，朱可夫一边命令部分大炮转移到后方，一边给炮兵制定射击要求。朱可夫的要求是：进攻时，每门炮每天只能射击 1 ～2 发炮弹。而根据红军最高统帅部的指示，在突击敌人的防线时，炮兵务必进行不间断的射击。然而，各方面军缺乏的不仅是弹药，还包括坦克和机械化兵团在内的重要突击力量。朱可夫对坦克和机械化兵团曾做过这样的说明："坦克和机械化兵团经过战争的检验，没有人会否认它们在战斗时具备坚决的意志和强大的进攻力。若想快速地迂回包抄敌人，斩断敌人的补给线，以及分割和包围敌人，必须依靠强劲的坦克和机械化兵团。"

对于当时的状况，朱可夫反复强调部队要停止攻击，构筑工事巩固已经夺取的地区。2 月 14 日，朱可夫向最高统帅部发了一份报告："突击异常困难，炮兵没有弹药就无法提供有效的射击。而这么一来，我军不但无法将敌人的火力配备打掉，反而会在突进时遭到敌人的猛烈抵抗，从而无法按计划取得相应的战果。"但是，红军最高统帅部并没有采纳朱可夫的建议，反而在 3 月 20 日命令各部队务必完成计划内的任务。

西方方面军为了执行最高统帅部的命令，在 3 月末和 4 月初拼尽全力，但收获寥寥。红军最高统帅部不得不采纳朱可夫等人的建议，命令各部队停止进攻，转入防御。至此，历时半年的莫斯科会战画上了一个句号。

这次战役使德军的主要力量首次遭到重创，损失 50 多万人、坦克 1 300辆、火炮 2 500 门、汽车 1. 5 万余辆以及各种其他装备。而在战线上，与战役前相比，德军共后退了 150 ～300 千米。

在此之前，红军尽管也经历了许多重要的会战，但就战役的规模和战果而论，没有哪一次能与莫斯科会战相比。莫斯科会战的结束，宣告了德军"闪击战"计划的彻底破产。朱可夫后来在回忆录中说："很多人都问我在这次大战中，对哪次战役记忆最深，我总会说是莫斯科会战。"

第六章　斯大林格勒会战和库尔斯克会战

兵临城下

莫斯科会战后，德军尽管遭受了重大损失，但是在苏联战场上的整体兵力还是强于红军。1942 年 5 月，希特勒部署在苏联战场上的作战人员超过 600 万人，坦克和强击火炮 3 229 辆，火炮和迫击炮 5. 7 万门以上，空军作战飞机 3 395 架。苏联红军的作战人员则有 560 万人，坦克 3 882 辆，火炮和迫击炮 4 900 门，空军作战飞机 2 221 架。由上可知，红军占优势的只有坦克。

不过，红军的这些兵力已经够让德军头疼了，希特勒在制订 1942 年夏季的进攻计划时，放弃了在所有方向、各个地点同时开战的计划，而将主要兵力集结在南方战线，准备再次进行突击行动，以占领高加索和伏尔加河一带的战略物资供给地。这一带的战略物资——石油、煤炭、粮食等，无论对红军还是德军都是极其重要的。另外，德军如果攻占了这里，就可以切断苏联与反法西斯同盟国的南方交通线。

而对于莫斯科一带的战事，希特勒由于之前的失败，只打算在这里进行局部攻击，将深入自己占领区内的红军消灭。他的目标有两个：一是改善这里双方的势态；二是吸引红军兵力，分散红军统帅部对南部战区的注意力。

与此同时，苏军最高统帅部也就德军的“夏季计划”做了分析。斯大林坚持认为，德军将在夏季实施两大战略，一是莫斯科方向，二是南方方向，而莫斯科方向需要特别注意，因为德军在这一地带集结了70余个师。

为了应对德军的“夏季计划”，红军也相应地制订了春季和夏初计划。斯大林强调，整个战场还是以防守为主，但要在克里米亚、哈尔科夫地区、利戈夫—库尔斯克方向、斯摩棱斯克方向，以及列宁格勒和杰米扬斯克一带发动攻击。

总参谋长沙波什尼科夫提出夏初时用防守来消耗敌人，等有了一定的预备队后，再转入反攻。朱可夫基本同意沙波什尼科夫的说法，但他提出让红军在夏初就对西线德军发动突击，以消灭其勒热夫—维亚济马集团军，因为这里还有一个德军的屯兵场。

最终，红军最高统帅部认可了斯大林的观点，但是在莫斯科方向上又做了具体的补充，认为奥廖尔—图拉方向和库尔斯克—沃罗涅日方向是两个重要地段，德军向莫斯科推进很有可能在这两个方向，也就是经西南向莫斯科迂回。因而红军最高统帅部决定将下属预备队的主要兵力在春末投入布良斯克方面军地域，以保卫莫斯科。

朱可夫对此表示基本同意，但是对于斯大林提出的在春季和夏初进行的战役，他考虑到会减损红军的预备队，致使红军后续进攻变得复杂，故而再次提出，务必在西线发动猛攻，将勒热夫—维亚济马的德国集团军歼灭。因此，他建议西线的进攻由西方方面军、加里宁方面军和邻近的各方面军以及最高统帅部航空兵和莫斯科防空兵配合进行，若能在西线击垮德军，便能极大地损减德军有生力量，使其在短期内无法开展大规模的进攻。

正当苏军最高统帅部准备敲定行动方案时，西南方面军指挥部领导人铁木辛哥和赫鲁晓夫等突然提出了一个新的建议：在春夏交替时节，以布良斯克方面军、西南方面军和南方方面军的全部兵力向敌人发动攻击，以粉碎该方向的德军有生力量，使红军挺进至第聂伯河中游，再往五一城以及尼古拉耶夫一带进发。国防人民委员会在3月底召开的会议上讨论了这一建议。

在会议上，沙波什尼科夫首先肯定了斯大林的推断，并在此基础上发表了自己的看法。他说德军目前的兵力还较为充足，并且欧洲第二战场还未正式开辟，此时红军不应采取积极攻势，而应让多数战略预备队得到休整，巩固已有防线即可。在讨论西南方向突击战役的措施时，沙波什尼科夫说不应该同意这个措施，因为这会带来难以估计的困难。斯大林听到这里，语气强硬地打断沙波什尼科夫的话，说："不行，我们不能让德军先发起攻击，一定要在正面战场首先向德军进攻，进一步弄清德军的准备状况。我认为朱可夫的建议非常不错，在西方方向进行突击，在别的方向进行防守。"

铁木辛哥同意斯大林的意见，他介绍了西南方向的敌我态势，并且充满自信地说："西南方向的我军部队完全可以对德军进行攻击，以打乱德军对我南方方面军和西南方面军的作战计划，否则战争初期的状况就会再次上演。我支持朱可夫在西方方向进行突击的意见，因为这会使德军投入非常大的抵御兵力。"伏罗希洛夫元帅表示赞同铁木辛哥元帅的意见。

1942 年 4 月 10 日，西南方面军指挥部做出了以下计划：在沃尔昌斯克地区和巴尔文科沃突出部进行夹击，以歼灭德军哈尔科夫集团军，并夺取哈尔科夫，为攻取顿巴斯提供有利条件。

沙波什尼科夫认为，巴尔文科沃突出部的地形对于进攻方非常不利，建议取消此计划。

西南方面军的指挥员坚持认为这些困难完全可以克服，并向斯大林保证完成任务。斯大林也认为他们可以做到，于是命令总参谋部将这个地区的战役当成西南战线的分内事，不得进行阻拦。5 月 12 日，西南方面军发动了攻击，而且进展非常顺利，3 天之内就挺进了 25～50 千米。斯大林非常高兴，略带嘲讽地说沙波什尼科夫头发长见识短，战果差点因为他的阻挠而丢失。

然而，战局瞬息万变，斯大林显然高兴得太早了。5 月 17 日早上，德军克莱斯特装甲集群的 11 个师由斯拉维扬斯克—克拉马托尔斯克—

带，对红军南方方面军的第 9、第 57 集团军发动攻击，并很快攻破了这一地区的红军防线。这是个非常危险的信号，因为它意味西南方面军的突击，将会失去其左翼的南方方面军的保障。

当天晚上，身心俱疲的沙波什尼科夫因为生病了，由华西列夫斯基代理总参谋长职务。华西列夫斯基赶紧将战情的变化告知斯大林，提议暂停西南方面军的进攻，把进攻部队派往克拉马托尔斯克方向，解除这里的德军威胁。斯大林不置可否，与铁木辛哥通话后，命令“西南方面军不得停止攻击，左翼方面军可以凭借自己力量，堵住德军的突击”。

5 月 18 日，德军的坦克编队从背面以猛烈的攻势朝红军第 6、第 57 集团军和博布金集群扑来。华西列夫斯基焦急万分，又向斯大林提出建议：停止进攻哈尔科夫，以攻击集团军的主要兵力去封堵德军的突破口。斯大林与西南方向指挥部通话时，表明了自己的担忧，但铁木辛哥坚定的信心，又彻底打消了他的疑虑。

可惜战势不会因为一个人的信心而有所改变。5 月 18 日晚，铁木辛哥见战事进展不利，向斯大林建议停止攻击。斯大林感觉自己被愚弄了，恼羞成怒地予以拒绝。

事后，华西列夫斯基说：“当天晚上六七点时，西南方面军军事委员会委员赫鲁晓夫给我打电话，先是说了巴尔文科沃突出部的战事，然后说斯大林不同意他们停止攻击的意见。赫鲁晓夫让我把他们的建议向最高统帅部提出，我告诉他已多次提醒最高统帅部，但斯大林正是因为他们提出的进攻计划而一再批驳我的提议。我让赫鲁晓夫直接上报最高统帅部，过了一会儿，赫鲁晓夫再次打来电话说已经通过马林科夫与最高统帅部商议，最高统帅部仍然让他们继续进攻。”

5 月 19 日，当德军突击部队向红军攻击部队的背后发动攻击时，斯大林这才同意铁木辛哥停止进攻，把主要突击群撤回攻击德军克莱斯特所部的请求。然而，一切都晚了，5 月 23 日，第 6、第 57、第 9 集团军的部分部队和博布金指挥的部队陷入了德军的重重包围。之后，尽管有些部队拼死得以突围，但是绝大部分兵力都被歼灭了。

这次战役中，红军共有 24 万人被俘，损失坦克 1 249 辆、大炮 2 026门。西南方面军副司令员科斯坚科将军、第 57 集团军司令员波德拉斯[①]将军、第 6 集团军司令员戈罗德尼扬斯基[②]将军、战役集群司令员博布金将军等一大批高级指挥员阵亡。

事后，朱可夫指出，战役失败的根本原因在于最高统帅部对于西南方向的危险看得太轻，没有在南方集结强大的预备队。斯大林不顾他人提出的在西南方向组织防御、以强大火力和反突击对付德军的意见，仍命令方面军军事委员会进行得不到保护的战役。另外，西南方面军指挥员也失职，不仅冒着危险攻击哈尔科夫，还无视没有其他部队保障的左翼。

与哈尔科夫战役一样，克里米亚半岛的红军也被德军击溃了。5 月 8 日，德军撕开克里米亚方面军的防御线，并在 8 天后占领刻赤。乘胜追击的德军包围了塞瓦斯托波尔，并于 7 月 4 日攻破此城。至此，克里米亚被德军占领。

红军两场战役的失败，使德军在顿巴斯和沃罗涅日一带掌握了战略主动权。随后，他们在补充完新锐预备队后，大规模地朝着斯大林格勒地区的伏尔加河流域和高加索一带高歌猛进。7 月 12 日，红军最高统帅部为了阻止德军向伏尔加河挺进，新组建了斯大林格勒方面军，包括第 62、第 63、第 64 集团军以及已被撤销的西南方面军的第 21 集团军（后来又补充进了坦克第 1、第 4 集团军和第 28、第 38、第 57 集团军中没有受损的部队）。

斯大林格勒方面军的司令员为铁木辛哥，军事委员是赫鲁晓夫。斯大林格勒方面军组建当天，斯大林满怀希望地下达了指示："一定要占领顿河以西的斯大林格勒地界，绝不能让德军突破。"但新成立的方面

---

① 波德拉斯（1893—1942）：即库兹马·彼得罗维奇·波德拉斯，苏军中将，参加过"一战"、国内战争。1942 年在第 57 集团军司令任上阵亡。

② 戈罗德尼扬斯基（1896—1942）：即阿维克申提·米哈伊洛维奇·戈罗德尼扬斯基，苏军中将，西南方面军第 6 集团军司令，1942 年 5 月 27 日在哈尔科夫战役中阵亡。

军在德军的强力攻击下，毫无还手之力。斯大林非常气愤，马上解除了铁木辛哥的职务，由戈尔多夫[①]接替。这次临阵换帅未能挽救危机，三天后德军突破了斯大林格勒方面军的阵地，逼近卡缅斯基一带。

焦急万分的斯大林在7月25日至26日夜里，给斯大林格勒方面军指挥部发去通报："最高统帅部对于斯大林格勒方面军的行动非常不满，

1942年7月至1943年2月的斯大林格勒战役是欧洲战场的转折点。图为苏军向德军反攻

我们要求你们几天之内一定要恢复克列茨卡亚至卡尔梅科沃的防御阵线，并将德军驱赶到奇尔河地区之外。假如你们无法完成这个任务，就直接说明。"

① 戈尔多夫（1896—1950）：即瓦里西·尼古拉耶维奇·戈尔多夫，苏联军事家，苏联英雄。苏德战争期间历任伏尔加沿岸军区司令、第21集团军参谋长、斯大林格勒方面军司令、第33集团军司令、第3近卫集团军司令。

7 月 28 日，斯大林又发布了国防人民委员部第 227 号令：“我们要高喊‘不能后退一步’的口号；要处死胆怯者和逃跑者；任何集团军若有部队擅自逃离阵地，将被解除集团军司令员职务，并移交军事法庭。”

8 月 5 日，由于斯大林格勒方面军的战线拉得太长，达到700 千米，最高统帅部为了方便指挥，把该方面军分为两个部分——斯大林格勒方面军和东南方面军，司令员分别由戈尔多夫和叶廖缅科担任。

但战局并未得到扭转，8 月 6 日，德军成功夺取了顿河渡口，斯大林格勒的危机加剧。8 月 9 日，斯大林又向方面军指挥部通报：“你们的无能和慌乱让我感到非常吃惊，尽管你们的兵力还很强，但是信念已经崩溃。我希望你们可以给我一个好消息，我也时刻在等待着。”

8 月 23 日，德军推进到斯大林格勒以北的伏尔加河西岸，把红军第 62 集团军与斯大林格勒方面军的主力一分为二。当天，德国空军开始对斯大林格勒进行猛烈轰炸，密集的轰炸一直持续到第二天。

8 月 25 日，斯大林格勒发布通告，鉴于本市被敌人包围，妇女、儿童可以向城外撤离。

保卫斯大林格勒

当德军一步步逼近斯大林格勒的时候，朱可夫按照最高统帅部的指令，开始在西线发起进攻，目的是吸引德军的预备队，使其无法加入斯大林格勒地区的战场。

朱可夫很好地完成了任务，当他向瑟切夫卡、勒热夫一带发动攻击时，德军不得不把想从西线调往南线的 3 个坦克师和数个步兵师留下来防御。这也使朱可夫的推进停在了勒热夫至维亚济马铁路线一带。

事后，朱可夫有些遗憾地说：“假如我们再有一两个集团军，那么配合科涅夫将军指挥的加里宁方面军，肯定能歼灭勒热夫的德集团军，并大大改善整个西线的战略形势。可是，这么好的机会被最高统帅部白白错过了。”

1942 年 8 月 27 日，朱可夫突然接到最高统帅部让他到莫斯科的命令。一见面，斯大林便直截了当地对他说：“南方态势对我们非常不利，斯大林格勒极有可能被德军占领。而在北高加索地区，战事也非常危急，经过研究，最高统帅部决定让你担任最高副统帅并前往斯大林格勒一带。目前，那里的指挥员是华西列夫斯基、马林科夫和马雷舍夫。华西列夫斯基会返回莫斯科，而马林科夫等人会留下来协助你。现在，你告诉我，你什么时候能够出发？”

朱可夫想了想说：“我需要一天的时间来分析战情，29 日再出发。”

斯大林看着朱可夫，再次交代道：“斯大林格勒非常危急，我已下令把莫斯卡连科[①]指挥的近卫第 1 集团军派到洛兹诺耶一带，让他们在 9 月 2 日和斯大林格勒方面军的部分部队攻击进至伏尔加河的德军，与 62 集团军会合。另外，马利诺夫斯基[②]将军的第 66 集团军和科兹洛夫[③]将军的第 24 集团军会加入斯大林格勒方面军。我希望你能率领莫斯卡连科将军的近卫第 1 集团军于 9 月 2 日开展反击，并负责掩护第 24、第 66 集团军按计划挺进。这两个集团军一定要投入战场，否则斯大林格勒的防御会非常空虚，失守只是时间问题。”

8 月 29 日，朱可夫赶到斯大林格勒方面军的战线，与华西列夫斯基、戈尔多夫和莫斯卡连科共同商议战情。随后华西列夫斯基动身返回莫斯科。9 月 2 日是斯大林要求的反突击时间，但因为近卫第 1 集团军没有做好准备，反突击的时间向后推移一天。不过，在 9 月 3 日的攻击

---

① 莫斯卡连科（1902—1985）：即基里尔·谢苗诺维奇·莫斯卡连科，苏联军事家，苏联元帅，两获“苏联英雄”称号。苏德战争初期担任反坦克旅旅长，后来担任一些骑兵机械化集群、诸兵种合成集团军、坦克集团军的司令，善于突破敌纵深防御。

② 马利诺夫斯基（1898—1967）：即罗季翁·雅科夫列维奇·马利诺夫斯基，苏联元帅、军事家、国务活动家。1946 年被任命为最高苏维埃成员之一。赫鲁晓夫上台后担任苏联陆军总司令、苏联国防部常务副部长。

③ 科兹洛夫（1896—1967）：即德米特里·季莫费耶维奇·科兹洛夫，卫国战争时期历任外高加索方面军、克里米亚方面军司令，第 24 集团军司令，沃罗涅日方面军司令助理和副司令，最高统帅部驻列宁格勒方面军特派员，贝加尔方面军副司令。

行动中，他们也只向前推进了几千米。德军发现该集团军的意图后，利用空军和坦克不断轰击，步兵则在炮火的掩护下对斯大林格勒地区进行反冲击。

斯大林见局势紧张，给朱可夫发来电报："德军离斯大林格勒已经很近了，你必须让部队立即向德军突击，否则斯大林格勒近日就会失守。现在北部集团军必须立即展开突击行动，如有延误就是犯罪。此外，斯大林格勒的飞机已经为数不多，应该把邻近的所有飞机用于支援斯大林格勒战斗。"

朱可夫看完电报，马上与斯大林通了电话，他说："明天我可以下令部队发动攻击，但是近卫第 1、第 24、第 66 集团军将面临没有任何炮火支援的窘境。9 月 4 日晚炮弹才能运抵炮兵阵地，在此之前，根本不可能实现三位一体的协同作战。"

斯大林闻言恼火地说："你以为德军会在你准备充足后再发动攻击？假如你现在不下令部队由北面展开突击，德军只要一次强攻便能占领斯大林格勒。"

但朱可夫仍坚持部队在 9 月 5 日开始行动。他说："现在想行动也行，但只能由空军来执行，我会下令让他们全力攻击。"

斯大林见朱可夫态度坚决，只得采取折中的办法，说："这样吧，假如德军进攻斯大林格勒市区，你务必让部队实施突击。眼下你的任务是把德军从斯大林格勒引走，如有可能还应该让斯大林格勒方面军和东南方面军连成一片。"

9 月 5 日拂晓，一切都按预定计划进行。不过，由于炮火仍不够猛烈，进攻没有达到预期目的。朱可夫在前线的近卫第 1 集团军指挥所观察敌情后，判断红军的攻击不会取得多大的进展。仅仅一两个小时之后，他就接到了各集团军发来的电报：德军拼死抵抗，不但阻止了我军攻势，还不断用步兵和坦克进行反突击。接着，红军的航空侦察部队传来消息，敌军庞大的坦克、炮兵和摩托化步兵集群正由斯大林格勒一带的古姆拉克、奥尔洛夫卡、大罗索什卡地区向北移动，准备应对由北向南攻击的朱可夫部队。

这次攻击，红军在第一天内只前进了 2～4 千米，而且种种迹象表明，红军很难完成先前的计划。

当天晚上，迫切想要知道战事进展的斯大林给朱可夫打来电话，朱可夫说："这天的战斗非常艰难，敌人又从古姆拉克一带调来了大量集团军。"

1942 年秋，斯大林格勒战役期间，在废墟中作战的苏联步兵

斯大林听了赞许地说："进展得可以。"

"不过我军只推进了几千米，而且很多地方一步未进。"朱可夫实

话实说。

斯大林问道：“为什么?”

朱可夫回答：“我军因为准备的时间不充裕，行动前没有很好地派侦察兵查清敌人的火力配置，也没有为炮兵侦察到有效的攻击位置，所以发动攻击时无法对敌人进行压制。而且在我军突击时，德军多个火力点突然开火，造成我军大面积伤亡。另外，德军在空军方面有优势，轮番对我军进行轰炸。”

斯大林一心想要拯救斯大林格勒，于是以不容置疑的语气对朱可夫下令道：“攻击不得终止，你们要尽可能把德军从斯大林格勒引开。”

按照斯大林的指示，朱可夫命令部队继续攻击德军。持续的战斗终于使斯大林格勒附近的德军坐不住了，他们不断往这里调来大量兵力。

1942 年 9 月 10 日，朱可夫详细研究敌我双方态势，得出了结论：部队以现在的兵力根本无法完成最高统帅部先前制订的计划。他在当天给斯大林写了一份报告，报告中说：“因为德军新调来的兵力，我军的正面突击已经毫无意义。如果强行攻击，伤亡将无法估量。若想进一步攻击，只能重新调整部队，以方面军而不是集团军来进行。”

斯大林接到报告后，让朱可夫回莫斯科一起商量对敌措施。9 月 12 日，朱可夫来到斯大林的办公室。斯大林将华西列夫斯基也喊了过来。

朱可夫陈述了两天前的报告，然后补充道：“斯大林格勒一带不利于我军展开行动，因为这里的地形对于德军的防御非常有利。斯大林格勒的 3 个集团军想要从这里突破，是完全没有可能的。”

“如果斯大林格勒方面军要想粉碎德军的防线，与东南方面军会合，应当怎样做?”斯大林问道。

“凭借目前的兵力无法做到。但是如果再加强 1 个多兵种混合的集团军、1 个坦克军、3 个坦克旅以及至少 400 门榴弹炮，在战斗时再增加 1 个以上的空军集团军，或许会有希望。”朱可夫回答道。

华西列夫斯基听了连连点头。斯大林见状，又问他们还有没有别的解决方法。朱可夫和华西列夫斯基对视了一眼，都摇了摇头。斯大林让他们回总参谋部好好想想，第二天晚上 9 时再开会。朱可夫和华西列夫斯基整整研究了一天，得出了以下结论：

红军目前的情况有三点：一、斯大林格勒周边的兵力损失严重，无法以现有兵力对德军进行实质性的进攻；二、由于全苏联的兵工厂加紧生产，11 月便会增加由先进的 T－34 坦克组建而成的机械化兵团和坦克兵团；三、红军虽然被德军围困，但是纵观整个战役布局，明显不利于德军。

德军目前的情况也有三点：一、尽管不断取得胜利，但 1942 年的战略计划明显无法完成；二、高加索和斯大林格勒一带的德军，在红军数天的突击下，已经极度虚弱；三、德第 6 集团军和霍特[①]的坦克第 4 军虽然已经逼近斯大林格勒，但他们目前与红军处于胶着状态，根本没有能力展开重大行动。

朱可夫和华西列夫斯基一致认为，斯大林格勒地区的战情虽然紧张，但如果把目光放得远一些，可以看出红军明显优于德军，而且近期还可以组织大规模的反攻行动。他们的建议是：一、以积极防御扰乱德军部署；二、改变南方敌我态势，在斯大林格勒一带组织突击行动。

根据德军把优势兵力集中在斯大林格勒防御线的中央，而两翼部署的兵力较弱的情况，朱可夫和华西列夫斯基建议对德军薄弱的南北两翼开展突击行动。

9 月 13 日夜，斯大林看着朱可夫和华西列夫斯基呈交的突击方案，问道："谢拉菲莫维奇一带的集团军是个什么东西?"

华西列夫斯基解释说："这是打算成立的新方面军，如果要对德军

---

① 霍特（1885—1971）：即赫尔曼·霍特，纳粹德国陆军一级上将。"二战"期间历任第 15 装甲军军长、第 3 装甲集群司令、第 17 集团军司令、第 4 装甲集团军司令，参加了入侵波兰战役、法国战役、"巴巴罗萨"行动、斯大林格勒会战、库尔斯克会战等。1943 年 11 月被解职，之后一直到战争结束再无作为。

后方进行突击，必须组建这支部队。”

斯大林想了想，又问：“可是，对于这样规模的战役，我们有足够的兵力吗?”

朱可夫接口道：“如果在一个半月后，这些兵力完全可以准备到位。”

“能不能顺着顿河由北向南或由南向北进行攻击?”斯大林沉思了一会儿问道。

“不行，如果这样的话，斯大林格勒一带的德军坦克师就会调过来，抗击我军的行动。而在顿河以西进行攻击，德军会因为河道的阻拦而无法很好地移动。”朱可夫回答。

接着，朱可夫和华西列夫斯基大致说明了战役的两个阶段：一、快速冲破德军现有防线，合围进攻斯大林格勒的德军，并在其后方构筑强有力的防线；二、阻止外围德军前来相救，将被围德军彻底消灭。

斯大林接受了他们的意见。这时，叶廖缅科打来电话，说德军的坦克正在向市区移动，明天很有可能会发起新的攻势。斯大林放下电话，对华西列夫斯基说明情况后，又下达指示：“你赶快把罗季姆采夫①的近卫第 13 师调过去，然后再根据部署的情况安排其他部队前往。”

同时，他命令朱可夫马上赶往斯大林格勒方面军，研究一下克列茨卡亚和谢拉菲莫维奇一带的状况，并且让戈尔多夫在黎明时展开攻击，以拖延和迟滞德军的行动。

最后，斯大林又对两人说：“华西列夫斯基要在近日赶到东南方面军叶廖缅科司令部，和他们一起研究其左翼的战情。对了，我们刚刚谈的事情至关重要，要严格保密。”

会议完毕后一个小时，朱可夫坐上了飞往斯大林格勒的飞机。

---

① 罗季姆采夫（1905—1977）：即亚历山大·伊里奇·罗季姆采夫，苏军上将，两次获“苏联英雄”称号。曾参加西班牙战争。苏德战争期间率领近卫第 13 师死守斯大林格勒，后任近卫步兵第 32 军军长，从普罗霍夫卡打到易北河畔，完成了 7 000 千米征程。战后在苏联国防部总监组任职。

1942 年 9 月 13 日，斯大林格勒惨烈的巷战开始了。在德军猛烈的进攻下，负责防御的苏联第 62、第 64 集团军在数日后已经难以继续坚守。局势危急，斯大林之前发出的命令此时起到了至关重要的作用——近卫第 13 师在德军毫无防备的情况下开进了斯大林格勒，并成功夺回了市中心部分重要地段。

就在这个时候，戈洛瓦诺夫[①]和鲁坚科[②]指挥的航空兵展开了行动，斯大林格勒方面军也自北向南快速突破德军防线，使斯大林格勒的危机得到进一步解除。9 月末，斯大林让朱可夫和华西列夫斯基回到莫斯科，共同商量对德军的反攻计划。经过研究，三人达成了一致意见，将斯大林格勒方面军改名为顿河方面军，由罗科索夫斯基取代戈尔多夫担任司令员；东南方面军则改称斯大林格勒方面军，司令员仍由叶廖缅科担任；至于朱可夫和华西列夫斯基在 9 月 13 日提议组建的谢拉菲莫维奇一带的集团军，司令员由瓦杜丁担任。

最后，斯大林对他们说："你们马上返回前线。朱可夫同志要采用一切方法，尽可能多地消灭德军有生力量。另外，你要再详细研究一下预备队集中地区、西南方面军和斯大林格勒方面军右翼的出发地区，特别要注意谢拉菲莫维奇和克列茨卡亚地区。华西列夫斯基同志到达东南方面军的左翼后，一定要认真研究计划中提出的各种问题。"

朱可夫和华西列夫斯基研究完所有问题后，再次返回莫斯科。他们认真制订了一份反攻计划，并在计划草案上签了字。斯大林在草案上做了批示："我同意此份计划……但是代号为'天王星'的计划，只是初步的方案，以后根据战势再进行改动。"

---

① 戈洛瓦诺夫（1904—1975）：即亚历山大·叶夫根尼耶维奇·戈洛瓦诺夫，苏联空军将领。苏德战争期间历任空军远程轰炸航空兵第 212 团团长、直属最高统帅部大本营的远程轰炸航空兵第 81 师师长、远程航空兵司令、空军第 18 集团军司令，成功地完成了许多复杂的战斗任务。

② 鲁坚科（1904—1990）：即谢尔盖·伊格纳季耶维奇·鲁坚科，苏联空军元帅，苏联英雄。参加过斯大林格勒和库尔斯克战役，以及白俄罗斯、华沙—波兹南、东波美拉尼亚和柏林诸战役，在作战指挥中显示出高超的组织才能。著有《胜利之翼》。

斯大林格勒市区及邻近地带的战事十分激烈，德军在希特勒提出近期内结束战斗后，疯狂地发动一次又一次的攻击。在这种情况下，斯大林大规模加强了防御兵力，并要求守军死战到最后一人。第62集团军被打得只剩下司令部机关和后勤机关后，才得到了6个以上满员师的补充。

随着北部红军发起的进攻，德军在斯大林格勒的攻势慢慢缓和下来。10月30日，斯大林格勒市内的战斗基本停止了。这时，苏军最高统帅部针对“天王星”计划做了一些细节上的安排，并广泛征求各个集团军指挥员的建议。

最终，计划的核心内容和各部队的任务为：

斯大林格勒方面军从萨尔帕湖一带展开攻击，西南方面军从河右岸的谢拉菲莫维奇和克列茨卡亚一带展开纵深突破，两个方面军在相向突击时务必在卡拉奇、苏维埃农庄一带会合，将斯大林格勒周边的德军主力包围。

西南方面军的第21集团军和第5坦克集团军、近卫第1集团军的部分兵力，在发起突击后要迅速击破德军第3集团军的防线，并朝东南方向继续推进，将战线控制在大纳巴托夫斯卡亚—卡拉奇地段的顿河附近。行动完成后，西南方面军的突击集团军需要到达斯大林格勒德集团军的背后，在这里构建防线，斩断他们的退路。

配合西南方面军和保障西方方面军的进攻，在该方向组成合围的任务由西南方面军右翼集团军的第1集团军承担，随着突击进行再由第5坦克集团军的主力承担。对西、西南和南方突击的集团军务必在战斗打响后第三天，把战线推进到维申斯卡亚至博科夫斯卡亚附近，然后顺着奇尔河前进至奥布利夫斯卡亚。空军第2、第17集团军负责掩护西南方面军。

顿河方面军需要进行两个辅助攻击：一是由第65集团军与西南方面军同时从克列茨卡亚以东一带，朝东南攻击德军在顿河右岸的阵地；

二是由第 24 集团军从卡恰林斯卡亚一带，顺着顿河左岸在维尔佳奇总方向上，朝南斩断在顿河小弯曲一带德军与斯大林格勒附近德军的联系。另外，第 66 集团军务必在斯大林格勒以北黏住这一带的德军，使其不能周转于其他战场。第 16 集团军负责掩护顿河方面军。

由第 51、第 57、第 64 集团军组成的斯大林格勒方面军，务必在伊万诺夫卡至巴尔曼察克湖北一带展开攻击，目的是粉碎德军防线，再朝西北方向运动，挺进至卡拉奇、苏维埃农庄附近，与在这里的西南方面军的突击集团军会合，从而包围斯大林格勒周边的德军。由航空兵第 8 集团军负责支援斯大林格勒方面军。

防卫斯大林格勒市内的第 62 集团军务必牵制住市内的德军，在必要时立即进入突击状态。第 51 集团军，包括沙普金将军的骑兵第 4 军，需要从西南方向保障斯大林格勒方面军的攻击任务，并在此方向围困正面之敌。至于第 51 集团军的总攻，要朝着西南阿布加涅罗沃、科捷利尼科沃一带推进。

斯大林格勒反击战

红军最高统帅部明确了反攻计划后，开始了细节方面的准备。朱可夫回到西南方面军进行筹备，而华西列夫斯基则前往斯大林格勒方面军进行筹备。

1942 年 11 月 1 日至 4 日，朱可夫和红军最高统帅部的几位成员，共同研究、修订了西南方面军的行动方案。之后，他们召集各部队的指挥员，对德军的总体部署进行了研究，并为其分别制定了相应的攻击与协调方案。朱可夫要求各部队的指挥员要快速粉碎德军的战术防御，并以迅猛的攻击让德军陷入慌乱状态，以便后续部队可以快速进入战场，把战术攻击演变成战役突击。

11 月 10 日，朱可夫和华西列夫斯基来到斯大林格勒方面军驻地，与一些部队指挥员一起探讨了该方面军主力将要行动的地形，并就斯大林格勒方面军与西南方面军的协同作战、两个方面军的先头部队在卡拉奇一带会合的方法，以及完成对德军合围后的具体配合做了安排。

11 月 11 日，朱可夫给斯大林发去电报，详细说明了作战计划，然后要求最高统帅部尽快把作战物资补充到相关部队，并强调应尽快将先前同意新增的 2 个师调拨过来。不过，斯大林显然对空军的保障问题更为关注。11 月 12 日，他给朱可夫发来电报说：

根据以往经验，对德军作战务必要取得制空权。假如在叶廖缅科和瓦杜丁处，空军准备不足，那么战役很可能就会流产。作战时，我方空军需要完成以下三项任务：首先，空军要集中在攻击部队的行动区域，以便压制德空军，并掩护地面部队；其次，空军需要不断轰炸攻击部队前方的德军，为攻击部队清除障碍；最后，空军要以不断轰炸和俯冲的方法，打乱逃跑之敌的部署，使其无法很好地构筑防御工事。

以上三点，假如诺维科夫①认为空军目前无法做到，可以将战役推迟，让空军更好地组织力量。你们和诺维科夫、沃罗热伊金②商量一下，然后把意见告诉我。

11 月 13 早上，朱可夫和华西列夫斯基回到莫斯科，对斯大林做了以下报告：

未来，我西方方面军和斯大林格勒方面军的主要突击地段，目前由

① 诺维科夫（1900—1976）：即亚历山大·亚历山德罗维奇·诺维科夫，苏联军事家，苏联空军第一个元帅，两次获“苏联英雄”称号。卫国战争期间历任北方方面军空军司令、苏联副国防人民委员、空军司令，具有良好的军事素养和很强的组织能力，善于领导方面军航空兵的战斗活动。

② 沃罗热伊金（1895—1974）：即格里戈里·阿列克谢耶维奇·沃罗热伊金，苏联空军元帅，苏德战争期间历任中央方面军空军司令、空军参谋长、突击航空兵群司令、空军第一副司令。他是公认的空战指挥专家，具有广博的知识和杰出的组织才能，以及高瞻远瞩的战略性眼光。

兵力较弱的罗马尼亚部队负责防守。在战役发起前，假如德军没有向这里增调部队，那么战斗开始后，我军会占有明显的优势。根据情报得知，当前德军在该地并没有任何部队调动，而保卢斯[①]的第 6 集团军和坦克第 4 军的主力也没法从斯大林格勒一带脱身，因为我军正在那里牢牢牵制着他们。

根据情报，目前我军正向各个指定方位移动，但是德军并没有做出相应的部署，相信这是由于我军采用隐蔽手段的效果。各部队的任务预先都经过模拟，相关的配合行动无须再进行协调。对于西南方面军和斯大林格勒方面军的会合问题，已经向方面军、集团军及将要进入苏维埃农庄、卡拉奇地区的部队的指挥员们做了详细的安排。不过，在 11 月 15 日之前，空军的各个集团军显然无法完成既定准备。

对于后勤保障，在 11 月 17 日日落前，完全可以把物资运送到部队。这次战役任务的各种方案已经准备就绪。

对于战役开始的时间，11 月 19 日西南方面军和顿河方面军可以开始，而斯大林格勒方面军需要晚 24 小时。至于为什么西南方面军和顿河方面军稍早于其他部队，这是因为他们离卡拉奇、苏维埃农庄一带较远，并且还要经过顿河。

这份报告令斯大林兴奋异常，当即签字表示同意。朱可大和华西列夫斯基又做了补充："德军如果知道斯大林格勒和北高加索一带的局势失控，一定会从别的地方，主要是维亚济马一带调遣部队来增援。因此，我军一定要在维亚济马以北一带组织攻击，并且歼灭勒热夫一带的德军，应当由加里宁方面军和西方方面军所属部队来执行此项歼灭任务。"

---

① 保卢斯（1890—1957）：即弗里德里希·冯·保卢斯，纳粹德国元帅，"二战"期间历任第 10 集团军参谋长、陆军参谋本部副参谋长、第 6 集团军司令。他是草拟"巴巴罗萨"计划的军事家之一。1942 年 7 月德军放弃全面进攻而进行重点进攻，他受命指挥第 6 集团军进攻斯大林格勒，最终战败投降。

斯大林同意了这一建议，并问道："你们打算让谁担任这项任务的指挥官?"

朱可夫已经与华西列夫斯基商量过这个问题，于是马上回答："鉴于各方面的准备工作都已完成，斯大林格勒一带的行动需要华西列夫斯基亲自指导，加里宁方面军和西方方面军的指挥任务就由我来承担吧!"

斯大林接受了朱可夫的提议，接着让他们再次去部队察看准备情况。

11 月 14 日，朱可夫和华西列夫斯基分头行动。斯大林于 15 日授权朱可夫，由他确定战役的发起时间。朱可夫和华西列夫斯基又通了电话，决定仍按原计划进行。

红军着手准备战役，这是德军上至统帅部下至基层指挥员都没有预料到的，主要原因有以下三点：

一、德军认为红军根本没有兵力在短时间内发动如此大规模的战役，因为红军刚刚经历了哈尔科夫战役的失败，又在斯大林格勒和北高加索一带的艰难作战中损失了大量兵员和武器装备。

二、德军误以为红军会在 11 月初发动冬季战役。因为红军曾在 1942 年夏季和秋季对德国中央集团军采取猛烈攻势，并把整个苏德战场上将近一半的机械化兵力和坦克兵团放到了德中央集团军群正面。

三、红军的反攻计划只有少数高层指挥员知道，部队隐蔽地进行调动和集结，在行进过程中采用口头命令，而不是通过无线电联系。

11 月 19 日 8 时 50 分，西南方面军、顿河方面军与克拉夫琴科①指挥的西南方面军坦克第 4 军和沃尔斯基指挥的斯大林格勒方面军机械化

---

① 克拉夫琴科（1899—1963）：即安德烈・格里戈里耶维奇・克拉夫琴科，苏军将领，学院派的坦克战专家。参加过国内战争、苏芬战争。苏德战争期间历任机械化军参谋长、坦克第 4 军军长、近卫第 5 坦克军军长、近卫坦克第 6 集团军司令。战后曾任军区装甲坦克和机械化兵司令等职。

第 4 军在苏维埃农庄一带会合，将顿河和伏尔加河之间多达 22 个师的德军重重包围。随后，斯大林格勒方面军的第 57、第 64 集团军，西南方面军的第 21 集团军，顿河方面军的第 24、第 65、第 66 集团军朝斯大林格勒方向发起迅猛攻击，从两翼缩小围困德军的包围圈；西南方面军的近卫第 1 集团军、坦克第 5 集团军和斯大林格勒方面军的第 51 集团军的任务是，把溃逃的德军赶到远远的西部，防止他们接触被包围的德军，并构建起稳固的防线。

11 月底，被围德军在红军的接连攻击下，盘踞的范围已减少到不足 1 500 平方千米。在红军于 11 月 19 日和 20 日发动攻击后，德国陆军参谋长蔡茨勒①向希特勒报告："我军正被红军集结的优势兵力从南北两面夹击，我建议把这些兵力立即转移到顿河附近，重新构建破损的防线。"

但希特勒没有接受蔡茨勒的意见，反而在红军的包围圈形成后，依然命令被围德军坚持作战。不过，为了救出被围德军，希特勒命令身处列宁格勒的曼施坦因②元帅立即前往南方，成立新的顿河军群。曼施坦因很快在科捷利尼科沃、托尔莫辛一带分别组建了军群。

11 月 28 日晚，斯大林给身处加里宁方面军司令部的朱可夫打电话询问斯大林格勒地区的情况，并让他研究一下如何彻底歼灭斯大林格勒一带的德军。朱可夫不敢耽搁，连夜研究后，于次日把意见上报斯大林。电报的内容为：

当前，若下奇尔斯卡亚、科捷利尼科沃附近的红军不对被围的德军

---

① 蔡茨勒（1895—1963）：即库尔特·蔡茨勒，纳粹德国陆军参谋长，二级上将，出色的参谋和机动作战专家。"二战"期间历任克莱斯特装甲集群参谋长、第 1 装甲集群参谋长、D 集团军群参谋长、陆军参谋长。

② 曼施坦因（1887—1973）：即埃里希·冯·曼施坦因，纳粹德国名将，与隆美尔、古德里安并称为"二战"纳粹德国三大名将。"二战"期间历任南方集团军群参谋长、西线 A 集团军群参谋长、第 11 集团军司令。著有战争回忆录《失去的胜利》《士兵的一生：1887—1939》。

进行辅助性攻击，那么被围德军无论如何也不会主动突围。

纵观全局，德军一定会坚守斯大林格勒、维尔佳奇、马里诺夫卡、卡尔波夫卡、高山矿地国营农场防线，近期还会在下奇尔斯卡亚、科捷利尼科沃一带组建攻击军群，准备从卡尔波夫卡方向攻取我军阵地，打通与被围德军的地面走廊，进而突围。

为了不让德军达到这一目的，应当采取下面两个措施：

一、务必在短期内击溃下奇尔斯卡亚和科捷利尼科沃的德军，并沿着奥布利夫斯卡亚、托尔莫辛、科捷利尼科沃一带构筑牢固的防线。而在防线内部的下奇尔斯卡亚、科捷利尼科沃一带部署两个坦克集团军，而且这两个集团军内部一定要组建一支预备队，这支预备队保有的坦克数量在100辆以上。

二、务必把斯大林格勒周边的德军分割成两个部分，然后一一予以歼灭。为了达到这个目的，我军一定要在大罗索什卡方向上展开分割突击。

朱可夫发完电报，又给华西列夫斯基打去电话，跟他交换了西南方面军的计划，然后定下了代号为“小土星”的行动计划：为了歼灭莫罗佐夫斯克一带的德军，近卫第1、第3集团军（原近卫第1集团军拆分而成的两个集团军）和坦克第5集团军联合对其展开突击；西南方面军需在坎捷米罗夫卡方向上展开攻击，配合并担负援助任务的是沃罗涅日方面军的第6集团军。

12月12日，曼施坦因在希特勒的命令下，从科捷利尼科沃附近顺着通往斯大林格勒的铁路进行突击。苏军在该地区的防御由第51集团军负责。在曼施坦因所部的猛烈攻击下，该集团军不得不后退。12月23日，这批德军已前进到梅什科瓦河岸，距德军被围部队第6集团军不到45千米。形势十分危急，马利诺夫斯基指挥的近卫坦克第2集团军被最高统帅部紧急调去增援。12月24日，近卫坦克第2集团军与第51集团军协作，很快进入反攻并在12月29日重新夺回了科捷利尼科沃。

而在 12 月 16 日，“小土星”战役进入突击阶段。西南方面军相关集团军和沃罗涅日方面军的第 6 集团军在击溃意大利第 8 集团军后，又朝着莫罗佐夫斯克方向进行冲击。曼施坦因感到了压力，于是把本来打算从托尔莫辛一带向斯大林格勒方向突击的军团，用来对付整个顿河集团军群左翼以及后方的苏联西南方面军和沃罗涅日方面军。这样一来，曼施坦因的救援行动正式宣告失败。

为了彻底消灭被围德军，苏联国防人民委员会在 12 月召开了高级领导人会议。在会议上，为了行动一致、方便作战，斯大林想把围歼部队的指挥权授予一个方面军，于是询问与会人员谁能担此重任。大家提出了罗科索夫斯基和叶廖缅科两个人选。

斯大林对此不置可否，只是问朱可夫为什么不说话。朱可夫知道这些高级将领都非常渴望指挥这场战役，便说：“大家提议的两位我觉得都可以，不过没有被选上的肯定都会愤愤不平。”

斯大林忙接过话说：“这不是公平不公平的问题，把被围德军尽快消灭，才是最大的益处。”于是，他宣布该司令员由罗科索夫斯基担任。

晚上，朱可夫给叶廖缅科打去电话，让他将斯大林格勒方面军的第 57、第 62、第 64 集团军交给顿河方面军，由罗科索夫斯基统一指挥。同时，斯大林格勒方面军的其余部队，继续与科捷利尼科沃一带的德军作战。正如朱可夫预料，叶廖缅科一听到这个消息，马上给斯大林打电话，要求参与围歼德军的任务。斯大林没有答应他的请求。叶廖缅科又向军事委员赫鲁晓夫陈情，诉说自己的不满。

赫鲁晓夫劝他不要难过，叶廖缅科悲痛地说：“你不明白我们军人的心理，我们经过了那么多艰难险阻，甚至以为德军会攻占斯大林格勒，我们也都做好了心理准备。但现在形势发生了变化，我们开始反攻了，这场胜利将会释放我们内心的委屈和压抑许久的愤怒。但是，最后胜利的战役不让我们打，我们坚守这么长时间是为了什么，难道就是为了被遗忘吗?”

尽管叶廖缅科心有不满，但一切已成定局，他的诉求并没有得到斯大林的同情。12 月末，苏联国防人民委员会制订了代号为“指环”的歼灭德军被围部队的计划。1943 年 1 月 8 日，一切准备妥当的红军向保卢斯发出了最后通牒，让他赶快缴械投降，给出的条件是：投降人员会得到妥善安置，不会没收他们的军阶领章、勋章和个人财物；受伤的士兵也会得到较好的治疗。

斯大林格勒保卫战中的红军向德军发起进攻，全歼被围的德军精锐部队

保卢斯拒绝了红军的要求。两天后，顿河方面军的歼灭战打响了。1 月 26 日，第 21、第 62 集团军在马马耶夫岗一带会师，将被围德军分割为南北两个集团军。

1 月 30 日，疯狂的希特勒授予保卢斯元帅军衔，还把保卢斯下属的 170 名军官都升了职，意在激励他们卖命。但就在第二天，保卢斯的部队在红军的攻击下选择了投降。至此，斯大林格勒保卫战以红军完胜而宣告结束。

在这次战役中，德军一共损失 5 个集团军（共计 80 多万人），近 2 000辆坦克和自行火炮，1 万多门大炮和迫击炮，近 2 000 架飞机，7 万多辆汽车。

战后，红军最高统帅部授予朱可夫第 1 号苏沃洛夫一级勋章，与他一同获得该勋章的还有华西列夫斯基、沃罗诺夫、瓦杜丁、叶廖缅科和罗科索夫斯基。

1943 年，德国陆军元帅弗里德里希·冯·保卢斯在斯大林格勒被苏军俘虏

对于这次战役，朱可夫说："斯大林格勒大会战对我而言有着重要意义。我从这次战役获得的经验比莫斯科会战要多得多。在莫斯科会战中，由于兵力限制，我们不能很好地包围德军以及发起反攻。"

"火星"行动

在斯大林格勒会战时，与著名的"天王星"行动同时进行的还有一次军事行动——"火星"行动。"火星"行动是针对莫斯科方向的勒热夫突出部的德第9集团军的军事行动，总指挥是朱可夫。

勒热夫位于苏联的中南部，距离莫斯科不足200千米。德国国防军第9集团军则像斜插进苏军莫斯科防线的一把尖利的匕首，盘踞在南北长150千米、东西宽不足100千米的勒热夫突出部。斯大林对此可谓如鲠在喉，坐卧不安，下令务必将之拔除，他将已升任苏军副总司令的朱可夫从斯大林格勒会战中抽调出来，担任这次行动的总指挥。

为了实施"火星"行动，苏军投入了7个集团军，从东、西、北三个方向向德第9集团军发起进攻，主攻方向为勒热夫突出部的东西两侧。朱可夫计划从这里斩断德军防线，围歼德第9集团军，然后挥师南下，与其他5个集团军向维亚济马发动进攻，进而围歼德第3装甲集团军。为了避免在恶劣天气下穿越复杂地形，朱可夫决定苏军各部队将以装甲集群为突击箭头，对德军防线进行正面强攻。这样，仅仅两个月后，朱可夫便卷土重来，再次向勒热夫突出部发起猛烈进攻。

然而，朱可夫显然低估了德军的防御和反击能力。德第9集团军据守勒热夫突出部近一年，对这里极为熟悉。他们依托地形构筑了纵深防线，将城镇乡村修建成要塞据点支撑防线，精确部署了交叉火力网杀伤突击的红军。此外，德国中央集团军群拥有强大的战略预备队，在战役爆发以后不断增援莫德尔[①]，先后有 5 个装甲师、1 个摩步师也奉命驰援。

在苏军的“天王星”计划实施两个星期后，11 月 25 日，“火星”行动正式打响。勒热夫突出部北侧，刚刚重建的苏军第 39 集团军发动牵制性进攻，突入德军防线 10 千米以后便停滞不前。勒热夫突出部东侧，隶属苏军西方方面军的第 20、第 31 集团军在 500 辆坦克的支持下发动正面强攻，在他们面前，德第 27 军的 4 万官兵严阵以待。双方激战了整整 3 天，苏军第 31 集团军始终原地踏步，可见德第 102 步兵师的防线是多么的牢固。苏军第 20 集团军的第一波攻击突破了德军前沿防线，实施第二波攻击的第 6 坦克军和第 2 近卫骑兵军立刻向纵深挺进，切断德军的生命线——勒热夫—维亚济马铁路。然而，星罗棋布的德军据点从四面八方向苏军发起进攻，以阻截他们前进，结果使得暴露在雪原上的骑兵部队伤亡惨重。德第 5 装甲师和第 78 步兵师沿勒热夫—维亚济马铁路南北发动凌厉反击，切断苏军的后路。29 日晚，苏军不得不放弃原计划，转而向东突围，经过苦战返回己方防线。激战 5 天以后，苏军第 20 集团军伤亡 3 万余人，损失 200 辆坦克，无力再战。

与此相比，苏军加里宁方面军在勒热夫突出部西侧的进展则顺利多了。第 41 集团军在重镇别尔伊南面成功突破德军防线，索罗马津的第 1 机械化军冲开了一个宽达 20 千米的缺口，突入德军防线 40 千米。第 22 集团军在别尔伊以北的卢切萨河谷也突破德军防线，卡图科夫[②]的第 3 机械化军冲开一个宽 8 千米、深 15 千米的缺口。然而，在苏军的强大攻势下，德军的防线始终没有被破坏，驻守别尔伊的德第 246 步兵师在身陷重围的情况下，依托坚固工事沉着应战，吸引了苏军大量预备兵力。突破进来的苏军第 1、第 3 机械化军遭到德第 1 装甲师和大德意志

---

① 莫德尔（1891—1945）：即沃尔特·莫德尔，纳粹德国陆军元帅，因防御能力出色被称为“防守大师”“希特勒的救火队员”。

② 卡图科夫（1900—1976）：即米哈伊尔·叶菲莫维奇·卡图科夫，苏军装甲坦克兵元帅，两获“苏联英雄”称号，公认的战时近卫坦克兵第一人。

摩步师的顽强抵抗，开始举步维艰。

战斗进行到第二个星期，由于德军的顽强防御，取得了一定进展的苏军逐渐呈现疲软状态，再也无力向前一步。这时，德第 9 集团军指挥官莫德尔立即抓住机会进行反击。12 月 7 日，德军反击突破最深的苏军第 41 集团军，德第 1 装甲师和大德意志摩步师一个团从北面，德第 19、第 20 装甲师从南面，向苏军据守的突出部两侧发动钳形攻势。3 天以后，德军南北两路会师，包围了 4 万苏军。索罗马津奉命就地死守，等待救援。

朱可夫不愧是军事天才，面对来自各条战线的坏消息，他依然沉着应战，表现出超人的果敢，孤注一掷地将战略预备队投入战斗，试图从勒热夫突出部东侧击破莫德尔的防线，救出被围苏军。12 月 11 日，苏军第 5、第 6 坦克军的 2 万官兵和 350 辆坦克，在仅宽 4 千米的正面猛攻德军。但在德军的坚固防线和精准炮火前，苏军发起的多次冲锋均被粉碎。苏军第 5 坦克军的战史中有关于这场战斗的记载：

> 当天上午 10 点，一支信号火箭在空中爆炸，第 243、第 247 步兵师率先发起冲锋，“为了祖国前进”的呐喊声在战场上空响起。然而德军反应灵敏，马上对我军进行凶猛的反击。双方激战了一天，整个突破面陷入瘫痪。第 5 坦克军的装甲集群投入战斗，硬冲德军防线，但是遭到德军坦克的凶猛反击，被迫后撤。关键的高地不断在敌我双方手中轮转，战场上到处都是燃烧的坦克和被毁的大炮。

激烈的战斗进行了三天，苏军损失坦克 300 辆，官兵伤亡数万，完全失去了进攻能力。12 月 16 日凌晨，别尔伊以南的被围苏军在索罗马津的带领下，丢弃所有重武器向西突围，付出惨重代价以后终于返回己方战线。至此，“火星”行动以惨败告终。苏军阵亡和被俘 26 万余人，伤残 50 万人，损失坦克 1 847 辆（超过了斯大林格勒战役中苏军参战坦克的总和）、大炮 1 100 门。德军伤亡 4 万人左右。

这次战役虽然没有达到歼灭勒热夫一带德军的目的，却阻止了德军从该地区调遣部队援助被包围的德集团军。而且为了固守此地，德军还从其他地区调来了 4 个坦克师和 1 个摩步师。

事后，朱可夫总结了经验教训：

西方方面军之所以未能完成任务，一方面是因为严重疏忽了攻击地形的困难。历次战斗经验证明，若敌人的防御阵地处在开阔地区，而且没有天然的防炮火轰击的隐蔽所，那么在炮火的轰击下，攻击肯定顺利；若敌人的防御阵地地形复杂，而且有天然的遮蔽所，那么炮火的作用就非常有限，攻击很难取得成效。西方方面军正是由于德军的阵地有着良好的反斜面遮蔽地，因而攻击很难有成效，而且攻击德军的坦克、火炮、迫击炮和飞机数量也不足。尽管指挥员们想方设法弥补这个缺陷，但都以失败告终。另一方面，也是最为关键的因素，就是德军预测到了我军的计划，从其他地区调来了大量兵力。

“火星”行动可以说是朱可夫军事生涯中唯一的败绩，但是斯大林格勒战役的胜利光辉遮掩了这一败绩，因此他丝毫没有受到影响。一年半后，他策划并参与指挥了“巴格拉季昂”攻势，一举歼灭德第 9 集团军和第 3 装甲集团军，总算报了一箭之仇。

“火花”战役

在斯大林格勒战役进行之际，叶廖缅科指挥南方方面军、秋列涅夫[①]指挥外高加索方面军，一起展开了攻击高加索德集团军的战役。戈利科夫则指挥沃罗涅日方面军展开了在奥斯特罗戈日斯克、罗索什和沃

① 秋列涅夫（1892—1978）：即伊万・弗拉基米罗维奇・秋列涅夫，苏军大将，苏联英雄。苏德战争期间历任南方方面军司令、第 28 集团军司令、外高加索军区司令、外高加索方面军司令。因为不在主战场上，他一生可以说是默默无闻。

罗涅日、卡斯托尔诺耶的战役。

1943 年 1 月，朱可夫在沃罗涅日方面军司令部研究战役时，斯大林来电让他赶回莫斯科。

原来，一个月之前，红军最高统帅部察觉到位于列宁格勒的德国北方集团军群为了解救南方处于危险中的军队，已经把能用的预备队都用上了，另外还从列宁格勒调走了将近 7 个师。

这样一来，德军在列宁格勒一带兵力空虚，斯大林觉得这是一个非常难得的好机会，决定在拉多加湖一带进行突击，一举打破列宁格勒附近的德军封锁。

经过研究，这次战役被命名为“火花”。红军最高统帅部于 1942 年 12 月 8 日发布命令，要求梅列茨科夫指挥的沃尔霍夫方面军和戈沃罗夫指挥的列宁格勒方面军负责执行这项任务。

斯大林对朱可夫说：“离‘火花’战役开始还有一段时间，你利用这段时间到第 3 突击集团军去，因为那里的战斗还在持续，你过去看看有没有什么能帮上忙的！”

朱可夫知道那里的战役非常重要，将直接关系到“火花”战役的成败，于是欣然前往。他来到第 3 突击集团军后，发现这里一切安好，于是又赶往沃尔霍夫。1 月 9 日凌晨 2 时，朱可夫刚下火车顾不上休息，就开始研究战情。

这个时候，最高统帅部已经把作战任务下发给了沃尔霍夫方面军和列宁格勒方面军，两个方面军的突击集团军将在 5 号工人村进行攻击，一举歼灭施吕瑟尔堡至姆加一带的德军。朱可夫和伏罗希洛夫发现，德军的部分机械化部队，很有可能在战斗开始后的红军主要攻击方向上进行干扰性的突袭。为了解决这个潜在的危险，他们又对计划进行了补充和修改。

伏罗希洛夫在两天后返回列宁格勒。朱可夫一方面再次审查战役的准备情况，另一方面把修改后的计划报告给斯大林，以便让斯大林知道战役的准备情况，并请求再调配一些作战物资过来。

朱可夫在报告中这样写道：

一、对 5 号工人村方向突击的各师因为没有坦克和足够的炮火，无法对德军的火力点进行压制，若强行攻击，前景难以预测。

二、各集团军、兵团和部队接合部在互相配合上还不够有默契。

三、各师的预备队距第 1 梯队只有不到 2 千米，这已经不是预备队而是第 2 梯队，一旦开战很可能损失严重。

四、阿法纳西耶夫①所在的集团军，因为地形不利于炮兵观察，而且在我军进入多林地区后，观察条件更差，为了便于炮火支援，务必给他们增添一个航空气球队和一两个校射机中队。

斯大林答应了朱可夫的要求。1 月 12 日晚上 9 时 30 分，“火花”战役正式打响了。苏军 2 个方面军从东西两面向德军突击，猛烈的攻势令德军猝不及防，尽管有坚固的工事，德军依然遭到惨败。6 天后，苏军 2 个方面军的突击部队在 5 号工人村和 1 号工人村胜利会师，打破了列宁格勒长期被围的局面。同一天，斯大林表彰了朱可夫，晋升他为苏联元帅。在苏联及盟军中，朱可夫是第二次世界大战中荣获此等尊荣的第一人，他的名字出现在《真理报》的头版《红军将领的本领》中。6 个月后，朱可夫一跃成为斯大林最倚重的副手，地位得到了巩固。

库尔斯克会战的准备

斯大林格勒战役结束后，红军的作战部队拥有 660 万人、坦克 1 万多辆、火炮 10.5 万门、作战飞机 1.03 万架。而且，随着苏联军工技术的发展，越来越多的先进装备被投入使用。此时的德军，无论是参战人员还是武器装备，都比不上红军。德军及其盟国在苏德战场上的全部兵

---

① 阿法纳西耶夫：梅列茨科夫的化名。

力为 550 万人、坦克 5 850 辆、火炮 5. 4 万门、作战飞机 3 000 架。

红军最高统帅部觉得机会来了。1942 年冬至 1943 年初春，红军在伏尔加河、顿河和北高加索地区展开了猛烈的攻势。歼灭北高加索一带的德军主力后，顿河方面军和西南方面军在德第 6 集团军投降后，突击并夺回了罗斯托夫、哈尔科夫、库尔斯克等城镇。

希特勒见苏德战场的形势不断恶化，赶忙调集兵力从南部进攻，又占领了哈尔科夫、别尔哥罗德等地区。不过，德军妄图以快速进攻来击溃红军的企图，在红军战士的拼死抵抗下破灭了。由于红军在库尔斯克地区的突击部阵地对德军重新构建的防御阵地有潜在的威胁，希特勒于 3 月中旬在该地区集结兵力，着手准备实施“堡垒”计划——歼灭库尔斯克突出部的红军。

红军最高统帅部发现德军的行动后，斯大林打电话给正在为铁木辛哥指挥的西北方面军指导作战的朱可夫，让他马上赶到莫斯科，参与讨论西南方面军和沃罗涅日方面军的会议。朱可夫不敢耽搁，立即坐上飞机于深夜赶到莫斯科。在最高统帅部里，有人指出了哈尔科夫一带的危急形势和沃罗涅日方面军指挥员们（司令员为戈利科夫，军事委员为赫鲁晓夫）在指挥上所犯的重大错误。斯大林听了，情绪变得焦躁不安，他对朱可夫说：“看来你需要到那里去一趟了。”

早上 7 时，朱可夫坐上了飞往沃罗涅日方面军的飞机。到达目的地后，他经过详细了解，发现这里的局势危急程度远远超出最高统帅部的意料：德军占领哈尔科夫后，又攻占了卡扎奇亚洛潘，正在以快速而猛烈的攻击继续挺进。朱可夫马上与斯大林通电话：“这里非常危急，务必把最高统帅部可以调遣的兵力都投过来，不然德军攻取别尔哥罗德后，就要向库尔斯克一带进攻了。”

斯大林听罢，急调第 21、第 64 集团军和坦克第 1 集团军奔赴别尔哥罗德地区。然而，这些部队还未赶到，德军便于 3 月 18 日抢先攻下了别尔哥罗德。值得庆幸的是，在德军继续向前挺进时，驰援的红军阻挡住了他们的攻势。随后，双方停止攻击，构筑阵地，积极筹备未来的大决战。

1943 年 3 月末至 4 月初，瓦杜丁接手了戈利科夫的职务，成为沃罗涅日方面军的司令员。这一时期，朱可夫一面和瓦杜丁大范围视察部队，一面制订在库尔斯克地带的作战计划。为了了解敌人的情况，朱可夫让总参谋长华西列夫斯基（1942 年 6 月升任苏军总参谋长）和中央、沃罗涅日、西南方面军的司令员通过各种手段，对敌人进行彻底的摸底。摸底工作在各大情报机构、游击队和各方面军中展开，不久朱可夫便拿到了奥廖尔、苏梅、别尔哥罗德和哈尔科夫一带敌人的全面情报。

4 月 8 日，朱可夫经过分析各种情报，向斯大林提交《关于 1943 年德军春、夏可能的行动和我军防御问题》的报告，内容如下：

> 根据情报的分析来看，敌人将要采取的计划是，集结大量兵力，包括近 15 个师的坦克，在大批空军的掩护下，以其奥廖尔—克罗梅集团军从东北迂回库尔斯克，以其别尔哥罗德—哈尔科夫集团军从东南迂回库尔斯克。我们需要知道这样一个事实，敌人步兵较往年弱化很多，今年采取行动主要靠坦克师和空军。
>
> 为了应对敌人的进攻，中央和沃罗涅日方面军务必增强对抗坦克的装备；另外，为了对抗德军坦克，务必从其他地区增调 30 个反坦克歼击炮兵团，作为最高统帅部预备队部署在主要地区，所有自行火炮团在利夫内、卡斯托尔诺耶、旧奥斯科尔地区集结。
>
> 为了彻底歼灭敌人主要兵力，战斗打响后，我军不能先敌进行攻击，务必等到敌人的坦克被消耗后，再进行全面的反突击。

针对朱可夫提交的报告，华西列夫斯基又和朱可夫进行了一番研究，并制定了最高统帅部关于预备队的配备及组建库尔斯克草原方面军的草案。

4 月 11 日，斯大林把朱可夫和华西列夫斯基召到最高统帅部。经过研究，最高统帅部达成了一致意见：在主要的地区，特别是库尔斯克突出部地区构建稳固、纵深的防御体系。在夏季第一阶段的战役中，沃罗涅日、中央、西南和布良斯克 4 个方面军所处的地区将是重要的作战区，而这 4 个方面军也将是迎敌的主要兵力。战斗开始后，各部队务必以坚强的防御消耗敌人。等敌人兵力被削弱后，再全力进行反突击。我军并非单纯的防御，假如德军延迟了进攻的时间，那么我军会利用这一点，对德军进行突击。各部队务必统一突击的时间，最高统帅部也会根据战情做出选择。

以上方案确定后，最高统帅部让华西列夫斯基制定整体方案，5 月初再详细研究，并让朱可夫前往北高加索方面军，指导其如何粉碎法西斯的塔曼集团军。

在红军最高统帅部研究战役方案时，德军最高统帅部也没有闲着，制订出了“堡垒”计划。4 月 15 日，希特勒向苏德战场的德军下达了以下命令：

对于“堡垒”计划，只要天气状况合适，就应当迅速执行。一定要快速地解决红军，因为这次胜利将使我们牢牢掌握春夏行动的主动权……相信“堡垒”计划一定会成为一场震撼世界的战斗。在此，我有三点要求：

一、为了歼灭库尔斯克地区的红军，一个突击集团军从别尔哥罗德地区，另一个突击集团军从奥廖尔以南地区，快速突击，以达到合围红军的目的。

二、行动一定要有突然性，选择敌军预料不到的时间，在主要的进攻地区，集中全部火力，以猛烈的攻击粉碎敌军防御，让两个集团军会合并形成包围圈。

三、在进攻以及未完成会合时，两个集团军之间不要进行无线电联系。

由上可知，德军的一切行动完全在红军的掌握之中，这为红军日后的战斗计划提供了准确的应对措施。

5 月上旬，红军最高统帅部根据情报得知德军正向奥廖尔、克罗梅、布良斯克、哈尔科夫、克拉斯诺格勒、波尔塔瓦一带集结大量兵力和保障物资，由此判定德军不日就会展开行动。

5 月 8 日，斯大林向红军发出了第 30123 号令，命令各部队务必做好开战准备。沃罗涅日方面军指挥员瓦杜丁和赫鲁晓夫认为，红军应当在敌人未发动攻击前，就对其别尔哥罗德—哈尔科夫集团军发起进攻。斯大林对此有些犹豫，担心红军无法抵挡德军的攻击，也担心红军的进攻不能消灭德军，但是朱可夫和华西列夫斯基坚决不同意。

红军最高统帅部经过激烈的讨论，决定仍采用朱可夫提出的意见，也就是采用纵深梯次的防御来消耗敌人，之后再进入全面反攻。

方案确定下来后，红军最高统帅部给所有部队下发了以下作战命令：

一、中央方面军。对于库尔斯克的突出部北部，中央方面军务必在防御战斗中尽可能地消减敌人有生力量，待局势好转后立即进入反攻，并配合布良斯克方面军和西方方面军消灭奥廖尔一带的德军。

二、沃罗涅日方面军。沃罗涅日方面军务必把主要兵力布署在左翼近卫第 6、第 7 集团军的防线上。在防御作战时，务必尽可能地消减敌人有生力量，接着配合库尔斯克草原方面军和西南方面军的右翼部队进行反突击，一举歼灭别尔哥罗德和哈尔科夫一带的敌军。

三、草原方面军。草原方面军的任务是负责防守突破中央和沃罗涅日方面军阵地的敌军，务必在中央和沃罗涅日方面军的后方建立牢固防线，并准备好随时进行反突击。

四、布良斯克方面军和西方方面军的左翼部队。这些部队务必配合中央方面军积极抵抗敌军的攻击，并准备好反突击奥廖尔方向的敌军。

五、游击运动部队。对奥廖尔州、哈尔科夫州和其他各州的敌军交通要道进行攻击和破坏，并负责侦察敌军情报。

库尔斯克坦克大战

1943 年 6 月 30 日，斯大林断定德军将不日开战后，与朱可夫通了电话，让他待在奥廖尔一带，指导那里的中央、布良斯克和西方方面军的行动。同时，斯大林下令沃罗涅日方面军的一切行动由华西列夫斯基负责指导。

朱可夫接到命令后，把全部精力放在德军的主要攻击点——第 13 集团军的防线上。考虑到德军将会在这条战线上投入大量坦克，他下令在每千米的正面防线上部署 30 多门反坦克炮。

7 月 2 日，红军得到了德军将于 7 月 3 日至 6 日发动进攻的消息。7 月 4 日晚，朱可夫和华西列夫斯基从抓获的德军“舌头”口中，确定了德军进攻的时间是 7 月 5 日清晨。根据这个重要情报，他们商定在敌人进攻前的部署阶段进行炮火轰击。

7 月 5 日凌晨 2 时，苏军第 13 集团军司令员普霍夫①报告，据抓获的德军步兵第 6 师工兵交代，德军的全面攻击将在凌晨 3 时展开。来不及向最高统帅部请示了，朱可夫抓住机会，让炮兵部队开始轰击德军阵地。2 时 20 分，红军的各种大炮和飞机在德军集结的区域演奏了“死亡乐曲”。

事后，华西列夫斯基对这次轰击给予了高度评价：“此次轰击的效果非常好，足足把敌军的进攻推迟了 3 个小时。”

朱可夫在事后回忆道：“这次轰击，不但扰乱了德军的攻击计划，还使得德军遭到了严重损失。他们的炮兵损失最为严重，而且通信联络、观察和指挥系统也在一定程度上遭到了毁坏……但是，由于我军炮击的时间有点早，德军的步兵还没有展开队列，都藏在隐蔽所和战壕内，而

---

① 普霍夫（1895—1958）：即尼古拉·巴甫洛维奇·普霍夫，苏军上将，苏德战争期间历任步兵第 304 师师长、布良斯克方面军第 13 集团军司令。他爱兵如子，善于指挥步兵与其他兵种协同作战。

且德军的坦克也还没有进入阵地，如果轰击的时间再晚半个小时左右，或者在7月4日夜间能查清敌人的兵力集结位置，那么我军不进行覆盖性轰炸，而是针对具体位置轰炸，这将最大限度地打击德军。”

1943年7月，德军与苏军的库尔斯克会战

红军轰炸完毕后，德军利用约两个半小时进行了调整，然后展开了猛烈的攻击，仅仅当天就发动了5次强劲的攻击。但由于红军的中央方面军准备充分，疯狂的德军到日落时也只在少数地段推进了三五千米。

7月6日黎明时分，德军又展开了大规模攻击，双方进行了惨烈的厮杀。因迟迟无法冲破红军防线，德军将攻击的力量往东移了一些，但仍旧无法冲破红军的阵地。恼羞成怒的德军接连投入大规模兵力，最终在付出极大代价的情况下推进了10～12千米，之后再也没有力量进行突击，于是就地构建起防线。

7月9日黎明时，斯大林与朱可夫通话，得知德军开始构建防线后，他有些兴奋地问道：“那么，我们是不是应当按照计划，让布良斯克方面军和西方方面军的左翼开始行动?”

朱可夫冷静地回答："目前，德军在我中央方面军的防线上已经没有力量再发起攻击。为了不让德军构建稳定的防线，布良斯克方面军和西方方面军的左翼应当尽快投入战斗，否则中央方面军就无法按计划进行反攻击。"

斯大林马上表示同意："行，你现在马上赶往布良斯克方面军那里看看。对了，你打算什么时候让他们开始攻击？"

朱可夫言简意赅地说："12 日。"

当天晚上，朱可夫赶到了布良斯克方面军所在地。在司令员波波夫[①]的指挥部里，他听完指挥员们介绍的准备工作和攻击计划后，露出了满意的微笑。

离开布良斯克方面军后，朱可夫又马不停蹄地赶往与该方面军配合行动的西方方面军近卫第 11 集团军。在听取司令员巴格拉米扬谈及的炮击方法后，他有了一个大胆的想法——采取一种敌军不知道的攻击方法。最终，大家达成了一致意见：攻击不再照搬以前的方式，步兵应在炮火攻击时就开始突击，一方面出敌意料，另一方面待敌人清醒过来时，步兵已经冲了上去。

7 月 12 日，位于德军奥廖尔—克罗梅集团军后面的布良斯克方面军和西方方面军的近卫第 11 集团军正式开始攻击，很快就突破了德军数条防线，迅速朝奥廖尔方向挺进。一切正如计划中的一样，奥廖尔一带的德军遭到前后夹击后，陷入恐慌之中，紧急调拨与红军中央方面军对峙的兵力来对付一路突击的布良斯克方面军和西方方面军近卫第 11 集团军。机会出现了，中央方面军赶紧进行了反突击，于8 月 5 日成功拿下了奥廖尔。

当布良斯克方面军与西南方面军近卫第 11 集团军在库尔斯克主战场与德军进行激烈战斗的时候，其他部队在其周边也进行着大大小小的

---

① 波波夫（1902—1969）：即马尔基安·米哈伊洛维奇·波波夫，苏军大将，苏联英雄。苏德战争期间历任北方方面军和列宁格勒方面军司令、第 61 集团军司令、第 40 集团军司令、斯大林格勒方面军副司令、突击第 5 集团军司令、西南方面军副司令、布良斯克方面军司令、波罗的海沿岸第 2 方面军司令、列宁格勒方面军参谋长。

反击战。

1943 年 7 月 5 日，德军正在集结兵力时遭到了红军的炮火轰击。随后，德军疯狂地发动了数天大规模的攻击，仅 7 月 6 日这一天，德军便损失人员数万名、坦克 200 多辆、飞机近百架。

7 月 10 日，德军经过调整，又朝普罗霍洛夫卡方向展开了凶猛的攻击。7 月 11 日，在沃罗涅日方面军和德军拼杀的关键时刻，根据作战命令，苏军最高统帅部把预备队混合兵种的近卫第 5 集团军和拥有 800 辆坦克与自行火炮的近卫坦克第 5 集团军派到了该地区。与此同时，苏军最高统帅部急命朱可夫赶赴普罗霍洛夫卡，参与指导沃罗涅日方面军和库尔斯克草原方面军的攻击任务。

早在 7 月 9 日，朱可夫便已经预测到南线德军在进攻奥博扬失败后会把进攻矛头转向普罗霍洛夫卡，这样一来，德军肯定会与第 5 近卫坦克集团军和近卫第 5 集团军遭遇，一场大规模的坦克遭遇战难以避免。

事情正如朱可夫所料。在奥博扬进攻受阻的德第 4 装甲集团军疯狂地扑向普罗霍洛夫卡，正好与赶来的苏军第 5 近卫坦克集团军和近卫第 5 集团军遭遇。于是，在普罗霍洛夫卡爆发了一场规模宏大的坦克战。这场战役是第二次世界大战中规模最大的一次坦克战。

德军将装甲兵老将霍特及其 400 多辆坦克和自行火炮投入了战场，其中 100 辆坦克是当时世界上最先进的“豹式”坦克。苏军参战的则是坦克兵新秀罗特米斯特罗夫①将军及 750 辆坦克和自行火炮。

7 月 12 日早上，这两支强大的部队在普罗霍洛夫卡遭遇了。当时，苏军第 69 集团军正坚守在普罗霍洛夫卡西南，突然遭到德军 200 辆坦克的攻击，形势特别危急。朱可夫赶紧命令罗特米斯特罗夫向德军发动反突击。

---

① 罗特米斯特罗夫（1901—1982）：即帕维尔·阿列克谢耶维奇·罗特米斯特罗夫，苏军装甲坦克兵元帅，苏德战争期间历任第 3 机械化军参谋长、第 8 坦克旅旅长、第 7 坦克军（第 3 近卫坦克军）军长、第 5 近卫坦克集团军司令、装甲兵副司令，在斯大林格勒战役、库尔斯克会战和白俄罗斯战役中表现出色。

罗特米斯特罗夫接到命令后只进行了 15 分钟的炮火准备，就向德军发起了进攻。与此同时，德党卫军第 2 装甲军的 3 个师——帝国师、骷髅师、阿道夫 · 希特勒师也向苏军发起了猛攻。

双方一共投入坦克和自行火炮将近 1 200 辆（门）。除了坦克战之外，双方在普罗霍洛夫卡以西空域，一天中共进行了 12 次空战。

德军虽然拥有最新式的坦克，在装甲和火力方面都强于苏军，但是因为这次进行的是坦克大会战，德军坦克无法发挥自身的火力优势，而且坦克的厚装甲使其显得过于笨重，不利于近距离作战。在激战中，苏军坦克则勇敢而灵活地冲到笨重的德军坦克队形中，对其进行猛烈的攻击。

霍特意识到战局不妙，打算撤出战斗，重新部署兵力，但双方的坦克全搅在了一起，他只能硬着头皮继续往下打。

在战斗中，苏军表现得相当勇猛顽强，有时，苏军战士为了阻止敌人逃跑，甚至选择与敌人的坦克相撞而同归于尽。

战斗从上午一直持续到夜幕降临，整整打了 8 个小时。最后，德军实在支撑不住，丢下熊熊燃烧的 300 多辆坦克，仓皇地逃跑了。苏军第 5 近卫坦克集团军也损失惨重，折损过半。双方的 700 多辆坦克残骸有的紧紧撞在一起，有的炮塔被掀掉，战场上到处都是被烧焦的尸体，场面惨不忍睹。在这次坦克大会战中，苏军的损失超过了德军，但是它依然是这次战斗的真正胜利者。

7 月 13 日清晨，朱可夫来到了沃罗涅日方面军的指挥所。通过研究司令部的文件和审讯战俘，他知道这场战役的危机已经解除，全面进攻德军的时候到了，所以必须及时切断德军的退路，使德军无法回到堑壕里，恢复火力配备。为此，朱可夫决定马上组织部队按预定计划对德军发起全面进攻。

7 月 18 日，在朱可夫的命令下，库尔斯克草原方面军发动了攻击。7 月 20 日，沃罗涅日方面军和库尔斯克草原方面军对溃退的德军进行了向心攻击，当晚便攻占了德军在战役初期夺取的苏军阵地。接着，两个方面军一路推进，于 7 月 23 日挺进到了战役开始时的德军防线前沿。

连续的胜利让斯大林极度兴奋，他要求两个方面军乘胜追击，但遭到了朱可夫的拒绝。因为连日作战，两个方面军的战斗力已经大打折扣，如果不休整、补充物资，冒险进攻很可能会功亏一篑。因此，他向斯大林说明了自己的理由：

首先，别尔哥罗德和奥廖尔的情况不一样。一是经过数日厮杀，红军损失也较大，而后撤的敌军已经构筑好了牢固的防线；二是敌军已经强化了别尔哥罗德、哈尔科夫集团军，从别的地方紧急增调了坦克和摩托化师。可以预见，这里的战斗将会异常激烈，如果不做好充分准备，红军的损失将不可预测。

其次，沃罗涅日和库尔斯克草原方面军经过连日战斗，必须补充战斗所需的一切物资，重新部署兵力，以及给炮火和空军提供攻击的目标。而这些工作的完成，没有 8 天左右的时间是办不到的。

最后，这次反攻将是前所未有的，如果没有周密的部署和细致的准备工作，那么攻击就会演变成敌方对我方的一场大屠杀。

斯大林权衡利弊，同意了朱可夫的提议，决定在 8 月 3 日早上发动别尔哥罗德一带的反攻战。

战斗如期打响。8 月 3 日晚间，沃罗涅日方面军就推进了近 35 千米，而库尔斯克草原方面军也挺进了约 15 千米。接下来的两天，战斗进行得较为顺利，别尔哥罗德于 8 月 5 日回到了红军手中。为了庆祝胜利，也为了向英雄们致敬，莫斯科在这一天鸣响了礼炮，这是自苏联国内战争后第一次鸣放胜利的礼炮。

8 月 6 日，为了进一步驱逐敌人，朱可夫和库尔斯克草原方面军司令员科涅夫向斯大林递交了在别尔哥罗德、哈尔科夫一带发起战役的方案。计划被苏军最高统帅部采纳。8 月 23 日，苏军解放了乌克兰的第二大城市哈尔科夫。

收复奥廖尔后，朱可夫、华西列夫斯基和第一副总参谋长安东诺夫联名向斯大林提议："如果能增强西方方面军左翼的兵力，那么我军就可以在奥廖尔周边包围敌人。"斯大林不同意，说："机会还没到，当前我们的目标是尽快将敌军驱逐出我国，等敌军的力量更为薄弱时，再寻找机会合围他们。"如此一来，在 8 月 18 日奥廖尔一带的战役中，红军只是将德军击溃而没有歼灭。

即便如此，库尔斯克会战还是让整个世界为之震撼。在这场长达 50 天的战役里，德军损失 50 余万人、1 500 辆坦克、3 000 门火炮和 3 700多架飞机。后来，斯大林评价库尔斯克会战说："如果说斯大林格勒会战预示着德军走下坡路，那么库尔斯克会战则是德军灭亡的征兆。"

库尔斯克会战结束后，希特勒认为前线指挥官没有尽到责任，惩处了一大批人；苏联则对前线指挥官进行了嘉奖，朱可夫获得苏沃洛夫一级勋章，科涅夫获得库图佐夫一级勋章，布尔加宁获得红旗勋章。

当大家沉浸在胜利的喜悦中时，朱可夫并没有放下战事。他知道若不彻底消灭敌人，胜利就不能算是胜利，也无法长久。会战结束后的第二天，朱可夫便飞往莫斯科红军最高统帅部，准备讨论红军接下来的全面突击计划。

第七章　战略大反攻

第聂伯河战役

1943 年的苏德战场，尽管整体形势有利于红军，但是苏联要彻底击垮德军仍存在不小的困难。8 月，第一副总参谋长安东诺夫在库尔斯克会战结束时赶到前线，将斯大林和总参谋部的指示转告朱可夫。

总参谋部经过研究各种情报，得出了一个结论：目前英、美部队虽然在西西里岛登陆，但是他们还没有在欧洲进行大规模作战的计划。而德军虽然在苏德战场损失惨重，但凭借现有的兵力，他们仍然可以进行有效的防御。

根据这个结论，红军总参谋部制订了下列计划：红军在西方和西南方向上的所有兵力在各自区域内进行突击，目的是把防线推进至白俄罗斯东部一带和第聂伯河，以便攻占第聂伯河上的登陆点，为以后要发动的乌克兰战役提供有效的保障。

朱可夫知道斯大林之所以让红军不停歇地进攻，是因为害怕德军在后撤时，会丧心病狂地把占领区以及路过地区的城市和乡村中的电站、工厂、学校、医院等全部炸掉或烧毁。他赞同斯大林继续突击的方案，但对于突击时所进行的从北方的大卢基到南方的黑海各个方面军全力对德军正面实施攻击的方案，表达了不同的观点。他认为，红军应该调整兵力，先围歼相对重要的德集团军，尤其是顿巴斯的南方集团军群，这样对日后的突击会有明显的助益。但斯大林认为时间急促，执行朱可夫的计划需要花很多时间。朱可夫知道斯大林急于驱赶德军，就没有再争辩下去。

8 月 25 日，在最高统帅部讨论红军全面突击的会议上，斯大林提出沃罗涅日方面军和草原方面军务必在短期内突击至第聂伯河，以便以后向西突击。斯大林要求朱可夫周密研究战情，看看可以向这些部队提供什么物资。早在库尔斯克会战时，德军最高统帅部就给苏德战场上的德军下了命令，让他们沿着纳尔瓦河—普斯科夫—奥尔沙—索日河—第聂伯河—莫洛奇纳亚河一线建立牢固的防御线，以便抵挡红军可能进行的突击。这条线就是人们熟知的被称为“东方壁垒”的德军防御战线。

很快，朱可夫便提交了方案。斯大林经过细致研究，把朱可夫要求的物资去掉了近 40%，并对他说：“我能提供的只有这些，不足的等军队行进到第聂伯河时再另外配发。”

9 月 6 日，红军最高统帅部又给朱可夫发布了一条命令：“你负责指导两个方面军作战，任务是前进到第聂伯河时，务必攻占登陆点。瓦杜丁的沃罗涅日方面军要沿北部朝普里卢基、基辅一带进攻，科涅夫的草原方面军则顺着南部朝波尔塔瓦一带进攻。”

两个方面军接到命令后，随即展开了行动。经过几天连续作战，红军将士们十分疲乏，后勤供应也有些不足，但是无论是士兵还是高级指挥员，士气都非常高昂。因为他们内心都渴望早日把敌人赶出苏联，让受苦受难的百姓得到安宁。此时，朱可夫的一句话得到了全体官兵的口口传诵——“进攻，不停地进攻，把侵略者从我们的祖国赶出去”。

在朱可夫的指导下，沃罗涅日方面军和草原方面军很快又展开了突击行动。最初，突击并不顺利，德军的负隅顽抗使他们的推进十分缓慢。9 月中旬以后，德军因为兵力损耗严重，而红军又补充了新的预备队，只得朝第聂伯河撤退。朱可夫马上和两个方面军指挥员联系，要求部队贴近追击，以便夺取第聂伯河登陆点。

希特勒看出了红军的意图，他亲自飞到前线——南方集团军群司令部，下达了死守第聂伯河的命令。希特勒之所以如此紧张，是因为一旦第聂伯河被红军突破，广袤的乌克兰也就守不住了，德军的南方战线将迅速瓦解，而红军则会趁势攻取克里米亚，进逼德国边境。

9 月 20 日，朱可夫和瓦杜丁共同制订了突击第聂伯河的计划。计划中最关键的一条是：各集团军务必组建由坦克部队、摩托化步兵和炮兵编成的先锋部队，任务是避免与德军接触，快速绕到德军后方，尽可能多地攻占第聂伯河渡口以及桥梁。

9 月 22 日和 23 日，先锋部队抵达第聂伯河，朱可夫向斯大林报告说先锋部队准备强行渡河。渡河行动开始后，负责防守的德军在红军强劲的攻势面前，溃不成军。9 月末，红军粉碎德军的防线已达 700 千米，并牢牢控制了 23 个登陆点。

为了挽回败局，希特勒急令德军全力进攻登陆点的红军，从 9 月底起，红军各个登陆点遭到了德军炮火不分昼夜的轰击。但红军的顽强抵抗使德军的所有行动都宣告失败，被攻占的登陆点越来越多，红军士兵的战斗情绪越来越高昂。

根据红军最高统帅部指示，自 10 月 20 日起，朱可夫所在的两个方面军一个改为乌克兰第 1 方面军，司令员为瓦杜丁；一个改为乌克兰第 2 方面军，司令员为科涅夫。经过研究敌情，朱可夫更改原计划，认为不能从基辅南部的布克林登陆点对基辅发起进攻，因为德军把这里作为重点进攻对象，并在此部署了重兵。

10 月 26 日，苏军最高统帅部同意朱可夫更改后的计划，命令乌克兰第 1 方面军进攻柳捷日登陆点，然后向基辅进行冲击，一举解放乌克兰首府。红军的调动非常隐蔽。从布克林登陆点到柳捷日登陆点约有 200 千米，这么漫长的行军竟然躲过了德军的侦察。11 月 1 日，为了麻痹敌人，朱可夫命令炮兵对布克林登陆点进行轰炸。曼施坦因认为红军准备进攻这里，于是把预备队也调了过来。一切都在朱可夫的预料之中。两天后，他命令部队进攻柳捷日登陆点。2 000 门火炮与迫击炮、500 门喀秋莎火箭炮瞬间就将德军的防线击溃了。

“二战”时，苏联红军在严冬极其恶劣的条件下行军作战

红军一路挺进，德军主力仓皇南逃，弃守基辅。解放基辅后，红军紧接着把乌克兰其余城市一一解放。11 月 6 日早上，朱可夫、瓦杜丁等人进入基辅。基辅市民含着热泪和红军将士们握手拥抱。朱可夫非常熟悉这座城市，但是眼前的街区让他感到震惊。由于法西斯军队的蹂躏，原本繁华的街区已经成了一片废墟，到处都是断壁残垣。

从这年4 月开始，朱可夫马不停蹄地辗转于各大战场和各部队，尽管有挫折，但是总算是不辱使命。身心俱疲的他很想好好地睡一觉，因为他的身体实在坚持不住了。12 月中旬，红军最高统帅部命他回莫斯科。他本想利用这段时间好好休息一下，但来到红军最高统帅部后，他发现这里的工作并不轻松。他认真研究了从列宁格勒到黑海的战势，并在最高统帅部的一次会议上，谈到了未来苏德战争的态势，以及发展军事经济等问题。在此之前，斯大林、罗斯福和丘吉尔参加了德黑兰会议，英、美两国对苏联的作战给予了很高的评价。斯大林在最高统帅部的会议上说："英、美许诺于 1944 年在法国进行大规模作战，他们应该会遵守承诺。即便他们没有遵守，我们也可以凭借自己的力量消灭法西斯德国。"

"是啊，就算他们不参与，我们也会胜利的。"朱可夫高兴地说，并借此机会再次阐明了自己的观点，"现在我军并不需要把正面的敌人击溃，而应大胆迂回，合围并彻底歼灭在我国境内的所有敌人。"

斯大林点头道："我同意。我们现在更强大了，有实力对敌人进行合围了。当前需要解决的问题是西南战线，然后是西方战线和白俄罗斯问题。这样吧，你和华西列夫斯基就这个问题研究讨论一下！"

计划获得了全体成员的一致通过。经过几天的紧张研究，最高统帅部终于批示："1943 年冬和 1944 年年初，我军需要将主要兵力集结在乌克兰第 1、第 2、第 3、第 4 方面军，开展北从列宁格勒、南到克里米亚的大范围行动，在短期内歼灭法西斯南方集团军群和 A 集团军群。北方、西北和西方方向的各方面军，仍按原有兵力进行部署。"

作战计划明确后，朱可夫前往乌克兰第 1、第 2 方面军负责协调工作；华西列夫斯基前往乌克兰第 3、第 4 方面军负责协调工作。朱可夫到达前线后，乌克兰第 1 方面军司令员瓦杜丁正埋头研究进攻方案，朱可夫很欣赏这位优秀的司令员，因为以前的各大战役都充分证明了瓦杜丁的能力。

司令部设在一所农舍里。瓦杜丁因为得了感冒，正在采用"发汗"的高温治疗法进行治疗。朱可夫在热气弥漫的屋子里，简单地说明了最高统帅部的进攻命令，接着听取了瓦杜丁对进攻的意见，之后劝他好好休息，务必遵从医嘱进行治疗。

朱可夫和参谋长博戈柳博夫①离开后，仅仅 10 分钟左右的时间，瓦

---

① 博戈柳博夫（1900—1956）：即亚历山大・尼古拉耶维奇・博戈柳博夫，苏联陆军上将，苏联英雄。苏德战争期间历任第 43 集团军参谋长、总参谋部作战部副部长及第一副部长、西北方面军参谋长、乌克兰第 1 方面军参谋长、白俄罗斯第 2 方面军参谋长，战后任北部军队集群参谋长、远东部队总司令助理、陆军军事和体育训练总部副部长等职。

杜丁又给博戈柳博夫打了电话，让他过去。朱可夫猜想瓦杜丁肯定没有休息，就和博戈柳博夫一起过去。

果然，瓦杜丁并没有休息，而是在一张地图前继续工作。朱可夫见状有些生气，语气强硬地说："你怎么又工作了，不是说好了休息的吗？你这个司令员要是倒下了，战斗打响后，谁来指挥？"

瓦杜丁讪讪地说："没事的，我只是不想让进攻存有遗憾。"

朱可夫知道瓦杜丁是个完美主义者，总是身怀崇高的责任感，努力完成上级交代的任务。但现在不是逞强的时候，他怒气冲冲地让瓦杜丁赶紧去休息，把事情交给参谋长就可以了。

1943 年 12 月末到 1944 年 1 月初，乌克兰第 1、第 2 方面军发动了夺取第聂伯河右岸乌克兰领土的战斗。德军在他们进攻的区域部署了强大的兵力——由施滕麦尔曼指挥的 9 个步兵师、1 个坦克师和 1 个摩托化师组成的集团军。这使红军的行动受到了一定的限制。

朱可夫依据战前计划，大胆指挥部队机动作战，让乌克兰第 1 方面军朝日托米尔方向突击，第 2 方面军迂回攻击。在红军的迅猛进攻下，德军很快便损失了 60%～70% 的兵力，丢掉防御线近 200 千米。红军的 2 个坦克集团军前进 100 多千米后，又向德军的两翼进军，德军只得放弃经营多年的筑垒区域。而后，为了阻止红军继续挺进，德军把一切可以调集的兵力全投了过来。在德军的疯狂阻击下，战线终于在 1944 年 1 月中旬稳定下来了。

在这次战役中，红军挺进了 200 千米，并解放了基辅州和日托米尔州、基洛夫格勒等地区。而乌克兰第 1 方面军驻扎的基辅突出部则像一把致命的匕首，深深地扎入了法西斯军队的防线。曼施坦因猜想红军是想把进攻的方向从西移向西南，绕道将德国南方集团军群阻住。很可惜，曼施坦因猜到了开头，却没有猜到结尾，因为红军并不是想阻止他们，而是想把他们彻底包围。此时，德军最高统帅部计划攻击基辅，显然是在找死。乌克兰第 1 方面军进军西部后，与在南线作战的乌克兰第 2 方面军构筑了从西至东长达 275 千米的突出部，基辅距这 2 个方面军约 130 千米。

1944 年 1 月 24 日和 25 日，乌克兰第 1、第 2 方面军相向发动了突击。1 月 28 日，两军顺利会合，并在两天后包围了科尔松—舍甫琴柯夫斯基地区的德军，还构建了牢固的内外防线。德军救援未遂，加上暴风雪和冰雪的融化，形势对其更为不利。

2 月 8 日，朱可夫向陷入包围圈中的德军发出了投降通牒。一天后，施滕麦尔曼将军拒绝了最后通牒，如困兽般准备进行拼死搏杀。2 月 11 日，德军开始行动了，到夜间时，包围圈内外的德军相距仅 12 千米，但这 12 千米却如天堂离地狱般遥远。

朱可夫当时患了感冒，一听到德军正拼死冲击，他急令瓦杜丁和科涅夫死守，并向斯大林作了报告。早上，忙碌一夜的朱可夫正在床上昏睡时被斯大林的电话叫醒了。斯大林简短地问道："我听说瓦杜丁那里被德军冲击到了希尔基和新布达一带？"

"啊，这个我不知道。"朱可夫说。

"赶快查清并告诉我。"斯大林挂掉了电话。

朱可夫猜想自己睡觉时有不好的事情发生了。他与瓦杜丁通电话后，才知道敌人夜里组织了进攻，不过只推进了 3 千米。此时乌克兰第 1 方面军正在进行解放希尔基的战斗。

朱可夫和瓦杜丁制定了相应对策后，马上将这些情况向斯大林作了汇报。

斯大林接到电话后，告诉朱可夫："科涅夫想由他指挥攻击陷入科尔松—舍甫琴柯夫斯基包围圈内的敌人的任务，指挥包围圈外作战的任务则由瓦杜丁负责。"

朱可夫知道消灭被围德军只需要三四天的时间，但是如果调换现有的指挥权，那么战斗就会因指挥员不熟悉情况而进展缓慢。

斯大林没有采纳朱可夫的意见，他说："就这样定了，由瓦杜丁指挥第 13、第 60 集团军在罗夫诺、卢茨克和杜布诺一带的战斗，由你负责指挥对包围圈外正面上的敌人的战斗。"说完他就匆匆挂掉了电话。

两个小时后，红军最高统帅部打来电话，把斯大林的以上要求作为命令通知朱可夫。瓦杜丁也接到了命令，他以为这是朱可夫的建议，于是给朱可夫打来电话诉苦，他说："我的大元帅，你应该是最清楚我的，我为了策划科尔松—舍甫琴柯夫斯基的行动，连续熬了好几天。现在为什么不让我指挥，为什么不让我参与战役到底？我特别希望为我们部队鸣响的礼炮能在莫斯科响起。"

朱可夫叹了口气，不过表面仍保持冷静地说："瓦杜丁同志，这个命令是由最高统帅发出的，作为战士的你我，只能没有异议地去执行。"

瓦杜丁听了，只好说："我服从命令！"

2 月 14 日，处于包围圈中的德军知道不会有人来援救他们了，尤其在一些高级指挥员乘飞机离开后，绝望的情绪在每一个德军士兵心里蔓延。2 月 16 日夜突然下起了暴风雪，德军想利用这个机会突围。但红军没有让他们得逞，除了部分坦克、一些军官和党卫军坐上装甲车拼死逃出去以外，剩下的德军全部被歼或被俘。

根据苏联提供的数据，这次战役德军死亡 5.5 万人，被俘 1.82 万人。2 月 18 日，莫斯科鸣放了胜利的礼炮。

肃清乌克兰境内之敌

1944 年 2 月末，因为之前战役的胜利，接下来红军突击右岸乌克兰地区就顺利多了。此时，德军最高统帅部做出了一个错误的判断，认为红军不会在这个道路泥泞的季节发起进攻，因此德军正好可以利用这段时间加固工事和部署兵力。然而，红军也料到了德军会有这种侥幸心理，于是克服道路上的困难，准备发起突然行动。

为了不让德军有加固防线的时间，朱可夫在 2 月下旬向最高统帅部报告了自己的计划——出敌不意，用突然攻击的方法，一举歼灭盘踞此地的德军。红军最高统帅部经反复商议，最终明确了一个战役计划：乌克兰第 1 方面军进行长途奔袭，务必赶到数百千米处的切尔诺维策市

（即切尔诺夫策市）一带的喀尔巴阡山地区。如果行动顺利，那么德国南部集团军群最短的交通线就会被截断；而乌克兰第2方面军则向南挺进，全力朝雅西方向开进。

红军最高统帅部又命朱可夫去指导这2个方面军即将开始的行动。朱可夫在乌克兰第1方面军司令部里，与瓦杜丁和其他指战员连续召开了几天会议，全面而细致地分析了任务的每个细节。此时，由于雨季的到来，道路异常难走，后勤方面出现了问题。为了解决这个问题，瓦杜丁想去前线察看一下，顺便看看空军和地面部队的协同情况。

朱可夫认为瓦杜丁应当留在司令部指导工作，视察工作可以交给副司令员。但是，要求极严的瓦杜丁坚持亲自前往，他说："我已经好久没去第13、第60集团军了，这次正好顺道去看看。"后来，朱可夫回忆说，当时真该把瓦杜丁留下，那样他就不会出事了。

2月29日下午，瓦杜丁在8名警卫员的陪同下，离开第13集团军前往第60集团军。晚上7时40分，他们一行经过一个村落时，听到零星的枪声。接着，瓦杜丁看到前方出现了一伙人，于是让司机停车。就在这时，一阵枪声从一户人家传来，瓦杜丁和警卫们赶忙从汽车上下来。原来，他们被乌克兰民族主义分子伏击了，一颗子弹击中了瓦杜丁的腿部。

警卫员慌忙把瓦杜丁抬上车，朝罗夫诺方向飞驰而去。野战医院因为条件有限，只是简单地给瓦杜丁进行了包扎，然后，瓦杜丁被送往基辅。朱可夫立即向斯大林报告了这件事，让他将莫斯科最好的医生派过去。可惜瓦杜丁失血过多，虽然医生拼尽全力地抢救，但最终未能挽救他的生命。莫斯科为了给瓦杜丁送行，向他致以最后及最崇高的敬意——鸣放了20响礼炮。

由于乌克兰第1方面军是最主要的攻击力量，最高统帅部于3月1日让朱可夫接替瓦杜丁任司令员。现在，乌克兰第1、第2方面军的司令员分别由朱可夫和华西列夫斯基担任。

朱可夫上任后，没有改变瓦杜丁之前的部署，只是让第13集团军主力守好当前阵地，让其左侧的一个师配合第 60 集团军朝西突击。3 月 4 日，朱可夫赶到前线，指挥乌克兰第 1 方面军进行切尔诺维策战役。他们很快冲破了德军防线，撕开了一道长达 180 千米的口子，并在接下来的两天时间里向西部挺进了 50 千米。

得知乌克兰第 1 方面军胜利挺进的消息后，3 月 5 日，莫斯科用 224 门大炮鸣放了 20 响胜利的礼炮。这时，朱可夫继续率队突击，很快通过了泥泞地带，进至捷尔诺波尔、普罗斯库罗夫一线。在斩断利沃夫—敖德萨的铁路线后，又前进了 100 千米。而乌克兰第 3 方面军在马利诺夫斯基的率领下，也粉碎了德军在河西岸的阵地。

红军的一系列行动，让希特勒异常紧张，为了应对朱可夫的乌克兰第 1 方面军，他集结了 15 个师。由于朱可夫进军神速，德坦克第 48 师已处在了后方。为避免被包围，德军采用了极其冒险的方法，从乌克兰第 1 方面军先遣部队的正面夺路。在红军毫无防备的情况下，他们的冒险奏效了。

德军之所以敢于冒险，是因为他们掌握了红军作战的一个规律，红军往往会围绕大城市发起进攻，而德军的司令部一般是在城内或安排在前线，这样一来，司令部就会被迫投入战斗，从而无法指挥外围的军队。精明的赫尔曼·巴尔克①为了避免再犯以前的错误，把司令部安排在了离城镇和交通线很远的地方。

3 月 17 日，朱可夫率领军队先攻占了一个位于河边的古老城镇——杜布诺，次日又攻占了铁路枢纽日梅林卡。19 日，他们攻取了卡梅涅茨，20 日又攻取了铁路枢纽莫吉廖夫—波多尔斯克。此时，由科涅夫指挥的部队正在南布格河一带的重镇文尼察与德军进行激烈的拼杀。

朱可夫率领的军队继续挺进。尽管河水泛滥，但是他们还是朝德涅斯特河进发了。很快，苏军顺利地渡过了普鲁特河，进逼切尔诺维策。

---

① 赫尔曼·巴尔克（1893—1982）：纳粹德国陆军二级上将。“二战”期间历任第 1 装甲师第 1 摩托化团团长、陆军总部装甲部队参谋长、第 11 装甲师师长、大德意志师师长、第 48 装甲军军长、第 4 装甲集团军司令、西线 G 集团军群司令、东线第 6 集团军群司令。

朱可夫的接连胜利，使莫斯科根本不知道他们的具体方位以及夺取了哪些城市，以至于很多新闻只能说他们攻击顺利，已夺取 200 多个城镇。接下来，朱可夫的部队又分别攻占了切尔托夫、普罗斯库罗夫、波多尔斯克、科洛梅亚等城。斯大林每知道朱可夫夺取了一个重要城市，便让莫斯科鸣放 12～20 响礼炮，而莫斯科居民在听到这种炮声后，虽然十分兴奋，但是潜意识里竟然觉得这些都是理所当然的。

仅仅一个月时间，朱可夫便率部逼近喀尔巴阡山，并于 3 月 29 日夺取了切尔诺维策城。希特勒知道，切尔诺维策城被红军占领，后果将不堪设想。为了应对这个潜在的危险，希特勒连忙从其他战场调来兵力，就连法国、南斯拉夫、挪威等地的兵力也被调了过来。

战事的发展让希特勒情绪暴躁。他责骂了曼施坦因一顿，然后说：“你打的是什么仗，敌人只出现了几辆坦克，你们就跟神经病一样地往回跑，这么多部队就是由猪组成的，也会挣扎几下吧。”曼施坦因十分无奈，被骂后一声不吭，因为就在近日，有两个新建的师被 200 辆红军坦克击溃了。但曼施坦因越是不出声，希特勒越是生气，希特勒于 3 月 31 日撤掉了曼施坦因的职务。

眼下，朱可夫率领的乌克兰第 1 方面军的任务是歼灭被合围以及来不及逃跑的德军。他们在卡梅涅茨至波多尔斯克一带包围了 21 个德军师，其中包括 10 个坦克师。朱可夫猜测，这股德军打算向南越过第聂伯河后构筑防线。为了抓住战机，他一边命令先头部队死死拦住敌军去路，一边让列柳申科将军的坦克第 4 集团军堵住敌军退路。被围的德军只得拼死向西方的列柳申科集团军冲击。

经过 5 天的厮杀，尽管德军冲到了列柳申科集团军司令部一带，甚至与苏军进行了白刃战，付出了巨大的代价，最后还是被死死地黏住了。

当朱可夫和列柳申科联系时，不断听到耳机里传来很近的枪声，有三次列柳申科不得不中止联系。朱可夫便让他安心阻击，以后再联系。在红军的顽强抗击下，德国丢下重兵器顺着乡间小道，仓皇地向西逃窜。然而他们没有料到，这些地区还有大量的红军游击队。

4 月 5 日，苏联《消息报》刊发了一篇报道：乌克兰第 1 方面军在朱可夫同志的指挥下，歼灭敌人 20 万，摧毁和俘获敌人坦克 2 180 多辆、自行火炮 4 600 多门。苏联新闻局在发布的一篇公报上说："经过连续 28 天的作战，朱可夫率领将士们收复了 16 173 平方千米的国土，包括 3 个乌克兰重要城市和 57 个城镇。"

战役结束后，朱可夫并没有让部队停下，而是让部队继续出击。很快，在喀尔巴阡山山麓与德军接触并击溃了他们，接着挺进捷克斯洛伐克和罗马尼亚边境。4 月 8 日，为了再次向乌克兰第 1 方面军致敬，莫斯科用 324 门大炮鸣放了 24 响礼炮。

乌克兰第 2 方面军在科涅夫元帅的指挥下，从雅西北面渡过普鲁特河，攻占了多罗霍伊和博托沙尼；乌克兰第 3 方面军在马利诺夫斯基的指挥下，攻占了敖德萨州邻近的一个重要据点，斩断了当地德军向罗马尼亚撤退的道路。

朱可夫率领的部队一路猛冲猛打，于 4 月 15 日解放了重城塔尔诺波尔。当天晚上，莫斯科的礼炮再次响起。

就在这一年，苏联最高苏维埃主席团为了褒奖有卓著战功的人，特意设立了胜利勋章。朱可夫一系列的胜利行动，为他获得了一枚胜利勋章，勋章的编号是第 1 号。

全面解放苏联西部

1944 年 4 月 22 日，红军最高统帅部把朱可夫召回莫斯科，让他参与研究夏秋季的战势会议。在红军最高统帅部，斯大林环顾了一下与会人员，问副总参谋长安东诺夫："从什么地方着手?"

斯大林话音未落，大家纷纷对夏秋季的战势发表了看法。斯大林耐心地听了大家的意见后，吸了一口烟斗，然后走到地图前吐出烟雾，说："朱可夫同志，你是怎么看的?"

朱可夫把自己的小地图摊开，首先对安东诺夫所作的报告表示赞同，接着开始分析未来可能会遇到的困难。斯大林凑过来，看了看朱可夫的小地图，笑着说："盟军准备在 6 月登陆法国，他们担心我们会抢在他们之前打败德军，看来我们的伙伴们想抢头功了。值得高兴的是，德军将面临两线作战，陷入回天乏术的境地。”

朱可夫等斯大林说完，继续作报告，他提醒斯大林要特别注意在白俄罗斯的德军，因为这支部队是整个东线战场防御的主要力量。

斯大林听完，又问安东诺夫：“对此，你们总参谋部是如何看的?”

安东诺夫简短地回答：“我没有意见。”

斯大林想了想，将秘书叫进会议室，说：“你把华西列夫斯基的电话接通。”

华西列夫斯基的电话接通后，斯大林说：“华西列夫斯基同志，你来一趟莫斯科吧，朱可夫和安东诺夫等在讨论夏秋季战势……你没时间啊……好吧，那就不必过来了，把意见发过来就行。”

斯大林打完电话，又对朱可夫和安东诺夫说：“你们把夏秋战势的方案再研究研究。”两三天后，斯大林又召集朱可夫和安东诺夫，探讨他们再次拟订的计划。

1944 年 4 月底，红军最高统帅部决定先让列宁格勒方面军和波罗的海红旗舰队在卡累利阿地峡一带进行突击，接着在白俄罗斯实施更大规模的战役。

针对白俄罗斯战役，总参谋部在朱可夫的主导下，拟订了行动计划：向白俄罗斯突出部敌人的侧面展开强劲的向心攻击。这次战役的代号，斯大林将其定为“巴格拉季昂”，这是为了纪念巴格拉季昂①将军，他在 1812 年把拿破仑的军队赶出了沙俄。

在商讨作战细节时，为了保密，参与会议的人只有 6 个，分别是斯大林、朱可夫、华西列夫斯基和安东诺夫、作战部长什捷缅科②及其副

---

① 巴格拉季昂（1765—1812）：沙俄陆军上将、亲王、格鲁吉亚巴格拉季昂王族的后裔。拿破仑战争时期沙俄军中最著名的少壮派将领，也是俄军将领中被广泛看好的一个。1812 年 9 月 12 日因伤势过重而去世。

② 什捷缅科（1907—1976）：即谢尔盖·马特维耶维奇·什捷缅科，苏军大将。苏德战争期间担任红军总参谋部作战部部长，全面掌管战局的第 5 号人物。三次晋升大将，三次被推荐晋升元帅。

手。根据“巴格拉季昂”计划，A 突击部队由波罗的海第 1 方面军和白俄罗斯第 3 方面军组成，B 突击部队由白俄罗斯第 1、第 2 方面军组成，一共 77 个步兵师、3 个坦克军、1 个摩托化军和骑兵军。预计该战役需要 40～50 天，前进 200～240 千米，歼灭维切布斯克、博布鲁伊斯克、明斯克一带的突出部敌军，保证后续红军推进到莫洛杰奇诺、斯塔罗宾一带。

不过，德军并非等闲之辈，他们拥有 120 万兵力，配备火炮和迫击炮 9 500 门，坦克和强击炮 900 辆，飞机 1 350 架，纵深防线达250～270千米。朱可夫和华西列夫斯基研究敌我优弱点后，制定了一个又一个应对方案。

就在红军紧锣密鼓地准备白俄罗斯战役时，德军最高统帅部犹如刚刚睡醒一般，认为红军夏季的进攻目标是乌克兰。他们认为红军不会进攻白俄罗斯，因为那里有很大面积的森林和沼泽，而且红军要攻击白俄罗斯，势必要调动位于乌克兰的 4 个坦克部队。

红军最高统帅部获悉德军的错误判断后，一边秘密地调动部队，一边让后勤抓紧运输前线所需的各类物资。

在紧张的备战期间，红军总参谋部要求列伊捷尔①第 3 方面军司令员在方面军的右后方部署八九个步兵师，以及大批坦克和炮兵。此外，为了迷惑敌人，还要求他们在阵地上部署大量的假坦克和假火炮；在通信方面，严禁用电话、电报和无线电交流重要军情，距前线约 60 千米内，不准使用低功率的无线电台。

一切安排妥当后，斯大林让朱可夫负责协调三大方面军——白俄罗斯第 1、第 2 方面军和乌克兰第 1 方面军的几百万兵力。华西列夫斯基则负责协调波罗的海第 1 方面军和白俄罗斯第 3 方面军。至于乌克兰第

---

① 列伊捷尔（1886—1950）：即马克斯·安德烈耶维奇·列伊捷尔，苏军上将。苏德战争期间历任苏联中央方面军和布良斯克方面军副司令兼后勤部长、西方方面军司令助理、第 20 集团军司令、布良斯克方面军司令、预备队方面军司令、草原方面军司令和沃罗涅日方面军副司令、南乌拉尔军区司令。

1 方面军，司令员由科涅夫元帅担任。

为了给朱可夫减负，也为了加强战役指挥班子，红军最高统帅部让总参谋部的什捷缅科率领作战组协助朱可夫工作。朱可夫来到白俄罗斯第 1 方面军见到司令员罗科索夫斯基和军事委员布尔加宁后，了解了前线的最新战况。他之所以如此关心这里的战况，是因为这个方面军要穿过森林和沼泽，突击会非常艰难。

朱可夫很熟悉这些不易通行的地区，因为战争爆发前他在这里待了 6 年。也正是由于这里特殊的地理环境，使得德军没有在此部署大量兵力，只是进行零星的布防。

朱可夫和罗科索夫斯基来到位于森林中的第 65 集团军观察所，问集团军司令员巴托夫①："你最近一次视察部队是什么时候?"

"昨天夜里。"巴托夫回答。

"到了什么地方?"朱可夫又问。

"伊万诺夫②的部队和第 69 步兵师驻地。"巴托夫如实回答。

"指给我看一下。"朱可夫示意了一下眼前的地图。

"这里，这是一片沼泽地。"巴托夫指着地图说。

"可不可以坐车去?"

"会有敌人扫射。"

"没关系，我们现在就去那里。"朱可夫笑着说。

大家都担心朱可夫的安全，但朱可夫向来坚持己见，一旦下定决心，往往很难改变。巴托夫见阻拦不住，只得说："元帅同志，为了安全起见，去的时候不要太多人，而且每辆车的间距应有两三分钟的车程。"

朱可夫来到前线后，用望远镜观察了一会儿对面，然后检查了坦克

---

① 巴托夫（1897—1985）：即帕维尔·伊万诺维奇·巴托夫，苏军大将，两次获"苏联英雄"称号。在苏联卫国战争 33 个上榜的集团军司令中名列第二，排名仅次于朱可夫。他是战争经验最丰富的集团军司令之一，擅长战前协调和战前准备工作的具体组织。

② 伊万诺夫（1907—1993）：即谢苗·巴甫洛维奇·伊万诺夫，苏军大将，在 2002 年俄罗斯军事学院评定的"二战"期间 9 个杰出参谋长中位列第三。

1944 年，白俄罗斯第 1 方面军前线指挥部，罗科索夫斯基正在听取来自前线的电话汇报

和火炮将会突击的路线，尤其关注已秘密放上柴草，以便让机械化部队可以顺利通行的区域。红军的一切行动都是秘密进行的，为保险起见，朱可夫还特别强调说："部队集结的区域，白天不能有任何人员在路上行动；火力射击也应和往常一样，不得有任何变动；飞机不能在敌人上空飞行；隐蔽的部队务必做好伪装……若有任何人违反上述规定，不论职务高低，都要严惩。"朱可夫的严格要求，很好地保障了将要进行的战斗。

1944 年 6 月 22 日，为侦察德军的防御情况，红军先头部队发动了试探性攻击。没想到很多地区的试探攻击最终演变成了击溃战，这使得红军的后续行动更加顺利了。6 月 23 日，波罗的海第 1 方面军和白俄罗斯第 2、第 3 方面军也展开了攻击。

白俄罗斯第 2 方面军的先遣部队通过第聂伯河后，在莫吉廖夫以北的河右岸夺取了数个登陆点。接着，他们继续攻击前进，在攻下莫吉廖夫后，又进逼至普鲁特河和第聂伯河接合部。

白俄罗斯第 3 方面军的第 5、第 39 集团军攻击顺利，突破了 48 千米宽的德军防线。不过，当他们推进至奥尔沙一带后，整整一天才前进了不到 3 千米——因为他们遇到了德第 11 集团军的强力阻击。所幸这股德军虽然顽强抵抗，但也只是做最后挣扎罢了。3 天后，红军粉碎了德军在南德维纳河和第聂伯河间的防御，并继续推进了近 50 千米，于 6 月 27 日早上占领了维切布斯克和奥尔沙。

6 月 24 日，白俄罗斯第 1 方面军开始行动。由于天气和前期侦察不够，除了南面的突击部队行动较为顺利外，其他部队的推进明显比计划中的迟滞。尤其是博布鲁伊斯克一带的战斗，惨烈程度令人难以想象——残肢断臂堆满了双方阵地。

朱可夫来到该方面军巴托夫的第 3 集团军后，悄悄地走上离前线只有几百米的瞭望台。这个瞭望台位于隐蔽的树冠间，朱可夫望了望对面德军的阵地，又望着黑暗的夜空，神色不由得紧张起来。午夜，空中传来响雷般的轰鸣，红军大批飞机按原计划飞临攻击区域的上空。轰炸开始了，猛烈的轰炸让大地都为之颤抖，朱可夫有些担心飞机会误伤己方部队。

轰炸持续一个小时后，因为下雨，机组人员无法识别具体目标，朱可夫下令中止轰炸。黎明时分，数千门火炮一齐怒吼着向敌军阵地射击。朱可夫看着火光冲天的轰炸点，对身边的指挥员们说："我们现在该睡一会儿了。"眼下一切都进行得非常顺利，在按原计划发展。

红军轰击了两个小时后，喀秋莎火箭炮和强击机又开始发动攻击，接着，步兵在炮弹的掩护下开始冲击。但步兵刚冲到敌散兵坑阵地，又被隐蔽的敌火力点压了回来。朱可夫听到报告后并没有着急，因为一切都在他的预料之中。战斗持续到了第二天，尽管突击部队没有取得多大进展，但是朱可夫仍然不慌不忙。战事进行到第 5 天时，德军终于坚持不住了，苏军突击部队撕开了 200 千米的防线，并向纵深处前进了 108 千米。

在红军几个方面军的迅猛攻击下，整条战线的德军开始从南德维纳河向普里皮亚特河全线撤离。红军最高统帅部得知这一情况后，命令几个方面军继续突击，解放明斯克并粉碎正欲构建阵地的德军预备队。

1944 年 6 月 26 日，执行突击任务的几个方面军组成了 166 个师和 9 个步兵旅、3.1 万门大口径火炮和迫击炮、5 200 辆坦克和自行火炮以及 6 000 架飞机的空前庞大的阵容。与之为敌的德军相形见绌，他们的步兵师和骑兵师只有红军的 30% 左右，火炮和迫击炮也只有红军的 30% 左右，而坦克和自行火炮仅是红军的 25% ，参战飞机更不用提了。

在红军这个阵容里，白俄罗斯第 1、第 3 方面军的兵力占了绝大多数，作战人员大概为整体兵力的 67% ，坦克、自行火炮和飞机则为总数的 75% 。在红军最高统帅部的命令下，白俄罗斯的 3 个方面军开始攻击明斯克，很快该地区的德军就被全部消灭了。此时，从东南方向撤退的德军，约有 10 万人被合围在了明斯克的东面。

红军没有给德军喘息的机会，继续发动攻击，很快便消灭了明斯克东面的德军部队。朱可夫一踏入明斯克城，内心就兴奋异常，因为他曾在这里待过 7 年，担任过红军驻明斯克部队的团长和旅长。只是原本非常熟悉的每一条街道、每一座建筑，如今只剩下了残垣断壁。而明斯克城的百姓因为长期的战乱，一个个都瘦骨嶙峋的。朱可夫站在明斯克的街头，心痛不已。

红军最高统帅部见德军西线出现了缺口，于 7 月 4 日命令所有方面军继续推进。其中，白俄罗斯第 1 方面军对巴拉诺维奇、布列斯特突击，然后攻占西布格河上的登陆点；白俄罗斯第 2 方面军对新格鲁多克、格罗德诺、比亚韦斯托克突击；白俄罗斯第 3 方面军对维尔纽斯突击，同时派兵力突击利达；波罗的海第 1 方面军对希奥利艾一带突击，右侧部队对陶格夫匹尔斯进行突击，左侧部队对考纳斯进行突击。

7 月 7 日，红军在消灭明斯克附近的敌人后，推进至维尔纽斯、巴拉诺维奇，这时，斯大林让朱可夫立即回莫斯科。朱可夫回到莫斯科后，为了熟悉当前的整个战局，先到总参谋部和安东诺夫交流。7 月 8

日下午，朱可夫和安东诺夫一起赶到斯大林的住所。斯大林看到他们后，高兴地开起了玩笑。此时，华西列夫斯基从战场传来捷报，红军又打赢了一场战斗。斯大林掩饰不住内心的兴奋，让朱可夫和安东诺夫陪他吃饭。他们其实已经吃过了，但看到斯大林高兴的样子，不愿扫他的兴，也就点头答应了。

在餐厅吃饭的时候，他们的话题始终围绕着战局，谈到了敌我双方的战势、德军两线作战后的形势，以及红军在战后的安排等。实际上，斯大林早就考虑过这些问题，他简单说明了自己的观点：红军虽然可以凭自己的力量击败德军，但是苏联人民经过数年的艰苦奋战，早就厌烦和疲弱了。他非常希望盟军尽快在欧洲开辟第二战场。

他们正在商谈，莫洛托夫和国防人民委员会的成员们也来了。在谈到德军当时的兵力时，大家都认为德军已经是穷途末路，根本无法与红军形成对峙的局面。斯大林缓缓地说："德寇现在把希望放在了英、美身上。"

大家都点头称是。莫洛托夫说："看来，德寇会不惜一切代价，与英、美单独达成协议。"

"说得没错。"斯大林顿了顿，接着说，"不过，英、美是不会和希特勒私下签约的，因为希特勒现在没什么实力了。但是，英、美会在攻下德国后，建立一个听从他们的政府。"

斯大林见朱可夫没有说话，便问道："现在我们是不是可以进行波兰战役，然后推进到维斯瓦河了？"

朱可夫坚定地回答："可以开展战役，并且也能推进到维斯瓦河。"

"现在波兰第 1 集团军的战斗力已初具规模，我们应当把他们放在什么区域？"斯大林继续问道。

"让他们进攻华沙！"朱可夫果断地说。

听了朱可夫的话，安东诺夫连连点头道："希特勒为了堵住被我西部各方面军粉碎的防线，目前在这些地方调集了大量部队。现在，乌克兰第 1 方面军的正面之敌大大减少了。"按照先前的作战计划，乌克兰第 1 方面军和白俄罗斯第 1 方面军的左翼现在需要展开突击。

斯大林看了看朱可夫，对他说："白俄罗斯第 1 方面军左翼和乌克兰第 1 方面军的协调工作就由你负责。部队的行动还是按照原计划，有不清楚的地方可以请教总参谋部。"

朱可夫接受了任务，并提议强化华西列夫斯基负责协调的各个方面军和白俄罗斯第 2 方面军，让他们斩断德国北方集团军群的退路，以及突击东普鲁士。

斯大林听了，疑惑地上下打量着朱可夫。朱可夫看到斯大林古怪的眼神，也把自己上下检视了一遍，并没有什么特别之处。

斯大林终于开了口："你之前与华西列夫斯基交流过吧，否则他怎么也提出了跟你一样的意见？"

朱可夫悬着的心终于放了下来，他说："我们没有交流过。如果华西列夫斯基也提出这个建议的话，那么更证明这个建议是对的。"

斯大林没有做出正面回答，只是说："德国是不会放弃东普鲁士的，如果攻打那里，我们很可能会脱不了身。首先要解决的城市，应当是利沃夫州和波兰东部城镇。"

1944 年 7 月下半月，红军准备全面夺取白俄罗斯，将德军赶出立陶宛和波兰。红军最高统帅部要求几个方面军在 7 月末完成以下任务：白俄罗斯第 1 方面军右侧部队负责攻击巴拉诺维奇和布列斯特，在南布格河的西岸设置登陆点；白俄罗斯第 2 方面军负责向诺沃格鲁多克进发，推进至涅瓦河后再向比亚韦斯托克突击；白俄罗斯第 3 方面军负责攻击维尔纽斯和利达，攻占涅瓦河西岸的登陆点；波罗的海第 1 方面军负责攻击考纳斯。

7 月 20 日，红军发起了猛烈的攻击。白俄罗斯第 1 方面军突破西布格河后，继续推进到波兰境内。两天后，朱可夫和该方面军司令员科涅夫元帅商定，先攻桑多梅日，后攻利沃夫。因为如果红军坦克第 3 集团军斩断利沃夫的德军退往桑河的后方道路，那么敌军肯定会放弃利沃夫。

但就在 7 月 21 日，斯大林给科涅夫打来电话，让他先攻占利沃夫，

1944 年夏，在波兰城市街道上的苏联军队

再攻占桑多梅日。科涅夫把斯大林的提议告诉朱可夫，朱可夫只好给斯大林打电话建议先攻打桑多梅日。斯大林听了朱可夫的解释，问道："那按照你的计划，我们何时能攻下利沃夫?"

"两三天就行。"朱可夫简短地回答。

“你们还是先攻打利沃夫吧！我刚刚和赫鲁晓夫通完电话，他知道你们的计划后，坚决不同意，认为这样做只会让德军得到更多的时间。”斯大林说。

朱可夫没有再辩解。他向斯大林保证，在攻击维斯瓦河前，一定先夺取利沃夫。红军推进的过程中，于 7 月 23 日拿下了卢布林，并在第二天赶到维斯瓦河。德军知道维斯瓦河的登陆点对于红军的重要性，于是将大批精锐部队转移到这个地区，可惜战势已不是一两支部队所能挽救的了。经过几天的苦战，红军付出了极大的代价，终于夺取了登陆点。接着，红军继续攻击并夺取利沃夫后方的道路，利沃夫的德军被迫不战而逃。

7 月 27 日，红军攻占了利沃夫，之后乌克兰第 1 方面军渡过维斯瓦河，把桑多梅日登陆点牢牢控制在手里。其他方向的方面军继续突击，白俄罗斯第 1 方面军于 7 月 28 日消灭了布列斯特的德军，解放了这座在战争初期被德军第一个攻下的要塞城市。

布列斯特城的解放对于苏联有着极为重要的意义，德军被彻底赶出了苏联西部国土。为了庆祝胜利，莫斯科再次鸣响了礼炮。朱可夫非常高兴，更让他高兴的是，红军已经做好了全面夺取波兰和攻击德国的准备——击溃了德国中央集团军群和北乌克兰集团军群，推进到华沙一带。在这次行动中，苏联解放了白俄罗斯和乌克兰，并向西推进了 600 千米。

这次大规模的作战，担任攻击任务的 4 个方面军，一共粉碎了 70 个敌军师，而负责其他方向战役的乌克兰第 2、第 3 方面军也夺取了摩尔达维亚，罗马尼亚和匈牙利退出法西斯阵营只是时间问题了。

逼近德国

苏军最高统帅部向乌克兰第 3 方面军下达了准备对保加利亚作战的任务。1944 年 8 月 23 日，在最高统帅部的要求下，朱可夫前往该方面军协助指挥员托尔布欣①元帅工作。

当时保加利亚由巴格梁诺夫政府统治，施行亲法西斯政策。不过，在红军进攻时，由于保共领导人季米特洛夫②的积极周旋，进攻部队几乎没有遇到什么像样的抵抗。

进入保加利亚后，朱可夫向斯大林作了汇报，斯大林让他交还保加利亚武装的武器，让他们自己解决自己的事情。很快，保加利亚国内爆发了起义。起义成功后，新政府与德国断交，与苏联签订了和平协议。接着，意大利、芬兰和罗马尼亚也陆续与德国断交，宣布停战。

8 月 29 日，苏军最高统帅部要求在西方继续推进的 4 个方面军推进至耶尔加瓦—尤塞夫沃一带后，休整并巩固阵地。朱可夫提议，白俄罗斯第 1、第 2 方面军在 9 月进行局部突击，争取在纳雷夫河附近设立登陆点，并攻取普拉加。最高统帅部同意了他的建议。

9 月初，朱可夫奉命返回莫斯科，斯大林让他即刻前往白俄罗斯第 1 方面军，了解该方面军驻地的情况，并进行相应的调整。在此之前，朱可夫和罗科索夫斯基曾向最高统帅部提议，红军一定要从南北两面攻击并解放华沙。9 月 14 日，经最高统帅部同意，红军攻占了华沙城周边的维斯瓦河东岸的普拉加。

9 月 15 日，朱可夫到达白俄罗斯第 1 方面军司令部。次日，他和罗科索夫斯基一起来到位于普拉加热来纳区的波兰第 1 集团军指挥部，得知波兰司令员已经让先遣部队通过维斯瓦河支援正在起义的军队。当天晚上，波军又有一个团通过维斯瓦河，朝华沙方向推进。

为了确保全部军队通过维斯瓦河，朱可夫和波兰军指挥员进行了详

---

① 托尔布欣（1894—1949）：即费多尔·伊万诺维奇·托尔布欣，苏联元帅，具有良好的司令部工作素养，重视战斗训练和部队管理。苏德战争期间历任外高加索方面军、高加索方面军和克里木方面军参谋长，斯大林格勒军区副司令，斯大林格勒方面军第 57 集团军司令，西北方面军第 68 集团军司令，南方方面军司令，乌克兰第 4 方面军司令，乌克兰第 3 方面军司令。担任上述职务期间，他充分显示了组织才能和统帅天才。

② 季米特洛夫（1882—1949）：即格奥尔基·季米特洛夫，保加利亚共产党领袖，国际共产主义的杰出活动家。

细的研究。几天后，斯大林打来电话，让他们商量如何对华沙进行支援。9 月 20 日，朱可夫和罗科索夫斯基把方案报告给斯大林。经斯大林同意后，波兰第 1 集团军在维斯瓦河东岸构筑防御工事。

9 月末，白俄罗斯第 1 方面军按照最高统帅部的指示，在柏林和华沙中间地带进行了攻击。由于德军的顽强抵抗，红军不仅没有取得实质性的进展，反而付出了惨重的代价。朱可夫连忙给斯大林打电话，希望他命令攻击部队立即停止行动，休整后再作进一步打算。

斯大林没有正面回答朱可夫，只是让他和罗科索夫斯基第二天赶回莫斯科。朱可夫和罗科索夫斯基到达莫斯科后，斯大林让他们详细说说作战计划。朱可夫展开随身携带的地图，详细说明了自己的计划。但斯大林并没有认真在听，而是走来走去。斯大林的态度让朱可夫开始担心起来，更让他感到焦虑的是，斯大林把正在吸的烟斗扔在了桌子上。凭着与斯大林相处的经验，他知道斯大林对他的报告并不满意。

果然，在斯大林一旁的莫洛托夫开口道："亲爱的朱可夫同志，现在的德军犹如秋后的蚂蚱，我们不趁他们蹦跶不了几天的时候进攻，反而停下来，你觉得合适吗？"

"亲爱的莫洛托夫同志，你要知道现在前线的状况，德军已经将预备队调了过来，并且构建了非常牢固的防御工事，如果我们继续发动攻击，不仅不会有进展，反而会遭受更加严重的损失！"

斯大林任由他们争论，仍然没有说话，他走近罗科索夫斯基，问道："朱可夫同志的意见，你觉得怎么样？"

罗科索夫斯基没有犹豫，直截了当地说："我同意朱可夫同志的意见。当前我军已经受到了损失，现在应当给他们必要的休整时间。"

斯大林想了想说："如果停止进攻，我认为德军会更为高兴，因为他们现在也极度需要休整的时间。如果我们现在动用空军、坦克和炮兵的话，那么第 47 集团军能否推进至维斯瓦河呢？"

"斯大林同志，这个我不敢肯定，因为德军在这个方向上增加了很多兵力。"罗科索夫斯基回答。

“你对于这个提议有什么看法?”斯大林又问朱可夫。

朱可夫直率地回答:“我认为我们不但不能取得成功,相反还会损失更多的兵力。纵观整个战局,攻取华沙并不是一定要先夺取华沙西北部。如果我们从西南绕道,对罗兹—波兹南方向进行强有力的突击,那么仍旧可以达到目的。眼下前线并没有这么多部队,我们需要做的就是在那里将兵力集中起来。另外,向柏林方向进军的每支部队,都应当为将来的行动做好准备……”

斯大林没有让朱可夫继续说下去,他挥了挥手:“你们先出去想一想,想好了再把意见报告给我。”

朱可夫和罗科索夫斯基只得退了出去。还没等他们喘口气,斯大林又把他们喊了进来。没等他们说话,斯大林就说:“刚才我们商量了一下,我军可以进入防御。具体措施我们稍后再谈,你们忙去吧!”

朱可夫知道多说无益,便和罗科索夫斯基先行离开了。次日,斯大林给朱可夫打电话说:“假如在未来由最高统帅部直接指挥各方面军,你怎么看?”

朱可夫马上领会了斯大林的言外之意。如果最高统帅部直接指挥各方面军,那么协调各方面军的最高统帅部的代表就会被取消,这其中自然也包括他本人。

朱可夫沉默片刻,说:“目前各方面军的数量较少,而且战线的宽度也缩小了,由最高统帅部来指挥,我觉得很合适。”

“嗯?”斯大林听了,有些摸不着头脑,问道,“你说的是气话?”

“不是气话。不管怎样,我和华西列夫斯基也不会成为无业游民吧!”朱可夫开玩笑地说。

当天晚上,朱可夫又接到了斯大林的电话,斯大林问他:“你愿不愿意去白俄罗斯第1方面军工作,他们准备向柏林方向推进。”斯大林想了想,又说:“以后你还是我的副手。”

“我执行命令,无论让我去哪里,我都义无反顾。”朱可夫斩钉截铁地说。

当时红军已将全部德军从苏联国土赶了出去，发生战事的地方都在东欧国家和德国边境一带；而美、英、法军队已经攻取了法国、比利时和荷兰的大部分领土，正在默兹河河口顺着德国边境进逼瑞士，马上就到著名的“齐格菲防线”了。

“齐格菲防线”又称“西方壁垒”，是德国在第二次世界大战前建造的长达500千米的防线。此时，法西斯德国正处于危急关头，整个国家受到了东面、东南面、南面和西面的夹击，而希特勒想和美、英私下缔结协议的企图，也彻底破灭了。

红军与德军的力量对比有了明显的变化，因为苏联国内大大小小的工厂，几乎都参与了军事装备的制造，不仅能完全满足自己军队的需求，甚至还援助其他国家。到1944年年末，红军的战斗人员为670多万人，火炮和迫击炮为106 700门、火箭炮为2 677门、坦克和自行火炮为11 800辆、飞机为14 700余架。

德军的兵力虽然没有红军强大，但若尽全力防御，也不是没有赢的机会。他们的武装人员为940万人，其中用于战斗的人员为540万人，而在这些兵力中，负责东线防御的战斗人员有370万人、火炮和迫击炮56 000多门、坦克和强击炮8 000余辆、飞机4 100架。更重要的是，他们的防线不再漫长，每千米防线上的兵力密度很大。

红军最高统帅部经过认真研究和分析，认为红军可以于1945年年初展开全面攻势，消灭东普鲁士的德军，并占领东普鲁士，然后消灭波兰、捷克斯洛伐克、匈牙利和奥地利的敌人，最后推进到维斯瓦河河口—布龙贝格—波兹南—布雷斯劳—俄斯特拉发—维也纳一带。

1944年10月，红军最高统帅部原本担心德军会将西线部队抽调到东线，没想到德军在西线被盟军连连攻破城池，盟军已深入德国领土，德军赶忙把西线残余部队集结起来准备反击。但是由于损失严重，他们只推进到默兹河一带就被盟军阻挡住了。10月3日，乌克兰第2方面军穿过南斯拉夫边境，一个个地收复被德军占领的城镇；10月20日，乌克兰第2方面军在攻击匈牙利的德布勒森市时，兄弟部队和南斯拉夫军队联手夺取了贝尔格莱德。12 月，匈牙利首都布达佩斯被乌克兰第 2、第 3 方面军合围，接着，匈牙利临时政府向德国宣战。

在攻击德国本土的计划中，红军最高统帅部打算把主力部队放在白俄罗斯第 1 方面军攻击柏林的方向上。11 月 7 日，莫斯科举行了庆祝“十月革命”27 周年的活动，朱可夫也赶去参加了。斯大林当众宣布白俄罗斯第 1 方面军进攻柏林的任务由朱可夫负责指挥。

庆祝活动一结束，朱可夫便赶往卢布林。在他到达的第二天，红军最高统帅部的任命便传了过来。与此同时，白俄罗斯第 2 方面军司令员的职务由罗科索夫斯基担任。朱可夫目前的任务是冲破维斯瓦河，攻取波兰首都华沙、工业城市波兹南和布龙贝格等地，然后推进到柏林东面的奥得河。这条河是柏林东方最后一道天然防线。

1945 年年初，红军在维斯瓦河一带做好了进攻的准备，这是整个维斯瓦河至奥得河战役中攻势最大的一次行动。红军最高统帅部宣布了战役的政治目标：解放波兰，帮助波兰成立一个独立的民主国家；战略目标：粉碎防守德国重要城市的军群，并推进至奥得河，为攻取柏林做准备；战役意图：将德军大量部队从西线吸引过来，以缓解陷入阿登山区盟军的压力；战略方针：由两个强力的攻击群对波兹南和布雷斯劳进行突击，务必把德军分割成数个部分，然后一一消灭。

为保险起见，红军最高统帅部给朱可夫的白俄罗斯第 1 方面军和科涅夫的乌克兰第 1 方面军又增加了兵力。此时，白俄罗斯第 1 方面军和乌克兰第 1 方面军的兵力为：整编师 163 个、火炮和迫击炮 32 143 门、坦克和自行火炮 6 460 辆（门）、飞机 4 772 架，总人员 220 万人。从比例上来说，战役前的苏、德兵力为5. 5 ：1，火炮和迫击炮为 7. 8 ：1，坦克和自行火炮为 7. 8 ：1，作战飞机为 17. 6 ：1。在即将发动攻击的地段，红军每千米有 1 个步兵师，每千米的火炮和迫击炮达到 65 门，每千米的坦克和自行火炮有 12 辆（门）。

战前，朱可夫做了以下安排：为了给白俄罗斯第 3 方面军清除突击障碍，决定以两个半小时的地毯式轰击，清扫纵深约 3 千米的地区；工兵部队负责轰击后的扫雷及布置防止敌人反扑的障碍，同时修复红军将要通过的道路、桥梁；后勤部队在马格努舍夫登陆点和普瓦维登陆点，储存大量的给养、弹药和燃料；每一个医疗队都要准备好救治设备和救治物品，仅仅朱可夫的军队，就有6万多张床位和180所医院，而且后方还有6.8万张床位。

这次战役还有波兰军队参加。为了更好地协同作战，波兰第1集团军由朱可夫直接指挥。

1945年1月12日，乌克兰第1方面军打响了第一枪，从维斯瓦河沿岸开始突击。次日，朱可夫命令炮兵在最短的时间内，把大量的炮弹倾泻在德军阵地上。德军被火炮轰晕了，误以为红军发起了全面攻击，连忙向后方逃窜。朱可夫见状，马上下令全部的火炮和飞机对德军进行猛烈轰炸，同时下令第一梯队发动突击。

与此同时，白俄罗斯第1方面军也开始了进攻。当天晚上，他们的一部分军队便从马格努舍夫登陆点渡过了皮利察河，深入德军阵地12千米；另一部分军队从普瓦维登陆点渡过了兹沃伦卡河，在夺取兹沃伦卡后，于1月16日拿下拉多姆。

在朱可夫的率领下，白俄罗斯第1方面军取得了辉煌的胜利：先是攻取了新米亚斯托，然后推进到罗兹附近。德军看到后路即将被红军斩断，慌忙把兵力从波兰首都华沙调离。

1月17日，波兰第1集团军和朱可夫的部队拿下了华沙。在进入华沙的部队排序上，朱可夫有意让波兰军队走在前面。华沙在德军的蹂躏下，变得破烂不堪，不但公共设施被烧毁和破坏，就连民房也没有幸免，整个城市犹如人间地狱，为此朱可夫内心十分沉痛。

德军从华沙逃跑后，希特勒又处罚了一批指挥员，主力部队A集团军群司令哈尔佩[①]上将、第9集团军司令鲁特维茨中将都被撤了职。

---

① 哈尔佩（1887—1968）：即约瑟夫·哈尔佩，纳粹德国陆军大将，“二战”期间历任第2步兵师师长、第12装甲师师长、第4装甲集团军司令、北乌克兰集团军群司令、西线第5装甲集团军司令。在鲁尔合围战中被盟军俘虏。

为了阻止红军继续推进，希特勒从别的地方向东线调集部队，但这些部队还没来得及休整，就被红军的强势突袭击溃了。

科涅夫指挥的乌克兰第 1 方面军也凭借强大的兵力，仅仅用了 6 天，就深入德军防线 150 千米。这次突击对于进攻奥得河有着非常重要的作用。

朱可夫在准备发起奥得河战役时，考虑到德军把部队分散在整条防线上，决定采取三个方向的重点攻击：两个方向从马格努舍夫和普瓦维地区维斯瓦河西岸的登陆点进行，第三个方向从华沙以北一带进行。这次战斗的成败，不在于能否全面消灭德军，而在于能否快速突破德军战术防御地区，以及突破后能否向纵深突进。

为了使计划顺利实施，朱可夫把装甲部队和机械化部队用得出神入化。在攻击奥得河时，他决定在战斗开始后的两三天，再把 2 个坦克集团军投入战场。之所以这样安排，一方面是为了保存向纵深推进的机动力量，另一方面是为有可能发生的持久战或激烈的战斗提供支援。

朱可夫指挥的这次战役可以说是现代军事史上的典范：把坦克军和独立坦克旅当成机动军群，坦克不再首先冲锋，而用来支援步兵。每攻下一个地段，坦克不再听从步兵指挥员的命令，而是集中起来组成机动先锋追击逃跑的德军。

坦克部队也被朱可夫运用得出神入化。德军防线被攻破后，坦克集团军向前推进的速度达到了每小时 45 千米，有时甚至达到了 70 千米。在战役开始后的四五天内，朱可夫的白俄罗斯第 1 方面军和科涅夫的乌克兰第 1 方面军，推进到了索哈切夫—托马舒夫 - 马佐维茨基—琴斯托霍瓦一带。

第八章　挺进柏林

剑指柏林

1945 年 1 月 17 日，红军最高统帅部宣布了未来几个星期的作战任务：乌克兰第 1 方面军按目前的方向继续朝布雷斯劳进军，一定要在当月底推进至奥得河，并在那里设置登陆点；科涅夫的部队在夺取克拉科夫后，要在第四天通过奥得河，并在西岸设置登陆点。

1 月 18 日，白俄罗斯第 1 方面军在朱可夫的鼓舞下，以万夫莫当之势，越战越勇，很快就消灭了被围在华沙以西的德军。1 月 19 日，朱可夫突袭了罗兹市。这是个工业城市。红军迅速的行动让德军措手不及，不但城市没有被破坏，甚至连已装在船上的重型机械都没来得及运走。1 月 23 日，朱可夫率兵攻占了比得哥什，并于次日推进至波兹南一带。

1 月 25 日，斯大林和朱可夫通了电话。斯大林了解了最新战况后，问朱可夫接下来该怎么办。

朱可夫说："如今，德军的战斗力非常低，已经无法组织起有效的抵抗。我打算让部队继续推进至奥得河，准备在屈斯特林攻占登陆点。令方面军的右侧部队向北和西北面推进，用以应对东波美拉尼亚德军。"

斯大林对此表示反对，他说："如果你们推进到奥得河，跟白俄罗斯第 2 方面军之间就会间隔超过 150 千米。你们需要等一下，不必操之过急，应该等白俄罗斯第 2 方面军从东普鲁士战场抽身，越过维斯瓦河后再展开行动。"

“等他们？那么要多少天？”朱可夫问道。

“10 天左右吧！”斯大林顿了顿，又接着说，“对了，乌克兰第 1 方面军不能继续前进，你知道吧？现在，他们无法对你的左面形成保障，他们需要先消灭奥珀伦—卡托维采一带的德军。”

朱可夫反驳道：“方面军的攻击不能停下，一旦让梅瑟里茨筑垒的德军得到充分的休整，以后的攻击将更加艰难。我请求你让我们行动。对于我们的右翼，只要再调派一个集团军就行了。”

朱可夫的建议并非感情用事，而是根据双方实际情况做出的判断。尽管白俄罗斯第 1 方面军已深入敌阵，而且缺少两侧的防护，但以双方的兵力而言，他们的力量完全可以应对德军。把目标定为突破奥得河，是一个很有战略眼光的建议。

1 月 26 日，在梅瑟里茨筑垒一带侦察的红军抓住了一些德军官兵。经过审问，朱可夫得知梅瑟里茨筑垒一带的德军防御较为松散，因为刚刚调来的一批德军还不熟悉地形，很多地段处于无人防守的状态。朱可夫非常高兴，马上命令方面军主力向奥得河突击，确保渡河后，在西岸设置登陆点。

为了掩护渡河部队不受东波美拉尼亚德军的突袭，朱可夫命令第 3 突击集团军、波兰第 1 集团军和第 47、第 61 集团军以及近卫骑兵第 2 军朝北方和西北方推进；同时命令近卫第 8 集团军和近卫坦克第 1 集团军的部分兵力进攻德军在波兹南的守军，务必一举歼灭他们。然而情报出现了差错，波兹南的德军并非红军预计的只有 2 万人，而是有 6 万人，这使红军的歼灭行动一直持续到了 2 月 23 日。

与此同时，斯大林同意了朱可夫提出的计划，但坚决表示不会给白俄罗斯第 1 方面军增调部队。朱可夫无奈，只好命令辅助部队无论如何也要保护主攻部队侧翼的安全。经过周密的部署，朱可夫率领的部队很快就突破了梅瑟里茨筑垒，并以极小的代价歼灭了这里的德军。

随后，朱可夫率部继续挺进，当他们出现在距柏林只有 70 千米处的时候，德军还蒙在鼓里。红军先锋部队进抵基尼茨后，守卫这里的德军不是在聚会吃喝，就是在放松游玩。红军这次突袭不仅达到了预定的目标，还获得了一个突击德军大本营柏林的前沿阵地。日后的战事证明，红军攻击柏林正是从这里开始的。

朱可夫夺取梅瑟里茨筑垒一带后，虽然粉碎了德军奥得河的防线，但就在朱可夫命令部队休整时，其两翼遭到了德军的拼死攻击。原来，清醒过来的德军在经过短时间的慌乱后，马上对战势有了一个明确的判断。位于朱可夫部队右翼的波美拉尼亚德军，打算固守格鲁琼兹一带，等朱可夫的白俄罗斯第1方面军攻击柏林时，迅速朝他们的后方进行突袭。假如德军的意图能够变为现实，那么朱可夫的白俄罗斯第1方面军将非常危险。

为了消除北面波美拉尼亚的潜在危险，朱可夫马上命令第3突击集团军和波兰第1集团军前往白俄罗斯第1方面军的右翼，接着又让近卫坦克第1集团军和第2集团军把驻守的奥得河阵地交给兄弟部队，立即赶赴北面的阿尔恩斯瓦尔德一带。同时，为保险起见，他还将近卫骑兵第7军和炮兵、工程兵部队以及军需品转移至该地。

1月末至2月初，苏、德双方在白俄罗斯第1方面军的右翼和中央一带进行了殊死较量。防守比得哥什以西的东波美拉尼亚筑垒一带的德军尤其顽强，数次逼迫进攻的红军后撤。为了解决这批敌人，波兰第1集团军于1月29日加入战斗，第3突击集团军也于2月1日投入战斗。

这时，为应对朱可夫的攻击，德军最高统帅部内出现了两种不同的声音。古德里安上将在2月初建议德军不要进攻匈牙利，并且应当把巴尔干半岛各国、意大利、挪威和库尔兰的兵力调过来，用以攻击推进至奥得河的红军先遣部队。古德里安之所以提出这一建议，是因为他看到了红军先头部队孤军深入，而两翼缺乏必要的保护。如果集结兵力从南面的格沃古夫和古本一带，以及从北面的皮日利策、阿尔恩斯瓦尔德一带展开攻击，不仅能间接加强对柏林的防御，还能赢得时间与盟军进行停战谈判。

但固执的希特勒对古德里安的意见进行了反驳，认为古德里安过于谨慎。古德里安遭到希特勒拒绝后，仍然坚持自己的观点，他说："我想把部队调出库尔兰，这是经过综合考虑的。若想集结预备队保卫柏林，我们必须这么做，再也没有其他的办法。我以最忠诚的心向您保证，我所做的一切都是为了德国。"

2 月 10 日，白俄罗斯第 2 方面军对东波美拉尼亚的德军展开攻击。由于德军的奋力抵抗，任务没有按计划完成。为了配合他们的进攻，朱可夫将白俄罗斯第 1 方面军的右翼部队也投入了攻击，终于使攻击波美拉尼亚德军的行动得以继续推进。

2 月 13 日，希特勒见形势越发危急，终于同意了古德里安的建议，对红军发动攻击，但他并没有给古德里安要求的预备队。在古德里安的指挥下，德军虽然起初有些战果，但是几天后，攻击的势头就被红军阻挡住了。

白俄罗斯第 2 方面军的攻击处于胶着状态，直到 2 月 24 日红军最高统帅部调派的第 19 集团军抵达后，攻击行动势头才有所好转。3 月 1 日，为了辅助白俄罗斯第 2 方面军的攻击，朱可夫命令白俄罗斯第 1 方面军展开攻击。3 月 5 日，他们推进到了波罗的海附近，并夺取了基奥兹林，接着又调头向东攻击格丁西尼和格但斯克。这时，朱可夫得知白俄罗斯第 2 方面军在进攻格丁尼亚一带时遇到了一些困难，于是派近卫坦克第 1 集团军前去援助。

到 3 月末，白俄罗斯第 1、第 2 方面军已经取得了东波美拉尼亚战役的胜利。而乌克兰第 1 方面军也完成了两次战役，并于 3 月末推进到尼斯河，与朱可夫的部队会合。

根据苏联的资料，这次战役一共进行了 23 天。德军被歼灭的部队有德整编 A 集团军群的 35 个师。其中，白俄罗斯第 1 方面军和乌克兰第 1 方面军一共俘获德军 14.7 万多名，摧毁和缴获坦克和自行火炮 1 377辆（门）、迫击炮 5 707 门、飞机 1 360 架。在其他战线上，红军乌克兰第 2、第 3 方面军发起的维也纳战役，一举歼灭德军南方集团军群 30 多个师。

同年 4 月，红军进入奥地利，并成功夺取维也纳。攻占维也纳的意义非常重大，因为这不仅为红军挺进捷克斯洛伐克扫清了道路，还攻占了纳粹德国的重要石油产地和武器生产基地。

到 4 月底，红军几大方面军已经在攻击柏林方向上连成了一条线，而且两翼也得到了加强，为将来进攻柏林做好了准备。与此同时，美、英军队在西线战场上也渡过了莱茵河，并迫使鲁尔区的德军缴械投降。

大战准备

1945 年 4 月，红军的高级指挥员们开始热烈地讨论要不要马上进攻柏林、如何进攻柏林等问题。对于这些议题，朱可夫无法果断地做出决定，因为他还有两个问题急需解决。

一是前线红军刚刚经历过一场大战，部队减员严重。白俄罗斯第 1 方面军下属的各步兵师平均兵员只剩下 5 500 人左右，其中近卫第 8 集团军下属的各步兵师仅余 1 000 人左右。而 2 个坦克集团军只剩下 740 辆坦克，不少装甲旅甚至只剩不到 20 辆坦克。乌克兰第 1 方面军也同样存在类似的情况。若想进攻柏林，前线部队必须休整并补充兵员。

二是前线士兵无法得到有力的后勤保障。在此次突击的 20 多天中，由于部队推进迅猛，离最初的阵地已有 500 多千米。面对如此漫长的运输线，后勤往往很难按时按量地把物资送到前线，这样一来，前线的物资就非常紧张。另外，空军方面也没有把机场前移，使地面部队无法得到有效的空中保障。

基于上述原因，朱可夫决定推迟进攻柏林的时间。他把自己的想法报告给了斯大林："目前，白俄罗斯第 1 方面军的右翼与白俄罗斯第 2 方面军的左翼相距较远，无法进行有效的配合，而且我各方面军整体战线的宽度已达 500 千米。如果我军冒险突击柏林，那么德军必然会对我白俄罗斯第 1 方面军的右翼展开行动。若想攻击柏林，首先罗科索夫斯基元帅应当让部队推进至白俄罗斯第 1 方面军的右翼附近，科涅夫元帅的乌克兰第 1 方面军应当推进至奥得河，白俄罗斯第 1 方面军应当推进至格列茨附近，然后，这 3 个方面军快速向柏林挺进，从东北、北面以及西北 3 个方向合力围困柏林。完成这些任务需要一些时间。2 月 1 日前，不管哪支部队都不能攻击柏林。”

对朱可夫提交的报告，斯大林并没有给出具体的意见，只回应“报告已收”。此时，科涅夫元帅也向斯大林报告：“我军计划在歼灭布雷斯劳的德军后，于 2 月 27 日左右推进到易北河，而且我方面军的右翼部队，可以配合白俄罗斯第 1 方面军突击柏林。”

总参谋部同意了科涅夫的计划，并让他的方面军负责柏林以南战斗，而让朱可夫的部队负责柏林的主攻。朱可夫认为，防守柏林的德军兵力虽然无法与红军相比，但德军有可能从波美拉尼亚进行反突击，对前线红军的侧面和后面形成威胁。

就在这时，朱可夫获悉德军正朝着奥得河和维斯瓦河方向增派部队，而这里原本就集结了大量德军。于是，他立即向红军最高统帅部提出异议，他说：“我们还没有准备好进攻柏林的兵力，现在柏林北面又有这么多德军部队，为什么还要让我们冒险突击柏林？对于柏林北面的威胁，如果我们不能加以注意，在我们突击柏林时，这些德军就会从北面突击并斩断我军后方战线。假如他们推进至奥得河渡口，那么我们的进攻部队将陷入两面受敌的危险之中。”

为了强调自己的观点，朱可夫继续向最高统帅部陈述：“根据以往的经验，冒险对于战争而言是不可或缺的，但是，如果凭主观意愿随意而为，那么很有可能导致如 1920 年红军突击华沙时那样的惨败。当时红军就是在缺乏全盘考虑、没有足够保障时贸然发起进攻，最后不但前线部队被击垮，而且整个西线的战事都因此遭到惨败。在战争中，夸大己方实力和低估对手都是非常危险的，我们要学会从历史中吸取经验教训。”

朱可夫的看法不无道理。因为要想进攻柏林，一定要先消除北面德军东波美拉尼亚集团的潜在威胁，同时还应当把柏林之外的东普鲁士德军歼灭。面对复杂的战情，朱可夫不仅能够处变不惊地全盘思考问题，还能实事求是地部署兵力，表现出了他沉稳老练的应变能力和优秀的军事才能。当时整个红军部队，无论是指战员还是士兵，都非常希望能率先攻破柏林。但朱可夫这种不急不争、不计个人名利的行为，是非常值得肯定的。

1945 年 3 月，红军正在进行东波美拉尼亚战役。朱可夫接到了斯大林的电话，让他立刻回莫斯科。见到斯大林后，朱可夫心里一阵紧张，因为斯大林看上去非常憔悴，脸色暗黄，眼窝深陷。他知道，斯大林是在为战事发愁。

斯大林询问了前线状况后，向朱可夫招了招手："我们到外面转转吧，最近总感觉身体疲乏，没什么精神。"

朱可夫听了，再次仔细观察斯大林，发现他连说话和举止都呈现出一种疲态。作为斯大林的副手，他想到自从苏德开战以来，斯大林从来没有睡过一个安稳觉，尤其是在战事初起的时候，斯大林常常为红军的连续失利而彻夜难眠。散步时，斯大林既没有谈战事，也没有谈国际关系，而是不断絮叨着童年往事。半个小时后，斯大林中断谈话，对朱可夫说："我们去喝点茶吧，还有些重要的事情要和你说一说。"

返回途中，朱可夫问道："斯大林同志，现在您的儿子雅科夫①怎么样了，好久没听到他的消息了。"

斯大林一听朱可夫的话，脚步像僵住一般，先是停止不动，然后缓缓地抬起脚。他抬头看了看天空，似乎在想些什么，语气低沉地回答："雅科夫自从被俘后，我就再也没有他的确切消息了。听说纳粹对他进行了严密的看管，还威逼利诱他背弃苏联。不可能的，雅科夫不会背叛

---

① 雅科夫（1907—1943）：斯大林的长子。1941 年在斯摩棱斯克大卢基镇战斗中被德军俘虏，后死于萨克森集中营。

苏联的，但是纳粹会杀了他的，一定会杀了他的。”

斯大林落寞的神情感染了朱可夫，但他一时也找不到劝慰的话，只得跟在斯大林后面慢慢地走着。

实际上，雅科夫已经死了。他拒绝了纳粹，然后向电网冲了过去。德军见雅科夫如此决绝，便用乱枪将他击毙。斯大林的儿子，就这样以生命捍卫了苏联军人的荣誉，同时也捍卫了斯大林的尊严。

喝茶的时候，斯大林喃喃自语道：“该死的法西斯，这场战争不仅夺去了我们众多的生命，还让整个苏联几乎没有一个完整的家庭……不过，作为共产党员，我们一定要勇于牺牲，哪怕付出再多也不能背叛祖国。”

斯大林整理了一下衣服，好像在稳定情绪似的，接着把雅尔塔会议的内容告诉朱可夫，并称赞了一番罗斯福。

这次会议，盟军对于战后德国的托管，以及德国领土将如何划分、占领等问题达成了共识。斯大林说：“对于攻占柏林，你是最有资格的，因为莫斯科的守护者最有资格成为柏林的攻占者。至于具体的攻击细节，你自己看着来吧，我相信你。”

朱可夫有些感动，因为攻克柏林是一项极其荣耀的任务，这是最高统帅对自己的信任，也是自己多年来的夙愿。他当场向斯大林表示一定不会辜负斯大林的期望。谈话结束后，朱可夫立刻投身到这场具有划时代意义的战斗准备工作中去了。

与此同时，英国首相丘吉尔为了避免红军独自攻占柏林，与美国总统罗斯福商量：“我们需要加快步伐向德国内部深入，因为柏林一旦被苏联独自拿下，那么对于未来德国的托管，将会对我们不利。如果我们有条件攻占柏林，那么一定要这么做。”

在这一思想的指导下，美、英部队开始朝着柏林急速挺进，希望抢在红军攻击柏林前拿下柏林。朱可夫回到前线后也没有闲着，他下令情报系统仔细侦察柏林以及柏林周边的防御，然后通过侦察情报，着手绘制柏林的防御地图等。他把这些报告发给红军最高统帅部和各个方面军后，又命令手下制作了柏林及其附近地区军力分布的微型模型。

尽管准备充分，但是朱可夫心里仍有一些忧虑，这些忧虑并非毫无根据：在以往的战争中，他从来没有遇到过像柏林这样防御坚固的城市。整个柏林的面积将近900平方千米，不仅每条街道、每处建筑物、每条沟渠都具有完备的防御体系，还分布着大量的地下掩体和地下堡垒。

为了加强柏林的防御，希特勒在城内和城市周边调配了90个师近100万人的部队。这些部队拥有火炮1.04万门、坦克1 500辆、飞机3 300架。另外，城内还有预备队20多万人。

红军于1945年2月击破奥得河防线后，希特勒动员一切能够动员的力量，在奥得河至柏林间构建了3道坚固防线。这3道防线分别位于沃林湖东岸、泽劳弗高地、泽劳弗高地西方100～200千米处。同时，他下令在柏林近郊也构建了以柏林为中心的3个防御圈：最外面的防御圈利用湖泊和河流修筑，离柏林中心20～40千米；中间的防御圈利用郊区的林地修筑，离柏林中心12～20千米；最后的防御圈利用柏林环城铁路修筑，这条铁路异常强大，可调兵亦可驻守。另外，整个柏林部署了可以分层抵挡的9个防御地带，一切可以利用的建筑物也都变成了坚固的防御工事。

为了一举攻破柏林，斯大林不仅让朱可夫的白俄罗斯第1方面军参战，还让科涅夫的乌克兰第1方面军和罗科索夫斯基的白俄罗斯第2方面军也投入战役。这3个方面军的兵力空前强大，战斗人员约250万人，配备的火炮达4.2万门，坦克6 250辆，作战飞机约7 000架。面对如此强大的兵力，希特勒的末日注定马上就要到来，法西斯灭亡的时间只能用秒来计数了。

攻陷柏林

为了研究如何给法西斯德国最后一击，红军最高统帅部决定召开会议商讨具体措施。朱可夫接到开会的命令后，于1945年3月29日赶到了莫斯科。

在会议室中，斯大林盯着朱可夫说："当前，德军西线在盟军的进攻下已经崩溃。按照希特勒目前的动作，他是不希望我们先于美、英盟军进入柏林的，看来我们还得再打一场大仗。朱可夫同志，为了尽快拿下柏林，你怎么看?"

朱可夫毫不犹豫地回答道："按照当前的情况，白俄罗斯第 1 方面军和乌克兰第 1 方面军的攻击，会在两个星期后；而白俄罗斯第 2 方面军因为仍在与但泽和格西尼亚的德军对峙，要到 4 月 15 日左右才能投入攻击柏林的行动。"

斯大林摇了摇头，说："看来没办法等他们了，就让他们迟些再投入对柏林的攻击吧!"

4 月 1 日，为了详细研讨战情，斯大林再度召见了朱可夫、科涅夫、安东诺夫和什捷缅科。朱可夫进入会议室后，刚向斯大林致意，斯大林就敲了敲桌子，说："当前的形势，诸位是否完全掌握了?"

朱可夫和科涅夫一起回答："是的，根据情报，我们目前已经全部掌握了。"

斯大林听了，对着什捷缅科点了点头。什捷缅科拿出一份电报，电报的内容大致为："美、英司令部准备强攻柏林了。他们现在已经筹建好由英国元帅蒙哥马利①担任司令员的突击部队，打算在鲁尔区以北朝着柏林突击。此外，他们还组建了大量的后续部队……"

什捷缅科念完电报后，斯大林问朱可夫和科涅夫："你们猜想，谁会先攻取柏林，是我们还是美、英盟军?"

科涅夫没等朱可夫说话，抢先说道："必须是我们。"

斯大林了解科涅夫，他性格非常耿直，从不轻易言败。当年德军攻击苏联时，科涅夫指挥西方方面军作战失利，一度要被革职送往军事法庭，在朱可夫的力保下，他才没有被处罚，还成了朱可夫的副手、加里

---

① 蒙哥马利（1887—1976）：即伯纳德·劳·蒙哥马利，英国陆军元帅、军事家，"二战"期间盟军最杰出的将领之一，以成功掩护敦刻尔克大撤退而闻名于世。阿拉曼战役、西西里登陆、诺曼底登陆，是他军事生涯的三大杰作。

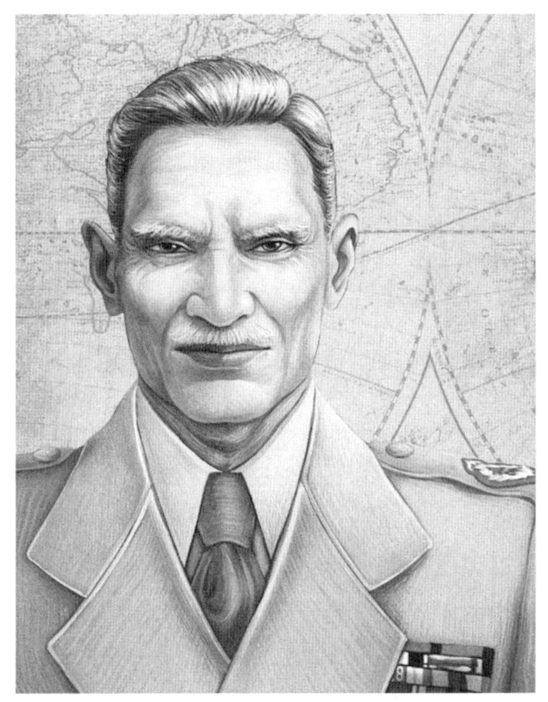

伯纳德·劳·蒙哥马利画像

宁方面军的指挥员。而科涅夫也没有让大家失望，在以后的战斗中屡建奇功。

斯大林听了科涅夫的话，笑着说："我喜欢你。不过，要是攻打柏林，你还需要组建一个突击部队。但目前你的主力都在南方，若想达到目的，必须对部队进行大调整。"

科涅夫也笑了起来，说："没有问题，我亲爱的斯大林同志，您就放一百个心吧，我一定会在最短的时间内重新集结部队，做好充分的准备。"

斯大林满意地点点头，又问朱可夫怎么看。朱可夫自信地回答："目前白俄罗斯第 1 方面军已经休整完毕，战士们精神激昂，做好了充分准备。虽然我们处于突击柏林的正面，但是没有再建突击阵地的必要了。斯大林同志，我现在正式请求您，让白俄罗斯第 1 方面军攻打柏林。”

“我同意。”斯大林没有犹豫，“你们都可以参加柏林战役，不过这几天你们就留在莫斯科，协助总参谋部制订作战细则，在两天内把计划交给我。如果最高统帅部认可作战细则，那么你们立即回到部队，按照计划部署行动。”

然而，在作战细则上，朱可夫和科涅夫产生了分歧。朱可夫的意见是，白俄罗斯第 1 方面军可以依靠自身力量突击柏林；科涅夫的意见是，他的部队不能仅仅攻打柏林以南的德军，也要参加攻打柏林市区的行动。

4 月 3 日，朱可夫和科涅夫在最高统帅部会议上将自己的计划分别做了说明。斯大林听完他们的报告后想了想，然后走到作战地图前，在乌克兰第 1 方面军和白俄罗斯第 1 方面军之间画了一条线——这条线的起端在两个方面军的接合部，终端在柏林东南约 60 千米施普雷河上的吕本。

斯大林画完线，面向大家宣布：“你们的部队，谁能先攻打到这条线的末尾，那么就由谁发起对柏林正面的进攻。”

斯大林这一举动非常高明，他深知朱可夫和科涅夫的心思及性格，于是用激将法让两位指挥员心照不宣地进行战斗竞赛。这不仅显示了对科涅夫参战精神的认同，也对朱可夫的白俄罗斯第 1 方面军形成了一种激励。

这次会议，最终决定由朱可夫指挥的白俄罗斯第 1 方面军主攻柏林方向，由科涅夫指挥的乌克兰第 1 方面军主攻柏林以南，并把德国中央集团军群与德军柏林部队分隔开。会议结束时，斯大林又给科涅夫做了进一步安排：“如果德军拼死抵抗白俄罗斯第 1 方面军，以至于该方面军无法按计划完成任务，那么乌克兰第 1 方面军务必从柏林以南攻入柏林。”

斯大林的担心对朱可夫来讲是不存在的，他对战役充满了信心。不过，他也知道自己身上的担子，因为他作战的区域是德军布防的重点，形势不容乐观。在模拟进攻方案时，朱可夫要求参战的各集团军、师、方面军炮兵部队和后勤部队的指挥员都来参与讨论。

在模拟的演练场，朱可夫挥了挥手，只见无数个探照灯和警报器同时打开，刺眼的灯光和刺耳的鸣笛震撼了整个演练场的工作人员。朱可夫从精神和生理上摧毁敌人的战法，得到了全体指挥员的一致肯定。

战役开始前夕，朱可夫认真地做着准备。根据以往的经验，德军的守备部队在夜里遭受攻击时，往往会发生慌乱，因此，他把进攻的时间定为凌晨 2 时。同时，为了方便部队进攻，他还命令部队把准备好的 140 部强力探照灯对准德军阵地。

在保障突击和后续攻击方面，朱可夫命令部下在奥得河上设置 25 座桥梁和 40 个渡口，并为前线准备了 714.7 万发炮弹、3 155 辆坦克、14 628门火炮、1 531 门火箭炮，部署了 77 个步兵师。此外，为了确保炮击的密度，他还在每千米的正面部署 76 毫米以上口径火炮约 270 门。空前的兵力和火力部署，都是在德军的不断骚扰下完成的。这么庞大的兵力，可以说是前所未有的。

此时，德军也没有闲着，他们拼命地在奥得河对面修筑工事。负责防御的是戈特哈德·海因里希[①]上将，希特勒于 1944 年夏把他从国外召回，要求他一定要守住柏林，不能让红军渡过奥得河。

海因里希很擅长防御，他在防守时有一个特点——一旦判断出对手将要攻击某片区域，他就会在当天夜里命令前沿部队后撤 2 千米。如此一来，对手的猛烈轰炸就会失去效果。

1945 年 4 月，海因里希检视完前线的两条防线后，准备在朱可夫

① 戈特哈德·海因里希（1886—1971）：纳粹德国陆军大将，龙德施泰特元帅的表弟，仅次于莫德尔的防御战专家。“二战”期间历任第 12 军军长、第 4 集团军司令、第 1 装甲集群司令兼南线海因里希集群司令、维斯瓦集团军群司令。后因大势已去，抵制希特勒死守柏林的命令，被解除职务，最后向英军投降。

开始攻击前把部队撤离最前线，这样就能让红军的炮弹落在空阵地上。为此，他非常想知道红军具体的攻击时间。

朱可夫猜到了海因里希的心理，于是多次让部队假装攻击，并四处散播红军不会在 4 月中旬以前进行突击的假消息。海因里希果然上当，没有在 4 月 15 日之前把部队撤离，而是选择在这天夜间进行。

海因里希刚命令部队后撤，朱可夫立即让部队发起进攻。瞬间，3 颗红色信号弹划破夜空，接着，140 部探照灯、坦克和卡车的前灯一同打开，德军的阵地变得如同白昼一般。很快，3 颗绿色信号弹刺破夜空，红军的大炮奏起了死亡乐曲。德军被打蒙了，在混乱中四散奔逃。

朱可夫掐准时间，下令炮火停止发射，步兵立即冲锋。混战中，德军根本无法组织抵抗，红军异常顺利地占领了德军经营多年的第一、第二道防线。天空开始放明，德军溃逃至 8 千米外的泽劳弗高地。这个高地被德军称为“不能攻破的堡垒”，位于红军突击的必经之路，周边全是平原，东部有峭壁，后面还有个反斜面高原。

当红军的步兵冲到这个高地时，几次都被德军压了下来。尽管红军的坦克英勇冲锋，但德军凭着地势，硬生生地让红军吃了个大苦头。红军的前线指挥员强行让坦克和步兵组成战斗队形再次冲锋。德军看着渐渐逼近的红军，用高射炮和反坦克炮轰击，被击中的红军坦克顷刻间成了一堆废铁。进攻不顺，让红军前线指挥员非常恼火，但是面对重大的损失，他们不得不让部队停止进攻。

当前线指挥员把战事失利的消息告诉朱可夫后，朱可夫先是觉得不可思议，然后恼怒地质问道：“你给我再说一遍？无法前进？你是怎么指挥的？”

前线指挥员看到元帅发火，忙解释说：“元帅同志，我们目前虽然被阻住了，但是用不了多久肯定会突破的。被阻住的原因是，敌人依靠从泽劳弗高地射来的炮火压制住了我们。另外，那里的地形也不利于车辆行动，我们的坦克和自行火炮陷入沼泽和灌溉渠时，又被德军的火炮

1945年4月，白俄罗斯第1方面军的T34－85坦克队列行驶在德国城市的街道上

大面积地覆盖。”

经过细致分析，朱可夫认为战事不顺的原因在于攻击的强度不够。他当即命令轰炸机和火炮不要吝惜弹药，尽可能多地把弹药投到德军阵地上。另外，他下令坦克部队尽快投入战斗，务必取得这次进攻的胜利。这时德军也调来了部队，决心在此阻止红军前进。

4月17日，红军再次发起进攻。在空军和火炮的掩护下，红军坦克向着泽劳弗高地猛冲过去。德军虽然拼死抵抗，但面对如潮水般涌来的红军，他们的防线渐渐瓦解，有的部队开始溃逃。

4月18日，红军终于攻占了泽劳弗高地，然而当他们再度向前推进时，德军又对柏林附近增派了大批兵力。

4月20日，朱可夫所部先锋部队的炮兵已经开始炮击柏林。当天

柏林战役，红军装甲兵与步兵协同作战

傍晚，柏林周边的德军防线被彻底粉碎了。第二天，朱可夫的先锋部队近卫坦克第 2 集团军、第 47 集团军推进到了柏林城下。朱可夫认为，如果进入柏林进行巷战，就无法再像以前那样发动大规模的攻击。因为柏林市区建筑物密集，不但道路狭窄，还会有大量的障碍物。

考虑到这一点，朱可夫决定采用步坦协同的战术，打一场空前的城市攻坚战。此时，攻击柏林南部的科涅夫部队距柏林南部大概 24 千米处。由于德军的抵抗分外凶猛，科涅夫把近卫坦克第 3 集团军、空军第 2 军、突击第 25 师、炮兵突击第 10 军和高射炮第 23 师全都投入了战斗。经过一番苦战，柏林郊区外围的守敌基本被肃清。科涅夫和朱可夫对柏林郊区的守敌形成了合围。

4 月 22 日，朱可夫和科涅夫将围困德军的两个包围圈渐渐缩紧，逐步逼近陷入包围圈的德军第 9 集团军和柏林以西的德守备部队。科涅夫推进到特尔托运河时，遇到了一个困难：德军不但在河对岸设置了大量防御工事，还毁坏了一些大桥。

不过，战事发展到这一步，已经不是哪支部队所能挽救的。两天后，红军开始大举渡河，动用大量的火炮和轰炸机不断轰击德军阵地，一批批步兵在炮火的掩护下，争先恐后地开始强渡。到了深夜，红军越过特尔托运河，攻击柏林市南区的德军防线。朱可夫和科涅夫的部队会合时，最高统帅部发来命令，指定他们攻击柏林的分界线为：从吕本开始，到托伊皮茨、米滕瓦尔德、马里恩多尔夫、安哈尔特车站。最高统帅部划定的分界线让科涅夫大为不满，觉得最高统帅部偏爱朱可夫。他和朱可夫都在攻击柏林，但是德国的象征——国会大厦，在朱可夫那一侧。科涅夫很想亲手把红旗挂在国会大厦上，但是最高统帅部的命令他不能不服从。

纳粹德国的覆灭已是板上钉钉，但柏林守军困兽犹斗，想尽办法阻挠红军推进。红军没有因为德军的拼死抵抗而放慢进攻的脚步。他们将集群分成多个突击部队，把德军分割开来，一一予以歼灭。为了减少攻击建筑物时的人员伤亡，红军甚至把炮弹约有半吨重的要塞大炮运了过来。这些大炮轰击建筑物非常具有优势，一发炮弹就能将一座大厦夷为平地。根据战史资料，仅仅朱可夫的部队，在 4 月 21 日至 5 月 2 日就发射了 3.6 万吨炮弹。

德军被红军的大炮轰得晕头转向，不得不进入防空洞和塔楼。红军在每次攻击前，都会先用大炮猛轰一阵，然后，携带喷火器、爆破工具的步兵在坦克的掩护下，逼近德军防守的每一个地点。战势的发展异常顺利，德军只好龟缩于政府大厦、动物园等少数几个地方。

4 月 22 日，美、英盟军深入德国境内，并在快速挺进的过程中俘虏了无数被红军击溃的德军官兵。柏林市内炮火横飞，枪声、厮杀声不断，惶惶不可终日的希特勒在地下室举行了自己的生日会。参加生日会的人员除了高级纳粹党徒，还有希特勒的情妇爱娃·布劳恩。生日会结束后，绝望的希姆莱[①]、戈林、里宾特洛甫[②]等，坐着汽车向南奔逃。而希特勒双目呆滞，就连下属向他报告红军推进到了总理府，他也无动于衷。

4月25日，红军和美军在易北河相遇，反法西斯联盟胜利会师。

4月30日早上5时，红军开始围攻国会大厦。当大炮轰开国会大厦的墙壁时，步兵一窝蜂地冲了进去。很快，国会大厦上飘起了红旗。前线指挥员库兹涅佐夫看着飘扬的旗帜，满含热泪向朱可夫报告道："元帅同志，我们的红旗已在国会大厦上飘扬！苏联万岁！红军万岁！"

朱可夫也分外激动，喃喃地说："胜利了，终于胜利了！库兹涅佐夫同志，我为你和你的部下感到骄傲，你们是苏联的英雄，未来的历史会记住这一刻！乌拉！"之后，朱可夫把消息传回莫斯科，一时间，整个莫斯科陷入难以言表的激动之中。

当红旗在国会大厦升起时，希特勒在帝国办公厅的地下室里，仓促地准备着后事。他先与爱娃·布劳恩举行了婚礼，得知墨索里尼[③]已死后，他和在场的人一一握手，然后缓缓走进卧室。当天下午3时30分，爱娃服毒自杀，希特勒举枪自尽。

希特勒自尽后，纳粹党徒戈培尔[④]与鲍曼[⑤]为了活命，派陆军参谋

---

① 希姆莱（1900—1945）：即海因里希·鲁伊特伯德·希姆莱，纳粹德国政治人物，历任纳粹党卫队队长、秘密警察（音译为盖世太保）首脑、警察总监、内政部部长等要职，先后兼任德国预备集团军司令、上莱茵集团军群司令和维斯杜拉集团军群司令。他属下的集中营屠杀了约600万犹太人。德国《明镜》周刊评价他为"有史以来最大的刽子手"。

② 里宾特洛甫（1893—1946）：即约阿希姆·冯·里宾特洛甫，纳粹德国政治人物，曾任驻英国大使、外交部部长等职务，对促成德、日、意三国同盟起过重要作用。直接参与了闪击波兰、入侵捷克斯洛伐克和苏联的战争。战后被纽伦堡国际军事法庭判处绞刑。

③ 墨索里尼（1883—1945）：即贝尼托·墨索里尼，意大利法西斯党党魁、独裁者，发动第二次世界大战的元凶之一，法西斯主义的创始人。

④ 戈培尔（1897—1945）：即保罗·约瑟夫·戈培尔，德国政治家、演说家，纳粹德国时期的国民教育与宣传部部长，擅长讲演，被称为"宣传的天才""纳粹喉舌"，以铁腕捍卫希特勒政权和维护第三帝国的体制，被认为是"创造希特勒的人"。

⑤ 鲍曼（1900—1945）：即马丁·鲍曼，纳粹"二号战犯"，历任纳粹党秘书长、希特勒私人秘书、纳粹党总部主任。他掌握着纳粹党的钱袋子，人称"元首的影子"。

长克莱勃斯[1]将军为谈判代表，前往红军司令部。克莱勃斯告诉红军前线指挥员：现在希特勒已死，我们希望苏、德展开谈判，停止这场战争，放过德军的几个首脑人物。

红军前线指挥员一听希特勒已死，没有再理会克莱勃斯，马上把这个消息报告朱可夫。朱可夫一边派人前往前线司令部，一边向斯大林报告。斯大林听说希特勒已死，反应异常冷静，淡淡地说："这个坏蛋终于死了，很可惜没能活捉他。对了，这个混蛋的尸体呢？"

"要求谈判的德军将领说，已经被烧毁了。"朱可夫回答。

"不能听别人说，一定要把他死亡的证据找全。记住，不可以和纳粹的任何成员谈判。这帮混蛋想活命，没那么简单！"

朱可夫放下电话后，心里感到有些遗憾，因为他也很想抓住希特勒，亲眼看看这个凶残的法西斯头目长什么样。随后，他给前线指挥员打去电话，告诉他们："德军必须无条件投降，不接受这些纳粹提出的任何条件。如果他们不投降，那么只能进行肉体消灭。"

5 月 2 日，走投无路的柏林城防司令员魏特林将军命令 15 万残部放弃抵抗，至此，为期 16 天的柏林战役正式结束。

接受德国无条件投降

1945 年 5 月 3 日，柏林守军放弃抵抗。次日，朱可夫和一批前线指挥员来到德国国会大厦。这座大厦是德国的精神象征，它不仅体量巨大，坚固的程度也令人难以想象——墙壁约有 1 米厚。

攻破这座大厦花费了红军大量精力，因为普通的火力对它根本无效，而且它的顶部还有各式各样的建筑物，德军可以凭借其对攻击部队进行多角度、多层次的火力覆盖。可以想象，红军在攻打这座大厦时，

---

① 克莱勃斯（1898—1945）：即汉斯·克莱勃斯，纳粹德国陆军二级上将，早年担任过德国驻苏联武官，"二战"后期任陆军参谋长。希特勒自杀后，克莱勃斯代表德军前往红军指挥部与朱可夫谈判，要求停战，但是遭到苏联方面的拒绝。德国投降后开枪自杀。

付出了多大的代价。

朱可夫来到国会大厦门口，看到门外的圆柱上被红军将士们写满了留言和签名，他为自己拥有这些勇敢而可爱的将士深感骄傲。于是，他也拿出笔，在将士们留名处添上了自己的名字。红军将士们认出了他，纷纷围拢过来，提出了各种各样的问题。朱可夫非常高兴，认真地回答了每一个提问。在这个值得铭记的历史时刻，他心潮澎湃，拼命地忍着快要流出的眼泪。

柏林城破，希特勒自杀，这让还在其他地方顽抗的德军绝望了。他们知道败局已定，翻盘的希望为零，现在除了缴械投降，再无其他出路。1945 年 4 月 29 日，驻守意大利的德军率先投降。5 月 4 日，驻守德国北部、丹麦、荷兰、阿尔卑斯山北部的德军，在德军最高统帅部的命令下，纷纷扔掉武器走出掩体。

希特勒死后，邓尼茨[①]继任德国元首，他和海军总司令弗里德堡[②]、总参谋长约德尔[③]商量不对红军投降，只对美、英盟军投降。

他们让手下来到美、英盟军总司令部所在地——法国兰斯城，向盟军提议只对美、英投降。鉴于《雅尔塔协定》的内容，艾森豪威尔[④]拒绝了他们，但同意先签订一份投降书，举行投降仪式。

5 月 7 日凌晨 2 时 41 分，在艾森豪威尔的总部——法国兰斯的一所学校内，弗里德堡将军、约德尔将军代表德军最高统帅部向盟军签订了

---

① 邓尼茨（1891—1980）：即卡尔·邓尼茨，纳粹德国著名将领。“二战”开始后担任德国潜艇部队指挥官、海军总司令、德国北方部队和民防司令，发明了“狼群战术”。希特勒自杀前，任命邓尼茨为德意志帝国总统和国防军最高统帅。

② 弗里德堡（1895—1945）：即汉斯－格奥尔格·冯·弗里德堡，纳粹德国海军上将，曾担任海军潜艇部队副总司令，也是最后一任海军总司令。

③ 约德尔（1890—1946）：即阿尔弗雷德·约德尔，纳粹德国陆军大将，德军最高统帅部作战局局长，负责制定德国在“二战”中的许多军事行动。战后被纽伦堡国际军事法庭判处绞刑。

④ 艾森豪威尔（1890—1969）：即德怀特·艾森豪威尔，美国第 34 任总统，陆军五星上将。“二战”期间历任陆军参谋部作战计划部副部长、作战计划部部长、作战部部长，欧洲战区美军司令，盟军最高司令。战后历任美国驻德占领军司令、美国陆军参谋长、哥伦比亚大学校长、北约武装部队最高司令。

德怀特·艾森豪威尔画像

无条件投降书。盟军代表沃尔特·比德尔·史密斯[①]将军和苏联代表苏斯洛帕罗夫炮兵少将在投降书上签了字。

这个投降仪式让斯大林十分气愤，因为投降仪式明显抬高了美、英盟军，无论是投降地点还是签字方式，都极大地羞辱了红军。他得知红军有位炮兵少将在投降书上签字后，马上给炮兵参谋长沃罗诺夫打去电话："那个签字的炮兵少将是谁？你怎么管教部下的？我告诉你，马上让他给我回莫斯科，无论他的理由是什么，一定要严肃处理！"

斯大林放下电话后，又打电话给朱可夫说："该死的纳粹竟然在法

---

① 沃尔特·比德尔·史密斯（1895—1961）：美国陆军上将，"二战"时期担任欧洲战场美国陆军参谋长，参加北非战役，并任北非盟军参谋长。战后曾任驻苏联大使、第1集团军司令、美国中央情报局局长。

国兰斯跟美、英签了投降书，作为与德作战主要力量的我们竟然被蒙在鼓里。我现在明确地说，纳粹的投降书必须在反法西斯同盟的所有国家面前签署，不能只向英、美最高统帅部签署。并且，投降书签署的地点一定要在柏林，在这个纳粹的政治中心，如果在其他地方，那我一定不会接受。”

就在斯大林与朱可夫通话时，红军总参谋长安东诺夫将军给艾森豪威尔发了一封电报。电报中说：兰斯投降仪式不正式，投降书务必重新签署，地点一定要在纳粹老巢柏林。另外，兰斯签字的将军未经红军最高统帅部授权，在柏林签署投降书改由朱可夫代表苏联政府签字。

艾森豪威尔接到电报后，觉得苏联怀疑美、英两国私下和德国有交易。为了打消苏联方面的误会，他马上给安东诺夫回电，说自己不会违反同盟国之前的协定。另外，他还说自己可以于 5 月 8 日前往柏林，如果有事无法前往，也会让其他盟军代表代替自己签字。后来，艾森豪威尔有事耽搁，便让英国空军上将亚瑟 · 泰德①和美国驻苏联军事使团团长约翰 · 迪恩参加柏林德军的投降仪式。

5 月 9 日，全球所有重要的媒体汇集柏林，见证不可一世数年的纳粹投降。在柏林一所学校的会议厅内，朱可夫环顾众人，起身宣布：“苏联最高统帅部代表和各盟军代表，在这里接受德军的无条件投降……”

朱可夫念完参会者的名单后，对站在门边的士兵说：“开门，让签署投降书的德国代表进来。”

大门打开了，德军统帅威廉 · 凯特尔②、上将弗里德堡、上将施通普夫③和他们的助手无精打采地鱼贯而入。凯特尔快速地走到桌子前，先是向大家举了举元帅杖表示敬意，然后在桌子中间的一张椅子上坐下

---

① 亚瑟 · 泰德（1890—1967）：英国空军元帅，“二战”期间出任盟军总司令艾森豪威尔的副手，是诺曼底登陆战的主要策划者之一。战后出任英国皇家空军司令。

② 威廉 · 凯特尔（1882—1946）：纳粹德国陆军元帅，第二次世界大战中德军资历最老的指挥官之一，曾任德军最高统帅部总参谋长。战后在纽伦堡审讯中被判处绞刑。

③ 施通普夫（1889—1968）：即汉斯 · 于尔根 · 施通普夫，纳粹德国空军参谋长，一级上将。

来。施通普夫、弗里德堡在凯特尔的左右两边坐下，其他人都站在他们身后。

朱可夫在他们的对面坐了下来，问凯特尔："无条件投降书，你们看没看过？你们有权力在上面签字吗？"

"我们看过，也有权签署它！"凯特尔拿起桌上的文件摇了摇说。

凯特尔刚说完，德国代表团便把邓尼茨委任他们可以签署投降书的文件递给朱可夫。朱可夫简单地看了看，示意仪式继续进行。大家都看着几名德国将军，凯特尔显得很镇静，他将戴着手套的手放在桌子上，很感兴趣地盯着朱可夫；弗里德堡倦怠而安静地坐着，神情显得极度悲哀；施通普夫个子有些矮，表面不动声色，但是眼睛里充满了仇恨。这三人或许都在想，扫荡了大半个欧洲的德军为什么会败给眼前的这位苏联元帅。

仪式进行到德国代表签字时，凯特尔猛然把头一仰，似乎在忍着即将流出来的眼泪。朱可夫见状，用不容置疑的语气说："我提议让德军代表到前面来签署投降书。"

凯特尔原本想坐在原位置签字，听完翻译的话后，他的嘴角抖了抖，用手在自己面前点了点，想让人把投降书送过来。

朱可夫强势地招了招手，大声说道："到这边来签字！"

凯特尔朝朱可夫翻了翻眼皮，缓缓地从座位上起身，接着拿起身旁的元帅杖，挺着胸脯走上前去。弗里德堡、施通普夫以及一些随从也跟了过去。凯特尔将挂在胸前的眼镜戴到满面红斑的脸上，然后坐在椅子上哆哆嗦嗦地签署了5份投降书。弗里德堡和施通普夫也分别在投降书上签了名。

此时已是0时43分，投降书从这一刻起，也就是1945年5月9日0时正式生效。

投降书的具体内容如下：

一、我们几人代表德军最高统帅部，同意我们全部的武装力量向

1945 年，约德尔代表德军最高统帅部在投降书上签字

英、美、苏等盟军无条件投降。

二、德军最高统帅部要立刻命令陆、海、空所有司令官以及德军最高统帅部指挥下的所有兵力，在 1945 年 5 月 8 日中欧时间 23 时 01 分停止军事行动，在他们所处的位置停留，并解除武装，向当地盟军司令官或作为盟军最高统帅部代表的军官移交他们的全部武器与军用物资，不得破坏与损坏一切技术设备。

三、德军最高统帅部要立刻派出合适的指挥官，保证执行盟军最高统帅部以后发布的一切命令。

四、此投降书将不妨碍同盟国或以它们的名义签订的、适用于整个德国和德国武装力量投降的其他总文件进行替换。

五、如果德军最高统帅部或其指挥下的某个武装力量不按此投降书行事，盟军最高统帅部将采取他们认为必要的惩罚措施或其他行动。

六、此投降书用俄文、英文和德文写成，且以俄文、英文的文本为准。

朱可夫见投降书已签完，对德国代表团说：“行了，你们可以回去了。”

凯特尔马上站起身，做了一个标准的立正姿势，然后用手杖向在座的人们稍稍致敬，快步向大厅门口走去。

空前的欧洲大战结束了，整个大厅的气氛随着德国代表团的离开，一下子活跃起来，所有人都感到无比畅快和轻松。

朱可夫作为仪式主持人，看到大家愉快地谈话，用欢快的语调说：“现在，我代表红军最高统帅部，向大家，也向这场迟来的胜利，表示由衷的祝贺！”大家在朱可夫的鼓舞下，互相拥抱、握手，用欢呼和泪水庆祝胜利。

朱可夫也有些激动，他用哽咽的语调讲道：“各位战友，这份让人骄傲的荣耀之所以会落在我们身上，是因为党、政府以及人民相信我们，他们知道我们一定会攻破柏林。而你们，所有参与攻打柏林的英雄们，没有辜负他们的信任，圆满地完成了任务。遗憾的是，参加战斗的很多人已经永远离开了我们。我们永远不会忘记他们，是他们用鲜血赢得了战争，用生命捍卫了人类的正义。他们没有白白牺牲，我们将世世代代铭记他们。”

朱可夫讲完，在场的所有人，这些在炮火横飞的战场没有流过一滴眼泪的英雄，此时再也忍不住了，流着眼泪高喊：“乌拉！”

随后举行了庆祝胜利的宴会。用餐时，朱可夫先是举杯向大家祝贺，然后向英国空军元帅泰德、法军总司令塔西尼以及美国空军司令斯巴兹一一祝酒。这些征战沙场的将军都谈到了战场的残酷，并表示反法西斯同盟各国以后应该永远友好。

朱可夫没有忘记著名战将艾森豪威尔，他对大家说：“我很敬佩艾森豪威尔将军，他是伟大的战略家，如果没有他在西线的大举推进，我们东线的战况会更为严峻。”

在欢庆的时候，不同语言、不同种族、不同国家的人，都像亲人一样无拘无束地唱歌和跳舞。朱可夫的兴致也来了，当场跳起了俄罗斯舞。

庆祝宴会一直持续到凌晨才结束。结束前，大家拿起轻武器开始向天空扫射。众人离开后，柏林市区和郊区不约而同地又响起了庆祝的枪声、炮声。

德国代表团签署完投降书后，斯大林在莫斯科发表了《告人民书》：

胜利的日子终于来了，法西斯德国在我们的枪炮面前，彻底弯下了腰。他们在今天向我们投降并签署了无条件投降书……

我们苦难的苏联，为了自由和独立付出了惨痛的代价；我们苦难的人民，为了支援前线，做出了巨大的牺牲。不过，一切的一切都没有白费，因为我们胜利了，我们让法西斯德国跪下了。从此，我们自由而和平的旗帜，将高高地在欧洲上空飘扬。

当前，在我们庆祝之余，还要准备成立同盟国对德管制委员会，从根上杜绝法西斯的死灰复燃。

恢复柏林秩序

大战结束后，朱可夫出任驻德苏军总司令和苏联占领区最高军事行政长官。面对战后满目疮痍的柏林，朱可夫决定尽快恢复柏林的社会秩序。

柏林曾经是一个繁华而美丽的城市，因为战争，现在变得一片狼藉，建筑物遭到了严重破坏，市内交通完全瘫痪。地铁 1/3 的车站灌满了水，255 座桥梁被炸毁，发电站、供水厂、煤气厂等全部停工。尤其令人痛心的是，柏林居民已经断粮几个星期了。驻守柏林的红军开始扑灭大火，组织搬运和掩埋尸体，并组织人员扫除地雷。

为了更好地解决眼前的问题，朱可夫决定广泛吸纳当地居民参与恢复工作。

1945 年 4 月 23 日，朱可夫签发了白俄罗斯第 1 方面军军事委员会第5号命令。内容如下：

> 军事当局将通过各城市和地区的卫戍司令员行使德国境内红军占领区的一切行政权力。
>
> 每个城市都有卫戍司令员。城市设市长，较小的市镇以及村庄设镇长和村长，市长、镇长和村长均由当地居民担任，这些人组成民政权力机构，在督促居民执行一切命令和号令方面对军事当局负责。
>
> ……

苏联军事当局对柏林实行粮食供应配给制。苏联政府对德国的第一项援助就是给柏林空运来9.6万吨谷物、6万吨土豆、5万头牲畜，以及糖、油和其他食物。在这些紧急措施的保证下，德国人民得以免除饥饿的威胁。

红军的积极行动，感动了无数具有民主倾向的德国人，渐渐打消了当地居民心中由纳粹煽动起来的怀疑和怕受惩罚的顾虑。

一天，朱可夫乘车路过柏林市郊，看见一群衣衫褴褛的人，大多数是妇女和儿童，其中也有一些红军士兵。朱可夫让司机停车，走过去看看。朱可夫认为这些人应该是从法西斯集中营出来的苏联人，但是他走过去一看，才发现他们都是德国人。

朱可夫站在旁边仔细观察，认真倾听他们的谈话。一个抱着孩子的苏联士兵说："我带领家人撤退时，妻子和孩子都被德国飞机炸死了。现在仗打完了，我孤零零一个人该怎么生活啊，既然这个孩子没有了父母，就让他跟我一起生活吧。"那个孩子大约4岁的样子，长着淡黄的头发，很显然是一个德国儿童。

身旁的人打趣道："这个孩子长得跟你倒有些相似。"

一个妇女用德语说："这是我的侄子，不能给你，我要亲自把他抚养长大。"那个士兵听了，脸上满是失望。

这时，朱可夫忍不住插话道："朋友，你回到祖国还愁找不到儿子吗？我们那里也有很多孤儿，如果能找一个带娘的孩子，不是更好！”

周围的人听了都大笑起来，那个德国孩子也笑了。战士们解开自己的包裹，把面包、罐头、食糖等都分给在场的孩子和妇女。那个士兵亲吻了一下怀里的男孩，长叹一声将其放下来。

当时朱可夫穿着皮外套，没有戴肩章，但人们还是认出了他。很多人围在他身边，问了很多问题，他一一回答这些人的提问。

5 月 9 日，苏联国防委员会派米高扬[①]来到柏林。米高扬抵达柏林后，发现柏林城内的生活恢复得不错。朱可夫带着他来到一家粮店。这家粮店正在按苏联当局颁发的卡片，向德国人民分发粮食。很多人都在排队，大部分是妇女，她们看上去都是一副瘦弱不堪的样子。

米高扬问她们：“苏联占领柏林后，你们感觉怎么样？不要害怕，只管讲，这是朱可夫元帅，他会尽全力帮助你们的。”

朱可夫也介绍说：“这是苏联人民委员会副主席米高扬，苏联政府派他来看望你们，你们有什么需要尽管讲，苏联政府会尽可能地帮助你们。”

身边的翻译官把他们的话一一翻译给在场的德国人听。

很快，人们围住朱可夫和米高扬，争先恐后地说：“我们都没有想到，苏联首长会来关心我们这些普通的德国老百姓的生活。他们过去总拿苏联人吓唬我们。”

一个满头白发的妇女走到米高扬跟前，激动地说：“非常感谢你们为我们提供食物，让我们免于饿死。”说着，她扯着身边的一个男孩说，“快，快给苏联首长行礼，谢谢他们赐予我们食物，谢谢他们对我们的友好帮助！”男孩听话地向米高扬深深鞠了一躬。

后来，德国共产党领导人威廉·皮克[②]、瓦尔特·乌布利希[③]等人

---

① 米高扬（1895—1978）：即阿纳斯塔斯·伊凡诺往奇·米高扬，苏联政治家。“二战”期间任苏联国防委员会委员，战后历任部长会议副主席、第一副主席等职。

② 威廉·皮克（1876—1960）：德国共产主义政治家，民主德国第一任总统。

③ 瓦尔特·乌布利希（1893—1973）：德国和国际共产主义运动活动家，担任过德国统一社会党主席、德意志民主共和国国务委员会主席。

来到柏林，与左派社会民主党领导人奥托·格罗提渥①进行了积极的谈判，以便由共产党人和左派社会民主党人共同建立德国统一社会党。1946 年 4 月 21 日，德国统一社会党正式成立，从此德国人民有了自己的领导核心。

胜利大阅兵

1945 年 5 月中旬，就在朱可夫加紧恢复柏林生活秩序的时候，斯大林命令他返回莫斯科。服从是军人的天职，尽管他不知道让他回去的目的，但他还是毫不迟疑地回去了。

到达莫斯科后，朱可夫首先去了总参谋部。他从安东诺夫那里得知，国防委员会正在研究参加对日作战的问题，总参谋部正在加紧拟订陆、海、空三军在远东的战斗行动计划。

从总参谋部出来后，朱可夫看离斯大林指示的去克里姆林宫的时间还很早，便乘车去见加里宁。还在柏林的时候，加里宁就打电话让朱可夫到莫斯科后一定去找他，想听朱可夫讲讲柏林战役的情况。

与加里宁见面后，朱可夫才前往克里姆林宫。在斯大林的办公室里，他见到了国防委员会委员，还看到了海军人民委员库兹涅佐夫、安东诺夫、红军后勤部部长赫鲁晓夫，以及总参谋部经管组织问题的几位将军。

安东诺夫就总参谋部向远东调运部队和物资器材的问题作了汇报，并集中计算了在远东即将成立的各个方面军。按总参谋部的初步计算，大约需要 3 个月时间才能彻底做好对日作战的准备。

谈完战事后，斯大林问道："我们战胜了法西斯德国，是不是应该举行一次大阅兵来庆祝一下胜利呢？我们可以邀请立功最多的英雄、士

① 奥托·格罗提渥（1894—1964）：德国工人运动活动家，德国统一社会党第一任主席和民主德国国家领导人。

兵、军士、准尉、军官和将军们前来参加。”他的提议得到了在场人员的热烈支持，大家还提出了许多建议。

为了这次胜利大阅兵，5 月底至 6 月初，大家都在紧张地准备着。6 月中旬，全体受阅人员穿着崭新的礼服，投入节日前的操练中。

6 月 12 日，加里宁授予朱可夫第三枚苏联英雄金星奖章。随后，朱可夫应斯大林的指示来到斯大林的别墅。二人相互问候后，斯大林问道：“你现在的骑马技术是不是生疏了?”朱可夫很纳闷，不知道斯大林为什么问这个问题，但他还是肯定地回答：“没有，完全没有生疏。”

斯大林看出了朱可夫的疑惑，解释道：“是这样的，这次大阅兵，统帅部决定由你担任阅兵首长，由罗科索夫斯基担任阅兵总指挥。”

朱可夫这才明白过来，赶紧说道：“谢谢您给我这样的荣誉，不过我认为您来阅兵会更好。您是最高统帅，无论从权利还是义务上说，您都是阅兵首长的最佳人选。”

斯大林说：“我老了，不适合做阅兵首长了。你年轻些，还是你来当吧。”

6 月 22 日，各大报刊刊登了红军最高统帅的命令，内容如下：

> 1945 年 6 月 24 日，莫斯科红场将举行作战部队、海军部队和莫斯科卫戍部队的阅兵式，以庆祝在伟大卫国战争中取得的对德国的胜利。这是一次胜利阅兵式……
>
> 这次阅兵，将由副最高统帅、苏联元帅朱可夫担任阅兵首长，苏联元帅罗科索夫斯基担任阅兵总指挥。

1945 年 6 月 24 日，朱可夫早早就起了床，走到窗前向外张望，想确认气象预报员的预报是不是准确，只见天空阴沉，还下着毛毛细雨。他担心因为天气不好影响了胜利阅兵式，无法达到人们预想的隆重效果，于是打电话询问空军司令员，对方说大多数机场的天气都不适合飞行。朱可夫不由得更加担心了。

事实证明，他的担心是多余的。为了参加这一具有历史意义的日子

1945 年 6 月 24 日，莫斯科红场举行胜利大阅兵

的游行，莫斯科人正怀着高昂的情绪，在乐队的伴奏下向红场前进。人们的脸上洋溢着欢快的笑容，手里拿着标语牌，唱着歌曲，大家一片欢腾，丝毫没有受到阴雨天气的影响。

整个红场“乌拉”声此起彼伏，欢乐的浪潮把人行道上拥挤的人们、游行队伍以及受阅部队联系在一起。看着如此团结一致的场景，任何人都能深深感受到苏维埃国家所具有的不可战胜的力量。

9 时 57 分，朱可夫在斯帕斯基门附近骑上了马。他挺坐在马上，神情肃穆而凝重，内心却紧张而激动。这时传来了清晰的口令声：“受阅部队，立正!”随着雷鸣般的掌声，时钟敲响了，此时正是 10 点整。朱可夫抑制住自己激动的心情，骑着马向红场走去。格林卡《光荣颂》那庄严而雄壮的乐曲声也奏响了，每个苏联人听了都备感亲切。忽然，现场一片寂静，阅兵总指挥、苏联元帅罗科索夫斯基报告的洪亮声音响了起来。他的声音很清晰，但明显有些颤抖，让人感受到他内心的激动。朱可夫也同样如此。

雨越下越大，军人的帽檐都在滴水，但大家的情绪十分高涨，谁也没有注意到头上的雨水。

部队检阅完毕，200 名老战士在咚咚的鼓声中，把 200 面法西斯德军的军旗投到了列宁陵墓的台阶下，这也使人们的情绪达到了高潮。

多少年后，参加过胜利阅兵式的人都还清晰地记得庄严的阅兵式和克里姆林宫招待会的情形。

后来，朱可夫的女儿艾拉在接受记者采访时回忆道，为了搞好这次阅兵，父亲在家排练了很多次，她对那次阅兵也是铭记在心。她回忆道：

阅兵那天，天空飘着细雨，我和妹妹在观礼台上，完全没有注意到飘落在头上的雨滴。爸爸骑着马走入众人的视线，是那么伟岸挺拔，我在心里不停地呐喊："这是我爸爸，这是我爸爸！我感到无比骄傲！"

当时，朱可夫在苏联的声望如日中天，他的家人以及苏联人民都对他充满了热爱和崇拜。

与西方"甜蜜"的日子

1945 年 5 月 30 日，斯大林委任朱可夫为苏联对德管制委员会成员。美国总统杜鲁门①接到苏联这一通报后，马上让助理将这个消息转告艾森豪威尔，以便尽快成立柏林盟军联合委员会。

此时，以美国为首的资本主义国家，对社会主义苏联疑虑重重，认为两种制度的国家无法走到一起。但艾森豪威尔并不这么看，他认为美国人不了解苏联，如果双方加强交流，那么两国之间会有很多的合作机

---

① 杜鲁门（1884—1972）：即哈里·S. 杜鲁门，美国民主党政治家，第 32 任副总统，后接替因病逝世的罗斯福总统，成为第 33 任美国总统。

会。艾森豪威尔还认为，美国现在与苏联的关系，就像战争爆发初期美国与英国的关系一样，有一种说不清道不明的隔阂，如果双方经过长期的交流，那么很容易就会建立起信任关系。

6月5日，盟军召开了接管德国的会议。艾森豪威尔严格按照双方约定的活动时间，和卢修斯·克莱[①]将军、美国驻德国政治顾问罗伯特·墨菲等人准时赶到柏林。会议在下午召开。艾森豪威尔利用上午短暂的时间，来到朱可夫的办公地点，代表美国政府向他颁发了总司令级的荣誉勋章。这枚勋章的意义非常重大，它意味着美国人认可以朱可夫为首的苏联军人的功勋，因为当时西方还有很多国家在抹杀苏联的功绩。

不过，在这种表面和气的背后，以美国为首的西方与苏联的争斗异常激烈。特别是在对于怎么分配托管区、如何对西柏林进行管辖等问题上，双方针锋相对，互不相让。在一次会议上，美国战略空军司令斯巴兹将军不但要求红军撤出西柏林，还要求美方飞机在柏林可以任意飞行。斯巴兹将军的言行让苏方极为不满，艾森豪威尔为了平息苏方的火气，要求斯巴兹不得激化与苏方的矛盾。

朱可夫见美方如此傲慢，严肃地斥责道："在管辖柏林的问题没有解决之前，所有国家的部队都要遵守相关规定，不得有逾越行为……如果你们的飞机想在苏占区飞行，那么一定要向红军报告，我们可以开放空中走廊放行。"

英国陆军元帅蒙哥马利脾气耿直，而且从不服输、服软。他见朱可夫态度强硬，便想起身理论，艾森豪威尔一看苗头不对，赶紧死死拉住了他。艾森豪威尔知道朱可夫不好对付，加上朱可夫占尽了理由，于是起身说："行，朱可夫元帅，我赞同你的提议，也将要求部下遵守。"

---

① 卢修斯·克莱（1897—1978）：美国陆军上将，战后负责处理战败后的德国民政事务的第一位高级专员。

然而，由于参加雅尔塔会议的罗斯福总统已经逝世，作为强硬派代表的杜鲁门担任美国总统，加上英国领导人从中撺掇，美、英盟军不但不从苏占区撤退，还想得到更多的苏占区。美、英两国的做法令苏联无法忍受，朱可夫为此针锋相对地给予回击，有效地保障了苏联的利益。

接着，朱可夫召开了三大国军事管制长官会议。这是管制长官的首次会议。在这次会议上，艾森豪威尔提出成立对德管制委员会。朱可夫和其他人商量后，认为只有当盟国军队返回自己所在地后，柏林的国际管制才能正常开展。

对于朱可夫提出的意见，艾森豪威尔没有反对，答应将美军撤离苏占区。会议最后签署了一个宣言，美、苏、英、法四国签字同意建立对德管制委员会。对德管制委员会的各国代表有：美国艾森豪威尔五星上将，英国蒙哥马利元帅，法国塔西尼将军，苏联朱可夫元帅（索科洛夫斯基将军为副代表，朱可夫的政治顾问是外交部第一副人民委员维辛斯基①）。

对德国管制委员会的成立就是要解决存在的矛盾，在朱可夫的坚持下，其他盟国妥协了，按照苏方的要求签订了条约，并宣布了三项决定：第一项，将德国政府的权力转交到四国手中，务必彻底清除纳粹残余；第二项，面对整个德国的问题时，四国一定要达成一致，否则各国只能在自己的管辖区内执行；第三项，将各国的管辖区重新划定，并将柏林的几个占领区重新确认。

会议还决定，对德管制委员会内部的机制，采取一票否决制，事情若要得到解决，一定要得到四大国的赞成，不然只能在自己管辖的区域内执行。这一条对苏联有些不利，投票时往往会出现 1 ∶ 3 的情况。不过，由于苏联的自身实力，加上朱可夫的个人威信，以及艾森豪威尔惯常以大局为重，很多问题都得到了妥善处理。

但激烈的争夺很快就表面化了。矛盾主要集中在处理德国残留军

---

① 维辛斯基（1883—1954）：即安德烈·雅奴阿列维奇·维辛斯基，苏联法学家、外交家，曾任苏联总检察长，在斯大林的大清洗运动中扮演了关键角色。1949—1953 年担任苏联外交部部长，并代表苏联在《中苏友好同盟互助条约》上签字。

队、被德军俘虏的红军战俘以及苏联公民等问题上，另外还有把德国划分成南德、西德、东德三个区域，战后的经济赔偿，德国边界的划定，占领区边界的划分，战犯的处理，纳粹余孽的肃清，柏林的食物、燃料供应，等等。这些问题在朱可夫的力争下，多数得到了较好的解决。

艾森豪威尔和朱可夫在这一时期建立了友谊，一度化解了双方的很多矛盾。后来，艾森豪威尔的参谋长沃尔特·史密斯在谈到朱可夫时，说："与我们经常联络的苏联代表是朱可夫元帅和索科洛夫斯基将军。他们的才干和坦然的态度都给我留下了深刻的印象，我丝毫不怀疑，他们无论身在哪个国家都是伟大的人物。我们与他们之间虽然存在语言和文化等方面的隔阂，但是经过双方长期的沟通，所产生的信任是非常牢靠的。"

欧洲战役结束后，遗留的问题还有很多，而且法西斯德国的同伙日本还没有投降。为了解决这些问题，苏、美、英三国首脑拟召开会议。

对于会议召开的地点，有人提议在柏林。朱可夫认为柏林受战争的破坏太严重，缺乏举行如此重大会议的必要条件，建议大家考虑波茨坦和巴贝尔斯贝格。经过讨论，波茨坦最终被选为会议的举办地。

不过，在波茨坦举办会议也不容易，因为这个城市的各种基础设施也被破坏得非常严重。为了不耽误会议，朱可夫命令工程兵务必在会议前把机场、道路、桥梁和房屋等全部修缮完毕。他虽是武将出身，但是对生活细节也"斤斤计较"。他根据各国领导人的生活习惯和爱好，将他们所居住的房子全部重新装修。白色的房子是斯大林的住所，蓝色的房子是美国总统杜鲁门的住所，红色的房子是英国首相丘吉尔的住所。

工程于7月10日全面完工。7月13日和14日，苏联代表团的顾问和专家们首先到达，主要人员有总参谋长安东诺夫、海军人民委员库兹涅佐夫和外交人民委员会的代表维辛斯基、葛罗米柯①、马伊斯

① 葛罗米柯（1909—1989）：即安德烈·葛罗米柯，苏联最高苏维埃主席团主席、外交家、政治家，著有《外交史》等。

基以及诺维科夫[1]。两天后，斯大林、莫洛托夫和随从人员乘坐专列赶到。

斯大林抵达波茨坦当天，杜鲁门总统和丘吉尔首相也先后赶到，并相约前来看望斯大林。为了感谢他们的看望，斯大林在第二天对他们进行了回访。

根据安排，波茨坦会议从 7 月 17 日下午开始到 8 月 2 日结束。会议一开始就剑拔弩张，气氛异常紧张。很显然，美国和英国是站在一起的，在 1 ∶ 2 的情况下，议题的讨论非常艰难。会议讨论的主题为：未来欧洲各国实行的体制，以及在民主基础上如何改造德国。

7 月末，为了照顾身心俱疲的各国代表，暂时休会。然而，复会时，参加的人员却发生了变化。丘吉尔不再是英国代表团的成员，因为他在 7 月 28 日的大选中败给了克莱门特・艾德礼[2]，不再担任首相。也就在这一天，艾德礼赶到波茨坦，替换丘吉尔。丘吉尔离开波茨坦前，在自己的住所举行了一个招待会，苏方主要人员斯大林、莫洛托夫、安东诺夫、朱可夫参加了招待会。

敬酒时，杜鲁门总统首先提议向斯大林敬第一杯酒，因为他为打败纳粹德国做出了重要贡献。斯大林客气地提出第一杯酒应该敬丘吉尔，因为他在非常困难的时候，仍然扛起了与纳粹战斗的旗帜。丘吉尔听了，没有多说什么，只是举杯向朱可夫敬酒。丘吉尔这一举动让大家感到意外，朱可夫也毫无准备，赶忙回敬丘吉尔。在感谢丘吉尔的盛情时，朱可夫由于激动，将丘吉尔喊为“同志”。苏联代表团的成员们疑惑地看着朱可夫，朱可夫也立即明白了大家的异样，窘迫地赶紧打圆

---

① 诺维科夫（1900—1976）：即亚历山大・亚历山德罗维奇・诺维科夫，苏联元帅，苏德战争期间历任北方方面军空军司令、副国防人民委员、空军总司令。在斯大林格勒会战，库尔斯克会战，解放北高加索、乌克兰、白俄罗斯、波罗的海沿岸地区和波兰诸战役，柯尼斯堡强攻战，柏林战役和远东战役中，成功协调过数个方面军航空兵的作战行动。战后任空军副总司令。

② 克莱门特・艾德礼（1883—1967）：英国工党政治家，首相，曾被誉为 20 世纪和平时期最具效率的英国首相。

波茨坦会议期间，艾德礼（前左）、杜鲁门（前中）、斯大林（前右）合影

场，说敬打败法西斯德国的所有士兵和盟国。次日，苏联代表团成员们看到朱可夫时，都打趣他什么时候和丘吉尔成了同志。

8 月 2 日，三国终于就讨论的内容达成了一致意见，波茨坦会议如期落幕。在这次会议上，尽管苏联和英、美有很大的争议和矛盾，但仍然为战后的世界秩序打下了牢固的基础。在这 10 多天的会议中，朱可夫为加强保卫工作和各种繁杂的事务耗尽了精力，最终保证了会议的顺利进行。此次苏联提出的把德国一分为三的提议，遭到了美国和英国的拒绝。最后，苏联除了现在的占领区，还接管了柯尼斯堡和东普鲁士的部分地区，以及从美、英、法三国占领区获得了 10% 的工业设备。雅尔塔体系就此确立，同时苏联答应立即对日本开战。

斯大林在会议结束后便回国了，临走时他让朱可夫邀请艾森豪威尔访问莫斯科，并参加 8 月 12 日莫斯科即将举办的苏联体育节。斯大林走后，朱可夫向美方正式提出邀请艾森豪威尔以军事活动家的名义访问莫斯科。艾森豪威尔听说朱可夫会陪同他去莫斯科，于是欣然同意。在莫斯科，艾森豪威尔拜访了红军总参谋长安东诺夫。在安东诺夫的陪同下，艾森豪威尔参观了最高统帅部的作战室。安东诺夫向艾森豪威尔介绍了苏联在远东地区部署的军队和即将对日本关东军作战的计划。

体育节正式开始了。当艾森豪威尔和随从们走向检阅台时，人群中响起了热烈的欢呼声、鼓掌声。这次检阅大概有 2 万人观看，按照要求，观看的人需要一直站立。艾森豪威尔原本想和美国大使一起站在一处水泥构造的看台上，但安东诺夫走过来，说斯大林请他前往列宁墓的检阅台。

安东诺夫接着说："斯大林元帅让我转告您，如果您同意前往，还可以带两名同事。"列宁墓向来不对外开放，也没有任何一个外国人拜谒过列宁墓。艾森豪威尔接受了斯大林的邀请，并让身边的两名高级将领一同前往。

在列宁墓的检阅台上，他们一共站了 5 个多小时，其间斯大林不停地通过翻译与艾森豪威尔谈话。斯大林数次提到苏、美两国务必加强联系，苏联在很多方面需要依靠美国人民。谈话中，斯大林不断地提到朱可夫，这让艾森豪威尔明显感到斯大林非常倚重朱可夫。

检阅结束后，朱可夫和艾森豪威尔离去时，人们热烈欢呼，两人一时竟激动得拥抱起来。在场的美国人和苏联人看到这一场景，又给予更大的掌声和欢呼声。回到德国后，艾森豪威尔请朱可夫对美国进行访问。访问计划经杜鲁门总统同意后，朱可夫提出访问由艾森豪威尔陪同。因为一些事务，艾森豪威尔无法陪同，加上朱可夫又生了病，访问就此推迟并最终取消。

之后，苏联红军在攻击盘踞中国东北的日本关东军时，美国的两颗原子弹彻底扼杀了日本天皇的"玉碎"计划。日本投降后，美国对苏联的态度开始发生变化，因为现在它们共同的对手都被消灭了。

第九章　诡谲的政治风云

盛极而衰

1946 年 1 月 2 日，在苏联第二届最高苏维埃会议上，朱可夫被推荐为最高苏维埃代表候选人，一时荣耀非凡。然而，这样的无限风光，仅仅维持了几个月。

朱可夫当选为候选人几天后，接见了第 660 号特别选区的选民代表。这些选民代表都是经历过“二战”的英雄，他们非常敬佩率领他们驰骋沙场的指挥员——朱可夫，会见时都异口同声地冲着朱可夫高呼“乌拉”。

对于人们发自内心的赞颂，朱可夫很自然地接受了，他对大家说：“苏联在‘二战’中起到了至关重要的作用，如今我们在维护世界和平中一定要起到领头羊的作用。和平建设时期，退伍军人务必牢牢记住我们曾经有过的荣耀，继续在人民群众中发扬不怕艰苦、不怕牺牲的精神，为苏联的和平和自由努力工作。”

2 月 10 日，最高苏维埃代表的正式选举开始，4 天后选举结果公布，朱可夫毫无意外地成了第 660 号特别选区代表。3 月 12 日至 19 日，第二届最高苏维埃第一次会议在莫斯科隆重召开。朱可夫在参加会议时与曾经三次获得“苏联英雄”称号的近卫军上校波克雷什金[①]及近卫军

---

① 波克雷什金（1913—1985）：即亚历山大·伊万诺维奇·波克雷什金，苏联“空战战术之父”，空军元帅。从苏德战争开始至结束的 4 年之中，他战斗起飞达 650 多次，参加空战 156 次，个人共击落纳粹德国飞机 59 架，三次荣获“苏联英雄”称号。

少校阔日杜布[①]合了影。大会通过了由斯大林主持修订的第四个五年计划，并批准苏联人民委员会改组为苏联部长会议，将各人民委员部改组为部，提名斯大林为苏联部长会议主席和苏联武装力量部部长。

同年 3 月末，由于艾森豪威尔和蒙哥马利分别被美、英两国政府召回国内，斯大林问朱可夫想不想回莫斯科。朱可夫也想参与国内建设，于是同意回国，并提议让索科洛夫斯基接手自己的工作。斯大林没有马上回答，两天后他又与朱可夫通了电话，说："第一副国防人民委员这个职务我准备更名为常务副国防人民委员，由布尔加宁担任。你打算任什么职位？我决定总参谋长由华西列夫斯基担任，海军总司令由库兹涅佐夫担任。"

朱可夫对斯大林的话有些诧异，他一直认为自己会成为国防人民委员（武装力量部部长），因为无论是他在战争期间获得的功勋，还是在战争期间拥有的职位（最高副统帅），都证明他必然会成为这个职务的最佳人选。但现在不仅这个愿望化为泡影，连总参谋长和副国防人民委员的职位也旁落他人。朱可夫想不通，也不知道自己还能干什么，于是回答道："我没什么要求，党中央委员会让我干什么都行，我没有二话。"

斯大林想了想说："行，我打算让你去陆军担任总司令，你怎么看？"

朱可夫心里叹了口气，不过嘴上仍说："我没有意见！"

"行，你马上收拾收拾回莫斯科吧！回来后和其他同志一起研究一下工作。"斯大林说完便挂了电话。

4 月 10 日，朱可夫安排好柏林的工作，便返回了莫斯科。随后，在研究部队制度时，朱可夫和布尔加宁就军种总司令与武装力量部常务副部长的地位问题发生了令人不快的争论。朱可夫认为，武装力量部部

---

① 阔日杜布（1920—1991）：即伊凡·尼基托维奇·阔日杜布，苏联空军元帅，"二战"期间红军第一号空军王牌，三次荣获"苏联英雄"称号。他在战争爆发的第三年才奔赴战场，至战争结束共打下纳粹德国飞机 62 架，这个战绩不但是苏军第一，在同盟国空军王牌飞行员中也名列首位。

长现在由斯大林担任，但斯大林目前身兼数职，无法很好地管理部队，各军种司令员不应该什么事都由武装力量部部长管理。制度是为了更好地管理部队，而不是更好地服务个人，今天武装力量部部长由斯大林担任，明天由谁担任还说不定呢！

布尔加宁听了朱可夫的话有些不悦，并向斯大林作了报告。斯大林很快召见了朱可夫，对他进行了一番“教诲”。朱可夫刚回来就遇到这种事，心情极度郁闷，然而还有令他更加郁闷的事情，针对他以前部属的调查案件，此时正在进行，而他仍被蒙在鼓里。

4 月 11 日，斯大林根据反间谍总局（除奸部）阿巴库莫夫①提供的材料——第 12 空军集团军原司令员胡佳科夫②被捕后被迫写下的供词，批捕了沙胡林③等四人。这份材料的内容大致为：

我们收到空军飞行员对国产飞机质量的投诉信后，对空军做了调查。调查的结果为：前航空工业人民委员沙胡林和接收飞机的前武装力量总工程师列平及其下属谢列兹尼奥夫三个人沆瀣一气，将质量很差的飞机交给空军，以超额完成政府规定的计划。

他们通过这样的手段，在两年时间内为空军提供了大量飞机，直接导致很多飞行员不是死在敌人手里，而是死于自己人手里。前（空军）武装力量总司令诺维科夫知道此事后，非但没有制止，反而向上级隐瞒，因为他害怕牵连自己。

我们不能容忍这样的犯罪行为，因为前线飞行员的生命比这些犯罪

---

① 阿巴库莫夫（1908—1954）：即维克托·谢苗诺维奇·阿巴库莫夫，历任苏联副国防人民委员兼反间谍总局局长、苏联国家安全部（克格勃前身）部长。1954 年因参与“贝利亚匪帮”而被枪决，其军衔、勋章、荣誉称号被全部剥夺。多年以后苏联最高法院拒绝为其平反。

② 胡佳科夫（1902—1950）：即谢尔盖·亚历山德罗维奇·胡佳科夫，苏联空军元帅。1950 年被冤杀。

③ 沙胡林（1904—1975）：即阿列克谢·伊万诺维奇·沙胡林，苏军上将工程师，苏德战争期间任航空工业人民委员。1945 年因被诬陷滥用职权而被捕入狱，1953 年斯大林去世后平反。后出任苏联航空工业部副部长、国家对外经济联络委员会副主席。

分子更加重要。调查期间，前线飞行员为我们提供了材料，我们根据相关证据逮捕了需要为此负责的人员。这些人是沙胡林、列平、谢列兹尼奥夫和空军军事委员会委员希曼诺夫等。

4 月 23 日，沙胡林等四人被捕后，除奸部又炮制出他们的“供词”，将空军总司令诺维科夫、中央委员会干部局飞机制造处处长布德尼科夫、发动机制造处处长格里戈良拘捕。除奸部先是让这些人交代罪行，接着按炮制出的材料，让他们据此供认。沙胡林等人自然不承认，并说这些飞机的制造是在特殊情况下进行的，而且关于飞机存在的质量问题，斯大林和马林科夫也都知情。

然而，审问者根本不理会他们的辩词。为了让他们招供，不惜动用各种手段迫使他们在审讯记录上按手印。为了继续打击“余党”，除奸部又以这些人的名义炮制出了一些举报信，矛头直指两个人：一个是在“二战”中掌管航空工业的马林科夫，说他向最高统帅部隐瞒飞机和发动机在生产中的缺陷；另一个则是朱可夫，说他独断专行、态度傲慢、不尊重上级。

4 月 30 日，斯大林接到了一封由阿巴库莫夫递交的信件，上面写道：“斯大林同志，被捕的原空军总司令、空军主帅诺维科夫给您写了一封声明信。在这封声明信中，诺维科夫不但交代了所有罪行，还痛彻心扉地表示要悔改，最后把矛头指向朱可夫，让您警惕他的危险行为。”

诺维科夫的声明信内容大概为：

我的父亲是旧警察，因此我在苏维埃革命队伍中常常感到压力。我原本想通过朱可夫找些安慰，没想到他在暗中也努力地迎合我，因此我们的关系非常亲密。

我现在看透了朱可夫，他是一个自私又喜欢权力的人，追求荣誉、威望和奉承，听不进别人的意见。他长期待在军队中只是为了私利，培养亲信，拉拢他人。为了不让您看出他的丑陋一面，他还刻意打听您的一切，以便做到知己知彼。我现在承认，我就为他干过这样卑鄙的事情。

此外，他在和别人谈话，尤其是谈到战争时，还有意降低您的作用，宣称主要的军事战役都是由他部署的。最近他担任陆军总司令，他告诉我，这个职务是他自己要求得到的，并且说他想要什么，您都不会有意见……

斯大林怒目圆睁地看完了信，然后狠狠地把信拍在桌子上。

5 月 31 日晚上，朱可夫正准备睡觉，突然听见外面传来激烈的争吵声。原来有 3 个身穿国家安全部制服的人要来搜查他的房子，警卫死死拦着不让进。

朱可夫出来质问他们是什么人，要求出示搜查证，但他们并没有搜查证。朱可夫便掏出手枪让他们快滚，否则就地枪毙。他们看到朱可夫打开了枪的保险，吓得脸色惨白，灰溜溜地跑了。

朱可夫看着他们逃跑的背影，一种不祥的预感涌上心头。就在 3 周前，国家安全部部长梅尔库洛夫①突然被斯大林解职，而接替者正是自己的老对头阿巴库莫夫。

第二天，朱可夫带着复杂的心情来到最高军事委员会会场，发现与会者除了军事将领外，还有政治局委员。他想，这次会议一定有重大的事情宣布。斯大林最后一个进入会场，他环顾众人，最后把目光停留在朱可夫身上。随后，他让会议秘书什捷缅科给大家念了一封信，这封信就是被炮制出来的诺维科夫的声明信。

信念完后，会场默然无声，斯大林让大家都发表意见。马林科夫和莫洛托夫抢先发言，想方设法地把各种罪名安在朱可夫头上，但他们除了一再叙述声明信中的“罪行”外，没有提出任何别的证据。紧接着讲话的是科涅夫、罗科索夫斯基、华西列夫斯基、索科洛夫斯基等，他

① 梅尔库洛夫（1895—1953）：即弗谢沃洛德·尼古拉耶维奇·梅尔库洛夫，苏军大将，历任国家安全总局局长、国家安全人民委员、国家安全一级政委、国家安全部部长。贝利亚倒台后被枪决。

们都和朱可夫一样，经历过惨烈的战争，知道如果不维护曾经的副统帅，这次砍向朱可夫的刀随时都有可能砍向自己。于是，他们只是指出朱可夫态度粗暴等性格方面的缺点，断然否定他搞阴谋活动。

后来，朱可夫在回忆录中写道：

大家讲完话后，斯大林沉默了一会儿，然后问我有什么需要辩解的。我回答说自己没有罪，从来没有要什么阴谋，一直都在为党和国家奋斗。那些供词，我知道是在什么情况下弄出来的，我相信曾跟我一起浴血奋战过的战友不会说不诚实的话，他们肯定是受到了别人的逼迫。

斯大林盯着朱可夫看了一会儿，然后说："朱可夫同志，我也愿意相信你，不过你最近还是离开莫斯科为好！"

朱可夫看着斯大林，坚定地说："斯大林同志，无论我去哪里，都会忠诚地执行党和政府的命令。"

会议最后决定解除朱可夫的陆军总司令和武装力量部副部长职务。6 月 3 日，苏联部长会议任命朱可夫为敖德萨军区司令员，接任陆军总司令一职的是科涅夫元帅。

朱可夫办完交接手续后，马上前往新的就职地敖德萨，并把一些家具和日常用品用火车运送过去。然而，这些家具却在亚戈金诺海关被扣下了。原来，布尔加宁向斯大林报告朱可夫利用职务之便，侵占了 85 个装满家具的箱子。随后，苏联驻德国集团军的后勤部代理主任为朱可夫证明，这些家具都是朱可夫自己从德国"阿里宾—马伊"家具厂订购的。尽管如此，这些家具最终还是不知去向。

尽管被贬，但朱可夫始终自信执着。1947 年 2 月，在联共（布）中央全会上，朱可夫被逐出了中央委员会。在会上，有人宣布他的"罪行"后，他大步离开了会场。同年 3 月，斯大林任命布尔加宁为武装力量部部长。

来到敖德萨军区后，朱可夫走访军营时发现，单身的指挥员们竟然和士兵们住在一起，而带有家属的指挥员只能在营地里搭帐篷居住。为了解决住房问题，朱可夫在军区军事委员会会议上要求地方当局妥善解决。要是在以前，只需朱可夫的一句话，敖德萨州第一书记基里钦科马上就能将此事办好。但眼下的朱可夫是个“危险人物”，虽然还是军区司令员，但是已经被莫斯科抛弃了。因此，基里钦科听了朱可夫的话，一边说为军人服务是地方当局的义务，一边又说现在政府没有预算，没钱造房。

朱可夫着急地说：“有没有临时住房，市区的也可以。”

基里钦科缓缓地说：“没有，什么地方都没有了。”

朱可夫知道他在瞎说，这么大的一个市区，怎么可能没有空闲的房子？但朱可夫没有追问下去，只是派手下暗中到市区调查空闲的房子。果然，他们找到了很多空闲房子，不过这些房子都有主人了。为了尽快让士兵们有房住，朱可夫让人和这些房主谈判，有的房主不愿意，就跑到州委机关控诉军队强占房子。

基里钦科知道部队查房后，给朱可夫打电话质问他为什么部队的人会到市区查房。

朱可夫淡淡地说：“你不是说没有房吗？是我让部下去查的。”

基里钦科见朱可夫如此痛快地承认，叫道：“你……你……你凭什么这么做？你这是专横的行为！”

“我专横？你要知道，他们是空闲住房委员会的成员，况且委员会中还有苏维埃的代表，你不会告诉我他们也没有权力查房吧？”

朱可夫没等基里钦科再说话，便挂了电话。这以后，查房的行动非但没有终止，反而越查越严。

基里钦科阻止不了朱可夫，于是就把朱可夫的“独断专行”和房主们的控诉上报莫斯科。莫斯科对于部队没有住房的问题也很头疼，只得将此事搁置。

朱可夫刚到敖德萨还做了一件大事，那就是铲除这里的匪患。当时敖德萨土匪横行，他们不但抢掠百姓，甚至连军队也敢抢。有的百姓忍无可忍奋起反抗，但轻则被这些土匪打得遍体鳞伤，重则被杀害。

朱可夫了解到当地警力不足，于是命令军官可以携带自卫武器，遇到土匪可以就地枪毙或缉拿归案。但这项命令使军官们更频繁地遭到土匪袭击。因为土匪看中了这些军官的武器。朱可夫被土匪们的嚣张气焰激怒了，决定让军队灭掉这些亡命之徒。很快，由军队主导的“清剿”行动在全市开展起来，这种严打行动的效果非常好，治安得到了全面改善。不过，大规模的“清剿”难免会出现冤假错案，受到冤枉的家属们跑到警察局闹事。

基里钦科见事情闹得有些凶，乘机要求莫斯科把朱可夫这个独裁者赶走。他还添油加醋地说：“朱可夫在我们这里搞了个政权，用军区司令部代替各个机关。他们不但不听州委领导的意见，还说我们无用，干脆解散得了。”

斯大林对基里钦科的话多少有些怀疑。1948 年 1 月初，他让布尔加宁等代表武装力量部前去调查。布尔加宁原以为朱可夫会隆重地接待自己，没想到他们到达车站后，并没有看到朱可夫的身影，经过打听才知道他在搞野外演习。

布尔加宁生气地草草调查了一番，就向斯大林作了汇报。首先是军队方面，朱可夫对于部队的安置和训练并没有什么问题，他独断专行，常常无缘无故地训斥指挥员们，有个将军开会时只是晚到了两分钟，他不但把人家劈头盖脸地骂了一顿，还把他赶出了会议室；其次是军地关系方面，朱可夫与当地州委的矛盾非常深，用基里钦科的话讲，朱可夫不仅是军队的司令员，还是当地的领导。

“那么，他清查房屋真的是在抢?”斯大林脸色变得很难看。

“是的，他们不但强行入住居民家中，还私自搬进了全市备用房。现在市民们都知道地方政府没有权力，有事都去找部队了。”

“那么打击犯罪的问题呢?”斯大林又问道。

“这个问题不能从表面上看。经过部队的围捕、清查、暗访，市区的确比以前安全了些。但他们在抓罪犯的时候也大规模地抓了普通百姓。而且他们所抓的犯罪分子大都是地痞无赖，犯罪团伙的首领早已藏了起来。很多人看到表面上安定了，便以为朱可夫把犯罪分子全都消灭了，其实这是错误的。”

斯大林猛吸了一口烟，知道朱可夫还没有反省，决定对他继续惩戒，因为指出朱可夫这种情况的不止布尔加宁，还有阿巴库莫夫。

朱可夫在德国工作期间，有个副官名叫谢莫奇金。1947 年年末，谢莫奇金因被指控侵占财物而遭到拘捕。阿巴库莫夫得知这个消息后，经过审问和炮制材料，将谢莫奇金的“举报信”呈交给斯大林。这封“举报信”的内容大致为：朱可夫对斯大林早就心怀不满，朱可夫私生活奢靡，并且有侵吞财物和受贿的行为，有一个满是宝物的盒子和一个满是金器的箱子。

阿巴库莫夫强烈建议对朱可夫的住所进行搜查。得到斯大林的默许后，阿巴库莫夫兴高采烈地带着人悄悄来到朱可夫在莫斯科的住所。阿巴库莫夫搜查完后，把一些材料交给了斯大林：搜查到一个盒子，里面有 17 块金表、3 块镶钻石的金表、15 枚镶宝石的金坠子和金戒指。他表示，由于还需要加大搜查力度，他没有动这些物品，只进行了拍照，以免打草惊蛇。可以确定，这所住宅被人为处理过，尽管发现了一些有价值的物品，但是对于装有金器的箱子、私人信件和其他物品一无所获。

1948 年 1 月 8 日夜间，经过斯大林的同意，阿巴库莫夫搜查了朱可夫在莫斯科市近郊鲁布廖沃村的别墅。这次搜查令阿巴库莫夫非常兴奋，虽然他还是没有发现装有金器的箱子，但是找到了大量的绘画、古董、面料、毛皮、家具和其他奢侈用品。阿巴库莫夫向斯大林报告说，鉴于朱可夫及其妻子目前身在莫斯科，他已经让国家安全部的人员秘密搜查了朱可夫位于敖德萨的房子。

朱可夫来到莫斯科的第三天，中央书记日丹诺夫向他说明了阿巴库莫夫搜查的事情以及查到的物品，并要求他进行解释。朱可夫针对这些无中生有的指控，写了一封解释信，内容为：

原助理谢莫奇金的指控完全是胡说八道，我不知道他写下这些东西是出于什么目的，但是我从来没有对斯大林同志有过任何敌意。

我住所里的毛皮大衣、法兰绒和墙纸、成套的餐具等，都是我这些年出钱所购，可以提供发票；黄金物品、手表、女人饰品等，都是这些年所购和亲朋的赠送；绘画和古董等，是从德国无人居住的房子里取得，而且这些物品都列入了国家安全部的清单，不能算作我的私人财物。

我可以用党性来担保，谢莫奇金是在诬陷我，我请求对他的指控进行核查。我一直勤勉工作，忠于党和国家，努力完成斯大林同志交予的任何工作。对于我的一些过错，我会努力纠正，一定不辜负党和国家的信任。

随后，日丹诺夫细致地核查了每一个细节，结果多数物品都得到了很好的说明，但有些珍贵物品还是被判没收。1 月 20 日，中央召开会议，给了朱可夫最后一次机会，撤销其敖德萨军区司令员的职务，将他贬为小军区司令员。2 月 3 日，朱可夫被没收的物品移交完毕。2 月 4 日，苏联武装力量部部长布尔加宁正式签署文件，任命朱可夫为乌拉尔军区司令员。

朱可夫被贬后，阿巴库莫夫并没有就此放过他。9 月 18 日，与朱可夫关系很好也是骑兵出身的克留科夫中将被抓。阿巴库莫夫知道克留科夫夫妇和朱可夫一家关系极好，而克留科夫的妻子鲁斯拉诺娃在卫国战争期间获得的一级勋章正是由朱可夫领头的军事委员会提名，因此，阿巴库莫夫认为他们是对付朱可夫的一枚重磅炸弹，于是利用多种手段对他们进行审讯。克留科夫尽管惨遭酷刑，但始终只字不提朱可夫。阿巴库莫夫十分生气，加大了刑讯的力度，不但毒打、羞辱他，还不让他吃饭、睡觉，最终，精神恍惚的克留科夫在“炮制”的笔录上签了字。

这份笔录虽然没有给朱可夫再添厄运，但是此时的他已完全没有了往日的豪爽与威严，过着如履薄冰的日子。

归根结底，朱可夫之所以连续被贬，主要有两个原因：

一是斯大林想镇一镇朱可夫。因为凭着地位和荣誉，朱可夫有些飘飘然了。但斯大林并不打算彻底打倒朱可夫，因为当时的国际环境对苏联有些不利。

二是阿巴库莫夫对朱可夫有极大的怨气。事情起因于1945年德军投降后朱可夫驻守柏林期间。有一次，身为除奸局局长的阿巴库莫夫悄悄来到柏林，拘捕了一些“品行不端”的官兵。朱可夫知道后，气愤地让手下把阿巴库莫夫带到自己的办公室。阿巴库莫夫趾高气扬地走进朱可夫的办公室，朱可夫马上质问他：“你凭什么抓我的手下？你来到柏林，怎么不和我说一声？”

一向嚣张的阿巴库莫夫被朱可夫镇住了，吞吞吐吐地说行动是机密的，不能为外人知道。朱可夫看着他那畏缩的样子，更加生气，指着他说：“你给我听好了，首先，马上放了所有被抓的人；其次，赶快离开柏林，24小时后我不想再看到你的身影。”

阿巴库莫夫遭到朱可夫指责后，不服气地说：“你凭什么命令我？我是除奸局局长，再说我和你一样，都是副国防人民委员！”

“哼！你？我再说一遍，如果24小时后我再看到你，那么你将会被押回莫斯科。”朱可夫威胁道。

阿巴库莫夫知道朱可夫的脾气，也知道他说到做到，于是当天便返回了莫斯科。

这件事让阿巴库莫夫对朱可夫产生了很大的怨恨，这个心胸狭窄的除奸局局长，自此下定决心要报复朱可夫。

恢复名誉

朱可夫因为被贬、屡受迫害以及夫妻长期分居，妻子和他的关系越来越疏远。在逆境中，朱可夫遇到了人生最后的伴侣——加琳娜·亚历山大罗夫娜。

1950年，朱可夫抑郁成疾，前往斯维尔德洛夫斯克市的一家医院疗养。在这里，他遇到了比他小 30 岁的漂亮女医生——加琳娜。加琳娜是一个正直、开朗、热情的姑娘，而且长得非常漂亮，朱可夫很喜欢她，尤其喜欢她那双漂亮的、充满温情的绿眼睛，但是，那双眼睛看起来又好像隐藏着些许忧伤。与加琳娜认识后，朱可夫似乎变年轻了，精神也好了很多，脸上整天都洋溢着愉快的光彩。朱可夫经常跟加琳娜一起聊天，了解她的家庭和经历，这对他来说是一件相当愉快的事情。

随着时间的流逝，他们的感情逐渐升温，这位著名元帅与女医生擦出了爱情的火花。1950 年，加琳娜将自己的一生托付给了朱可夫。1956 年 6 月，加琳娜生下了女儿玛丽娅。1965 年 1 月，朱可夫与亚历山德拉正式离婚后，与加琳娜结了婚。他们共同生活了 24 年，不管朱可夫荣辱浮沉，加琳娜始终对他忠贞不贰，同甘共苦，这让长期处于逆境的朱可夫内心得到了些许安慰。

就在朱可夫陶醉于甜蜜爱情之中的时候，朝鲜战争爆发了。1951 年，他的死对头阿巴库莫夫也被捕入狱。此后，朱可夫的名誉慢慢得到了恢复。

1952 年秋天，朱可夫被选为苏共十九大代表，接着又被选为候补中央委员。与此同时，斯大林的身体每况愈下，终于在 1953 年 3 月 1 日因为脑出血而瘫痪。马林科夫、贝利亚、莫洛托夫、伏罗希洛夫、赫鲁晓夫、米高扬等人得知斯大林病情严重后，决定召开中央全会，并让所有中央委员和候补委员赶到莫斯科。

1953 年 3 月 4 日，苏共中央主席团常务委员会召开会议，讨论了党和国家组织机构的调整、新领导集体的组建、一些政府部门的合并以及关键机构的人事安排等问题，最终得出了以下结论：

马林科夫担任苏联部长会议主席，第一副主席由贝利亚、莫洛托夫、布尔加宁和卡冈诺维奇①担任。把原部长会议的主席团和主席团常

① 卡冈诺维奇（1893—1991）：即拉扎尔·莫伊谢耶维奇·卡冈诺维奇，苏联政治活动家，曾任苏共中央主席团委员、苏联部长会议第一副主席。1957 年 6 月被定为“反党集团”成员，被开除出主席团和中央委员会。

委会合并成主席团，成员全部为苏共中央主席团成员。解除最高苏维埃主席团什维尔尼克[①]的主席职务，改由伏罗希洛夫担任。

国家安全部和内务部合并为内务部，由贝利亚担任部长；武装力量部和海军部合并为国防部，由布尔加宁担任部长，朱可夫和华西列夫斯基担任第一副部长；对外贸易部和商业部合并为对外和国内贸易部，由米高扬担任部长；机械制造部由萨布罗夫[②]担任部长；电力工业部由别尔乌辛[③]担任部长；外交部由莫洛托夫担任部长。

中央主席团和主席团常委会合并为主席团，委员有马林科夫、贝利亚、莫洛托夫、伏罗希洛夫、赫鲁晓夫、布尔加宁、卡冈诺维奇、米高扬、萨布罗夫、别尔乌辛和斯大林，候补委员有什维尔尼克、波诺马连科[④]、梅利尼科夫、巴吉洛夫。赫鲁晓夫由于需要在苏共中央委员会工作，因此不再担任莫斯科市委第一书记。

前段时间屡受迫害的朱可夫，居然能进入国家最高领导人行列，不禁让人大吃一惊。根据公开资料，这是马林科夫的提议，在紧急情况下，他拥有为斯大林签署文件的权力。那么，马林科夫为什么要重用朱可夫呢？这主要是因为马林科夫有两个最大的对手——布尔加宁和赫鲁晓夫。马林科夫知道朱可夫与布尔加宁关系紧张，就想利用朱可夫来牵制他。

---

① 什维尔尼克（1888—1970）：即尼古拉·米哈伊洛维奇·什维尔尼克，苏联政治和工会活动家。工人出身，长期负责工会工作，曾任苏联最高立法机构最高苏维埃主席团主席。在斯大林时代，他在党内只是中央政治局候补委员，因此只是名义上的国家元首。

② 萨布罗夫：即马克西姆·扎哈罗维奇·萨布罗夫，苏联党务、国务活动家，曾任苏联国家计划副委员会局长和第一副主席、人民委员会（苏联部长会议）副主席、国家计划委员会主席。1957 年 6 月被定为“反党集团”成员。

③ 别尔乌辛（1904—1978）：即米哈伊尔·格奥尔基耶维奇·别尔乌辛，苏联国务活动家，曾任苏联部长会议第一副主席、苏联部长会议中型机械制造工业部部长和国家对外经济联络委员会主席、苏共中央主席团候补委员、苏联驻民主德国大使、苏联国家计委部务委员兼地区规划和生产力布局司司长。

④ 波诺马连科（1902—1984）：即潘捷列伊蒙·康德拉季耶维奇·波诺马连科，苏联陆军中将，苏德战争期间曾任西方方面军、中央方面军和突击第 3 集团军军事委员，最高统帅部大本营游击运动总司令，白俄罗斯人民委员会（后为部长会议）主席。

1953 年 3 月 5 日晚，斯大林去世了，享年 75 岁。斯大林去世后，马林科夫成为中央主席团和部长会议第一号人物，位列第二的是贝利亚。但马林科夫能力有限，因此很多人都把贝利亚当成是“第一人”。贝利亚因为长期担任内务人民委员，得罪过很多人，因此他迫切希望改头换面。为了在以后的工作中不让人抓住把柄，他决定开展平反运动。

1953 年，斯大林逝世后，苏联党和国家领导人伫立在斯大林灵柩前，左一为赫鲁晓夫

3 月 13 日，在贝利亚的领导下，内务部重新审理了克里姆林宫医生间谍案、被指控建立犹太复国主义反革命组织的安全部工作人员案、苏联武装力量部炮兵总局被捕工作人员案和格鲁吉亚“明格列尔案”等，重审的结果是，这些案件存在冤情。4 月 3 日至 10 日，中央主席团平反了克里姆林宫医生间谍案和格鲁吉亚“明格列尔案”。

贝利亚还特别关注苏联空军和航空工业部领导人的案件，最终，中央主席团在 6 月 12 日对该案进行了平反。这次平反间接为朱可夫正了名。在 1951 年被判入狱 25 年的克留科夫向中央委员会递交了说明书，指出自己以前的“口供”是审问人员编造的。

克留科夫还向朱可夫递交了这个副本以及一封致歉信。朱可夫接到文件后马上进行了研究，最后给赫鲁晓夫写了一封信。实际上，赫鲁晓夫也收到了克留科夫的说明书，但他暗中压了下来。他收到朱可夫的信后，很快给中央主席团写了一份报告：

苏共中央主席团全体成员：

在1951年的航空工业部领导人的案件中，被判25年刑期的原中将克留科夫给苏共中央写了一封说明书，并请求转交中央主席团。

克留科夫说当年自己是受到迫害的，他的"认罪书"也是审问人员编造的，请求重新审理此案。

我觉得我们不应该冤枉一个好人，该案需要重新审查。

赫鲁晓夫

1953年6月3日

6月11日，经重新审查，在此案中受到诬陷和攻击的所有人都恢复了名誉，其中自然包括朱可夫。

贝利亚进行的平反运动，使得中央某些领导大为不快，因为他们的一些亲信都受到了处置。为了在政治上得到进一步发展，贝利亚昏头昏脑地还想彻查二十世纪三四十年代大镇压的案子。要知道赫鲁晓夫、马林科夫等人都参与了这些案件，并亲自抓捕和枪毙了许多人。为了阻止贝利亚继续调查下去，赫鲁晓夫和马林科夫抛开分歧走到了一起，打算对贝利亚采取行动。

清除贝利亚的行动由赫鲁晓夫牵头，布尔加宁、马林科夫和莫洛托夫等先后加入。中央主席团多数委员达成共识后，认为清除贝利亚的时间可以定在莫斯科军区夏季演习时。这样安排有两个好处，首先，这次演习需要西伯利亚的几个步兵师参加，布尔加宁可以借此机会安排这些亲信部队进入莫斯科；其次，马林科夫可以在召开部长会议时，用免检车把将军们悄悄带入自己在会场的办公室。一旦决定抓捕贝利亚，这些将军便能快速将其制服。

这个抓捕计划只有赫鲁晓夫、布尔加宁、马林科夫和莫洛托夫四个人知道，他们打算在抓捕的头一天再告诉执行抓捕的人员。

1953年6月25日，根据赫鲁晓夫和布尔加宁的要求，莫斯卡连科带着关系密切的将领悄悄来到布尔加宁的办公室。布尔加宁告诉莫斯卡连科中央委员会准备秘密抓捕贝利亚，随后又问他带了几个人过来。

得知莫斯卡连科只带了 5 个人，布尔加宁摇摇头说："不够，还需要再添加几个。"于是，莫斯卡连科又推荐了华西列夫斯基、朱可夫、勃列日涅夫①、沙季洛夫、格特曼②和涅杰林③。

布尔加宁想了想，要求不要带上华西列夫斯基，增添普罗宁。与此同时，朱可夫被赫鲁晓夫叫到办公室，一同被召见的还有马林科夫。赫鲁晓夫简单地寒暄后，对朱可夫说："在明天的大会上，我们一定要将贝利亚抓起来，朱可夫同志，你再带上两个亲近的人吧，要携带手枪。"

6 月 26 日上午 11 时，准备抓捕贝利亚的人员，被布尔加宁带进他位于克里姆林宫的办公室。在这里，布尔加宁将抓捕贝利亚的任务交给了朱可夫。朱可夫没有犹豫，问道："在会场的什么地方，什么时候进行抓捕？"

马林科夫简单介绍了会议的程序，然后说抓捕人员预先在会场外的办公室等候，一旦听到信号——"两声铃响"，便立即冲入会场进行抓捕。之后，他们商议了具体的抓捕流程，以及宣布贝利亚罪行的公告。

会议正式开始后，担任主持人的马林科夫首先发言，他说："今天，我们的会议要商讨一个重大问题，这个问题关乎党，关乎整个国家。"马林科夫讲完后，按流程接下来是赫鲁晓夫发表讲话。狡猾的贝利亚似乎意识到了什么，忙向赫鲁晓夫打听是什么事，赫鲁晓夫告诉他一会儿就知道了。

---

① 勃列日涅夫（1906—1982）：即列昂尼德·伊里奇·勃列日涅夫，苏联政治家，苏联元帅。曾任苏联共产党中央委员会总书记、苏联最高苏维埃主席团主席、苏联国防委员会主席。

② 格特曼（1903—1987）：即安德烈·拉甫连季耶维奇·格特曼，苏联陆军大将。苏德战争期间历任坦克第 112 师上校师长、坦克第 6 军少将军长、近卫坦克第 11 军军长、近卫坦克第 1 集团军副司令。战后任军区装甲坦克和机械化兵参谋长、副司令、司令和机械化独立集团军司令。

③ 涅杰林（1902—1960）：即米特罗凡·伊万诺维奇·涅杰林，苏联军事家、炮兵主帅。在组建首批火箭部队、培养和配备火箭部队干部、制定新军种的战斗使用原则等方面，做出了很大贡献。

赫鲁晓夫讲话的内容大致为：“贝利亚以前帮助过英国间谍组织，在斯大林同志离世后，干涉地方行政事务；暗中唆使加盟共和国反对中央，企图分裂苏联；残忍地迫害了很多没有过错的同志……贝利亚是个奸诈的小人，是一个披着共产主义外衣的野心家。”

贝利亚听了赫鲁晓夫的话，刚想站起来申辩，布尔加宁和莫洛托夫紧跟着表明了态度。按照之前商定的流程，此时应该由马林科夫进行总结，但马林科夫却结结巴巴地不知道该说什么。赫鲁晓夫见会场鸦雀无声，站起来大声提议剥夺贝利亚的一切职务。马林科夫因为过于激动，没等大家对提议进行表决，就按响了电铃。

会场外的 11 位将军一听到铃响，勃列日涅夫等 5 人看守门口，其余 6 人立即冲了进去。6 位将军掏出手枪冲到贝利亚面前，莫斯卡连科抢先用手枪指着贝利亚要求他举起手。贝利亚举起手后，朱可夫反扣住他的手，然后将他提了起来。之后，朱可夫对贝利亚进行了搜身，最后将他押至部长会议主席休息室。当天深夜，贝利亚被押到莫斯科卫戍部队的一间禁闭室里。为了防止贝利亚自杀，朱可夫要求看管人员务必留心。

7 月初，苏共中央召开“七月全会”，这次会议的主要议题是批判贝利亚的罪行。在这次会议上，朱可夫再次当选为中央委员。

积极实施军事变革

1953 年，随着“七月全会”的结束，中央委员会的权力得到增强。赫鲁晓夫在 9 月召开的中央全会上升任苏共中央第一书记，从这一刻起，需要中央批复的文件都由赫鲁晓夫和马林科夫一起签署。

赫鲁晓夫的实际能力比马林科夫突出，加上马林科夫受到平反事件的影响，权力开始慢慢朝赫鲁晓夫集中。马林科夫也意识到了这一点，但他束手无策。

1954 年年末，马林科夫悲观地认为一旦再次爆发世界大战，文明很有可能就此终结。他的观点受到了赫鲁晓夫的猛烈批判，军人出身的朱可夫更是坚决地进行了驳斥。由于受到大家排挤，马林科夫被迫于1955 年 2 月 8 日卸任苏联部长会议主席，由赫鲁晓夫接替他的职位，而朱可夫也接过了布尔加宁的国防部部长一职。

为了加强军队建设，朱可夫全身心地投入军事改革中，并积极执行中央精减军队的指示。1955 年 5 月 10 日，为了顺应国际社会的和平呼吁，苏联政府决定将常规部队进行精减。7 月，苏联提出各国需要大规模裁军和禁止使用核武器。然而，这个提议并未获得其他国家的响应，苏联为自身利益考虑，决定单方面把军队裁减 25% 。

裁军正式开始后，朱可夫于 7 月 31 日决定撤回奥地利驻军，并打算在全军裁减与这批人数相等的兵员。这次裁减的兵员一共有 34 万人，涉及陆、海、空三军。8 月 12 日，苏共中央主席团通过了裁减兵员草案。在 1956 年 2 月 9 日苏共二十大召开前，朱可夫又向中央提出全军再裁减 42 万人。

这两次裁军使很多军人产生了负面情绪，有军队上层领导向中央提出："欧美等国都没有裁军，我们如此大规模裁军，对于国防安全是不是过于大意了？"不过，由于裁减的数量并不算多，加上朱可夫在军中的威望，多数军官还是能理解中央的决定的，因此这次裁军还算顺利。赫鲁晓夫见朱可夫裁军成功，也于 1960 年下达了裁军 150 万人的决定。这个人数相当于整个苏联军队的三分之一，因而引起了全军上下的一致反对，军队高层纷纷递交辞职信。最终，这次由赫鲁晓夫主导的裁军以失败告终。

朱可夫的军队改革并不只是裁减兵员，他还降低了军官的薪资并规定了军队各级指挥员的最高年龄。赫鲁晓夫对此十分支持，因为国家的经济发展更需要钱，而指挥员年轻化也更符合未来战争的要求。

对军区司令员的年龄规定为不得超过 55 岁。他对赫鲁晓夫说："如果军区司令员岁数过大，一旦爆发战争，体力和精力肯定跟不上，我们总不能让他们带着私人医院开赴前线吧！"随后，朱可夫给赫鲁晓夫列了一份可以退休的老将军名单，赫鲁晓夫看完名单后大吃一惊，因为上面都是战功卓著的高级指挥员。

赫鲁晓夫皱了皱眉头，说道：“他们的年纪是大了，但是让他们退休的难度不小呀！这些人可不好惹！”

朱可夫豪放地说：“我也不是吃素的！”

“千万不能硬来，这件事需要做得周全些！”赫鲁晓夫提醒道。

“知道了，放心地交给我吧！”朱可夫的嘴角露出一丝不易察觉的微笑。

很快，朱可夫便把退伍报告书发送给各军区超龄的司令员，内容为：“现在您已被解除司令员工作，在新司令员到来前，请把工作交给副手，并返回莫斯科。”

接到“强退书”的司令员们怒不可遏，有的破口大骂，然后默默地收拾行李；有的把“强退书”撕得粉碎，假装没有收到；有的给中央打电话，想找出这件事的始作俑者。叶廖缅科接到朱可夫的“强退书”后，把自己关在办公室里，发话不许任何人打扰。他的手下吓坏了，一连几天都没敢敲他的门。不过，他显然有些自作多情，因为莫斯科根本没有人来搭理他。叶廖缅科受不了了，打开门让手下给中央发电报，说自己绝不会听从卑鄙者的命令，如果要让他交出军区，除非让他担任国防部副部长。

朱可夫看到叶廖缅科的报告后，气得直接撕碎报告。他跑去找赫鲁晓夫，要求对叶廖缅科这个刺头严加处理。

赫鲁晓夫有些为难地摊了摊手说：“怎么处理呢？把他逮起来？”

朱可夫没有正面回答，因为按他的脾气，绝对能做出抓叶廖缅科这样的事情。赫鲁晓夫看着气鼓鼓的朱可夫，说：“要不这样吧，对于有重大贡献的司令员，我们就不让他们退休了，随便给他们找个高一点的职位，让他们挂个名算了。”

朱可夫想了想，点头表示同意，提议可以成立一个总监察员小组，直接归国防部管。赫鲁晓夫笑着问道：“这些老油条能好好工作？你就不怕他们造你的反？”

朱可夫强硬地说："他们敢！再说了，他们又没有实权，原有的机构还是保留，他们只干些礼仪性的工作，让他们的虚荣心得到满足就行了。"

赫鲁晓夫补充道："我们再给他们晋级吧，当然不是人人有份，主要针对战功显赫的将领……"

朱可夫撇了撇嘴，嘟囔道："这不是对军衔制的侮辱吗?"

"话不能这么说呀！算了算了，就这样了!"赫鲁晓夫劝道。

赫鲁晓夫随即打电话给叶廖缅科，他装作什么事也不知道，与叶廖缅科拉起了家常。在谈到正题时，赫鲁晓夫向身边的朱可夫眨了眨眼，对叶廖缅科说："为了提高军队的战斗力，目前正准备组建一个总监察机构，成员为老资格的将军和元帅，这个机构直接归国防部和中央委员会管辖，当然……"

朱可夫皱了皱眉头，因为他猜到了赫鲁晓夫后面想说的内容。

赫鲁晓夫接着说："当然，我们打算给你留一个位置，你看怎么样?"

"原来是这样啊！不早说，我还以为让我退休呢!"叶廖缅科抱怨道。

"不是那样的，误会误会!"赫鲁晓夫赶忙解释道。

朱可夫又皱了皱眉头，他不想听到"退休"一事被反驳。

叶廖缅科知道木已成舟，况且赫鲁晓夫给足了自己面子，于是强颜欢笑地表示了感谢，说自己马上就回莫斯科。

朱可夫对赫鲁晓夫的做法有些不满，认为他对军队的事情干涉得有点过了。朱可夫想加强军队指挥员的权力，不必听从党政机关的命令，但这样的观点和赫鲁晓夫的想法有出入，最终导致赫鲁晓夫对朱可夫产生了防备心理。

为了提高军队指挥员的业务水平，朱可夫提出"很多指挥员缺乏对现代战争的了解，需要系统地学习先进的军事知识"。在他的带动下，全军掀起了学习现代军事理论的热潮。

1956 年 2 月，在苏共二十大上，赫鲁晓夫提出了“三和”路线，而身为国防部部长的朱可夫对此不以为然，对赫鲁晓夫进行了反驳，他说：“苏联政府虽然在国际上提倡和平，但是以美国为首的西方国家却故意制造摩擦，企图加剧国际紧张局势。我们不能放松警惕，和平虽然需要，但是军队变革也迫在眉睫。”

在国防部的会议上，朱可夫阐明了自己的看法：

以美国为首的资本主义国家，不仅精心研究各种核武器，还打造了各类投放核武器的工具。美国制造了各种可以装载核武器的飞行器，并把这些飞行器安置在苏联周边的空军基地。他们不仅大力强化武装军队，还将联邦德国的军队作为先锋队，企图用各类装甲坦克武器、反坦克武器、无后坐力大炮和原子炮等来武装自己。另外，他们还研发了小型化核武器，打算用这些武器强化陆军。他们在海军方面也进行了大规模武装，不仅建造了反潜艇武器，还大大增添了舰载航空兵和水下攻击武器。未来的战争，会由空军、各种空间飞行武器以及大规模杀伤性武器构成。因此，我们需要大力发展这些军事手段，培养可以使用这些武器的军事化人员。未来的战争，胜负的关键就在于对这些先进武器的掌握和使用，千万不能漠视它们。

对于核武器的应用，美国记者康尼夫曾在 1955 年 2 月 7 日问朱可夫：“现在，很多人都认为敌对双方拥有核武器，战争爆发的可能性就会变为零，因为谁都不想被核武器攻击，您对此怎么看?”

朱可夫回答说：“这种看法是片面的，就算敌对双方不使用核武器，那么一定会在常规武装力量方面进行竞争。”

早在 1953 年，朱可夫便表达过这样的观点：“有些人说发生战争时，敌我双方不会使用核武器，因为这很可能导致双方都被毁灭。我不同意这样的观点，因为核武器的出现就是为了替代常规武器，我们只有做好迎战的准备，才有可能避免遭到这种武器的袭击。”

朱可夫的这番话，不仅在“冷战”时期得到了验证，就连现在世界上的各个大国，都还在做这样的准备。

“义务外交部长”

“冷战”时期，以苏联和美国为首形成了两大军事联盟。为了加强与外界联系，也为了与更多的国家进行沟通，苏联需要一个非正式的外交活动人员，“义务外交部长”就在这种情况下诞生了。首先被选中的并不是朱可夫，而是赫鲁晓夫的女婿——记者阿朱别伊。

阿朱别伊利用记者的身份走访了许多国家，由于他和赫鲁晓夫的关系，不少国家都暗中派人与他接触，希望可以和苏联领导人赫鲁晓夫建立沟通渠道。之后，苏联为了缓和与资本主义阵营的矛盾，主动寻求改善与美国的关系。那么，谁能担任这个沟通的角色呢？赫鲁晓夫知道朱可夫和时任美国总统艾森豪威尔私交不错，于是就把这个重任交给了朱可夫。

朱可夫被任命为国防部部长时，赫鲁晓夫就让他接见了一批美国记者。这些记者果然问到了赫鲁晓夫想让他们问的事情——朱可夫与艾森豪威尔的私人关系。艾森豪威尔曾以友情为由，两次邀请朱可夫赴美访问，但朱可夫均因身体原因以及事务繁忙而未能前往。美国记者问朱可夫：“如果艾森豪威尔总统再次邀请您访问美国，那么您是答应呢，还是不答应？”

朱可夫笑着回答：“以苏联和美国现在的关系，如果进行此类访问，那是不合适的，会让美国人民和美国盟友产生困惑。我一直希望苏联和美国可以达成共识，改善两国的关系。如果两国之间的关系得到改善，那么我非常愿意对美国进行访问，我是发自内心地希望。”

随后，记者再次提问美国和苏联之间会不会爆发战争，朱可夫回答说：“我和艾森豪威尔总统在德国期间有个共识，那就是苏联和美国应该友好。艾森豪威尔总统在 1945 年返回美国时，我和他曾有过一次长谈，我们都表示会尽一切努力阻止战争。我一直遵守自己说过的话，希望艾森豪威尔总统也能尽其所能。当前，如果艾森豪威尔总统能撤除包围苏联的军事基地，那么我想这是最好的证明。你们应该都清楚美国在我国边境附近部署的那些军事基地，对我国有着怎样潜在的危险。”

“你的意思是不是说你和艾森豪威尔总统之间存在着互不战争的承诺?”美国记者抓住朱可夫的话追问道。

朱可夫机智地说：“那只是两位将军的私下谈话。因为美国和苏联当时不是对手，而现在一切都发生了翻天覆地的变化，这变化的根源不是苏联。你们部署在我国边境的军事基地对我们造成了很大的威胁，如果美国有意维持和平，应当尽早把这些基地搬走。”

美国记者说：“那些基地不是针对苏联的，只是为了维护地区的安全，因为美国需要保护北大西洋公约组织的盟友。”

朱可夫脸色变得有些难看，他义正词严地说：“我们从来没有打算攻击西欧国家。如果我们有这个打算，这些国家早就不存在了。‘二战’结束的时候，西欧各国的军力根本无法与苏联抗衡，那个时候我们没有攻击，现在更不会。国际上有些对我国不好的话，你们少听为妙，因为那都是别人抹黑苏联的，完全与我们的对外政策不一样。”

美国记者最后又问朱可夫想不想带话给艾森豪威尔总统，朱可夫回答：“替我问候他一下吧！就说我怀念我们在柏林的时光，那个时候我们做了很多改善两国关系的事情，现在我希望这种改善能继续进行下去。”

1955 年 4 月 20 日，赫鲁晓夫让朱可夫给艾森豪威尔写封私信，希望苏、美两国能进行会谈，改善当前的“冷战”状态。10 天后，赫鲁晓夫又让朱可夫写了一封信，强调改善关系对于两国甚至全世界都有积极的意义。后来，艾森豪威尔公开表示朱可夫与自己进行了联系，这是“二战”结束后他们的首次私人联系。艾森豪威尔没有说出信件的内容，但他说美、苏两国会以当初在柏林合作为榜样，友好相处。

5 月 10 日，美、英、法三国邀请苏联举行日内瓦会谈，会谈的内容为改善彼此的关系以及具体的方式方法。苏联做了积极回应，并组建了以赫鲁晓夫为首的代表团。朱可夫也是代表团成员之一。赫鲁晓夫在回忆录中说："让朱可夫参加会谈，主要是因为艾森豪威尔的关系，他们是老朋友了。我相信，苏联和美国的关系，会因为他们二人的私人关系，得到一定的改善。在会议召开前，我希望艾森豪威尔可以和朱可夫进行私人会谈，对美国和苏联的和平共处进行深入的交谈。"

艾森豪威尔非常想见到朱可夫，他在会议召开前就放出口风，希望能和老朋友朱可夫叙叙旧。记者们知道朱可夫要参加会议，于是追问朱可夫："你会不会和艾森豪威尔总统进行私下交流?"

朱可夫被烦得受不了，大声地说："我希望能见到他，也希望可以进行私下交流，我们是多年的老朋友了，见面是理所当然的事情。"

当记者追问他们会谈论什么话题时，朱可夫只是笑了笑，没有回答。

日内瓦会谈从 7 月 18 日一直持续到 23 日，双方对德国问题进行了深入交谈，还对两大阵营的裁军以及加强交流交换了意见。但这次会议并没有形成一个有效的文件。当然，按照当时两国冷战的情形，两大阵营能召开这样的会议已经有一定的积极意义。尤其是这次会议还提出了"日内瓦精神"——谈判和协商精神，对当时以及后世都产生了广泛的影响。

会议期间，朱可夫频繁与艾森豪威尔私下接触，不仅谈论了双方的家庭，还对当时的局势交换了看法。在会议召开的第一天晚上，美方为苏方举行了一次宴会。在宴会上，大家都知趣地退到一边，给朱可夫和艾森豪威尔留下了充足的空间。后来，艾森豪威尔回忆道：

我们先是对曾经的友谊进行了畅谈，然后朱可夫说苏联有很多事情都不像表面的那样。我不明白他话中的意思，他也没有进行解释。之后，我们谈到了家事，他说女儿在昨天结婚了，他因为要过来见老朋友就没有参加女儿的婚礼。我当时有点儿不大相信，但还是让手下拿来一支钢笔和一台收音机交给他，当作给他女儿结婚的贺礼。我没有想到，这个举动竟然会让他十分感动。

事实上，赫鲁晓夫极为看重朱可夫，认为他可以在苏、美两国之间起到举足轻重的桥梁作用。但朱可夫对此并没有过多的认识，他和艾森豪威尔谈到两国关系时，只是重复苏联在正式场合所说的话。

对此，艾森豪威尔这样回忆道：

我们在之后的私下会晤中，在谈到一些严肃话题时，朱可夫没有进行个人回答，只是重复会议期间苏联代表团的主张……他变了，变得和10年前不一样了，我可以感觉到他精神忧郁……我不知道这位老朋友的身上究竟发生了什么，他以前不是只会盲目听从上级命令的人。

艾森豪威尔不了解苏联国内的政局，自然不可能明白老朋友朱可夫的处境。朱可夫虽然成了国防部部长，但他始终没有从以前的阴影中走出来，一直小心翼翼地行事。不过，他的状态随着赫鲁晓夫权力的增强也发生了变化，他发现自己深受高层人物的欢迎，他们都想拉他进入自己的政治阵营。后来，朱可夫站在了赫鲁晓夫这一边，在帮助赫鲁晓夫取得核心权力后，他的天性再次显现，最终导致他再次被撤职。

当时，苏联在芬兰设有军事基地，芬兰想让苏联把这个基地撤走。苏联驻芬兰大使把芬兰的意思告诉赫鲁晓夫后，赫鲁晓夫表示同意，但是他知道中央委员里会有很多人反对。因此，他决定在中央主席团会议上就这个问题进行表决，并在会议召开前私下打听中央委员们的看法。布尔加宁听了赫鲁晓夫的话，当场表示同意撤销这个基地。

赫鲁晓夫又问朱可夫："我们在芬兰的基地就像个鸡肋，不仅阻碍了苏、芬关系，还对我们的盟友产生了负面影响。你怎么看这个问题，同不同意关掉这个基地？"

朱可夫回答说："这个基地的确没什么作用，而且我们也没有足够的理由在那里驻军，更何况维护这个基地还需要大量的军费。我同意关掉这个基地，没有任何意见。"

"哦，我还以为你会反对呢，这太好了！"赫鲁晓夫格外高兴地说，"回头我们开次会议，把这件事解决掉！"

赫鲁晓夫回到莫斯科后，在大会上提出了关掉芬兰基地的建议，虽然有些将领持反对意见，但是赞同关闭的人还是占多数。1955 年 9 月，经中央委员会和国防部同意，朱可夫向全军宣布了关停芬兰军事基地的指示。

苏联和南斯拉夫的关系于 1948 年陷入僵局。斯大林去世后，贝利亚曾就这个问题提出看法，不过随着他的被捕，此事也就不了了之。后来，随着苏联平反运动的持续，赫鲁晓夫对此产生了兴趣，并在 1954 年年初组建了一个调查委员会，负责研究此事。

很快，调查的结果出来了，南斯拉夫并不是苏联起初批判的"独裁"国家，而是一个真正的社会主义国家。赫鲁晓夫拿到调查报告后，要求承认南斯拉夫是社会主义国家，并恢复与南斯拉夫的关系。这时，与这件事有很大关系的莫洛托夫表示反对，坚决不承认当年误解了南斯拉夫，更何况它现在还是一个资产阶级专政的国家。赫鲁晓夫和莫洛托夫争斗起来，为了争取胜利，赫鲁晓夫把朱可夫和其他高级领导拉到了自己一边。

1955 年 5 月 8 日，在纪念苏联卫国战争胜利 10 周年之际，赫鲁晓夫秘密向朱可夫下达指示，要求他在苏联的《真理报》上发表文章，指出南斯拉夫在"二战"中对社会主义阵营做出的贡献。莫洛托夫看到这篇文章后，在中央主席团参加音乐会时指责文章的观点背离了列宁主义。5 月 19 日，莫洛托夫再次在中央主席团会议上驳斥了这篇文章，但与会人员都不同意他的观点，莫洛托夫被孤立了。

一周后，随着苏联和南斯拉夫的接触，赫鲁晓夫和布尔加宁、米高扬、谢皮洛夫[①]等对南斯拉夫进行了访问。在访问过程中，两国发表了《贝尔格莱德宣言》，双方的关系终于正常化了。不过，两国之间还存在非常大的矛盾，因为双方一个想控制，一个不愿被控制。

赫鲁晓夫从东欧战略方面考虑，打算缓解与南斯拉夫的关系。他想来想去，决定让朱可夫再充当一回“义务外交部长”。因为朱可夫在“二战”时与南斯拉夫军队有过良好的合作关系，还与南斯拉夫的一些将领，特别是铁托[②]将军建立了良好的私人友谊。

1957 年 4 月 4 日，在赫鲁晓夫的授意下，朱可夫约见了南斯拉夫驻苏联大使——韦利科・米丘诺维奇[③]。朱可夫对米丘诺维奇说：“我们两国都在做什么呀！一个攻击对方，一个反击对方，打来打去，彼此都受伤。我们为什么不彻底解决这个问题呢？我们中央主席团不愿让这个苗头继续发展下去，我们必须召开一次双方领导人的会议，或者寻找其他途径解决当前这种状态。”

4 月 15 日，赫鲁晓夫在参加阿尔巴尼亚人召开的酒会上，发表了关于苏、南关系的讲话，希望能化解彼此之间的矛盾。几天后，赫鲁晓夫又让朱可夫试探性地问米丘诺维奇大使苏、南关系应当怎样处理。

随着双方的频繁接触，赫鲁晓夫见时机已经成熟，就让朱可夫邀请南斯拉夫国防部部长伊万・戈什尼亚克[④]到苏联进行访问。5 月 4 日，

---

① 谢皮洛夫（1905—1995）：即德米特里・特罗菲莫维奇・谢皮洛夫，20 世纪 50 年代苏联最耀眼的政治明星之一，一个只当了八个半月外交部部长的苏联政治家。曾是苏共中央主席团候补委员、中央书记处书记，负责意识形态工作。1957 年苏共中央领导层发生激烈的政治斗争，他被开除党籍，发配外地，没收住房。1976 年 2 月恢复党籍。

② 铁托（1892—1980）：即约瑟普・布罗兹・铁托，国际共产主义战士，南斯拉夫政治家、革命家、军事家、外交家。曾任南斯拉夫社会主义联邦共和国总统、南斯拉夫共产主义者联盟总书记、南斯拉夫人民军元帅。

③ 韦利科・米丘诺维奇（1916—1982）：曾任南斯拉夫共产主义者联盟中央委员，南斯拉夫联邦议会外交政策委员会主席，南斯拉夫社会主义联邦共和国联邦主席团委员。

④ 伊万・戈什尼亚克（1909—1980）：曾任南斯拉夫共产党（1952 年改组为南斯拉夫共产主义者联盟）中央政治局委员，南斯拉夫共产主义者联盟中央执行委员会委员、中央书记处书记，南斯拉夫共产主义者联盟中央主席团委员，南斯拉夫社会主义联邦共和国国防部部长。

米丘诺维奇告诉朱可夫，戈什尼亚克将军打算在下个月对苏联进行访问。被问及访问的随从人员时，朱可夫做出了这样的回答："代表团人员应该对苏联的军事有一定了解，如果能来3位将军、3位上校和各军种的指挥员，那就再好不过了。我们的武装力量，你们都可以参观，只是核武装部门不可以，因为这个部门就连苏联很多高级将领都无权知道。"

米丘诺维奇将朱可夫的话转告国内，很快南斯拉夫传来了同意的回信。6月9日，由戈什尼亚克为首的代表团来到莫斯科，朱可夫率一大批高级将领前去迎接。戈什尼亚克没想到苏联的欢迎仪式会这般隆重，其规格之高完全出乎他的意料——苏联把欢迎仪式提高到了接待国家元首的级别。

当天晚上，朱可夫为戈什尼亚克举行了接风酒会。在酒会上，朱可夫笑容满面地赞颂了南斯拉夫人民。之后，戈什尼亚克检阅了苏军仪仗队，在此期间，朱可夫发表了讲话，内容如下：

苏联和南斯拉夫一直都是兄弟国家，大家同为社会主义国家，理应保持重要的联系。不过，以美国为首的一些资产阶级国家，为了阻挠社会主义的发展，对南斯拉夫进行了不怀好意的援助，我们希望南斯拉夫今后不要再接受这种援助，因为苏联一直都把南斯拉夫当成亲密的伙伴。从军事方面来看，美国的援助不仅没有帮到南斯拉夫，反而拖累了南斯拉夫。比如，美国援助的F－86飞机，都是美国不再装备的，已经过时了。如果南斯拉夫继续接受这样的援助，那么在军事方面根本就没有独立发展的空间，会成为美国淘汰武器的收集地。另外，美国驻南斯拉夫的军事使团根本就是心存不良，一心想在社会主义阵营里搞情报。苏联虽然有心对南斯拉夫进行援助，但由于美国的存在，苏联不得不改变这种想法。前不久，南斯拉夫加入了"巴尔干联盟"，还加强了与北约的联系，这些苏联都可以理解，也并不反对。但是，苏联希望所有的社会主义国家，所有的共产党人都应该团结一心。

朱可夫的讲话真切诚恳，戈什尼亚克很受感动，他说："南斯拉夫因为以前和苏联有矛盾，为了自保才不得不接受美国的援助和加入'巴尔干联盟'。南斯拉夫可以放弃美国的援助，但是南斯拉夫也需要自保，只要有国家能提供武器装备，南斯拉夫即刻就能与美国解除援助合作。"

双方通过深入的交流，彼此的观点更接近了。为了彻底消除双方的矛盾，他们决定以此为契机，进行更广泛的沟通。6 月 25 日，戈什尼亚克和米丘诺维奇受到赫鲁晓夫和布尔加宁的接见，之后，苏联高层秘密安排了一位与米丘诺维奇关系不错的将领，向其透露苏联愿意为南斯拉夫提供军事援助，并希望他们能尽早向苏联政府提出请求。

南斯拉夫代表团准备回国时，邀请前来送行的朱可夫对南斯拉夫进行访问。此前赫鲁晓夫和朱可夫已料到了这一点，因此，朱可夫爽朗地答应下来。他根据事前与赫鲁晓夫商议的方案，告诉南斯拉夫代表团自己将于当年 9 月对南斯拉夫进行 8 天左右的访问，另外最好也邀请赫鲁晓夫。

这次访问，对两国来说都是非常成功的。南斯拉夫方面对朱可夫的"义务外交部长"工作给予了肯定，赫鲁晓夫也对朱可夫所扮演的角色甚感满意。经过持续接触，赫鲁晓夫和铁托终于在 8 月初进行了会谈。

朱可夫"义务外交部长"的身份，在苏联与印度的外交关系中也起到了重要作用。斯大林逝世后，苏联对外部世界的认识起了重要变化，认为国际舞台应有大量的独立自主的力量。印度是第三世界不结盟运动的发起者，苏联认为如果能和印度搞好关系，那么反美的力量会更加强大。

1957 年 1 月，朱可夫应印度政府的邀请，访问印度。访问期间，印度不仅让他参观了军事训练中心、军事机构，还让他参观了兵工厂和海陆空基地。有记者这样写道："印度对朱可夫的开放让人意外，因为朱可夫参观的是一个国家的机密之处，由此我们可以想到印度和苏联的关系会得到更进一步的发展。"

果然，朱可夫结束访印行程后，印度就开始向苏联购买武器了。这次对印度的访问，不但让苏联获益匪浅，也让印度自此离不开苏联的军事装备。

大规模的平反运动

赫鲁晓夫在苏共二十大上提出要纠正历史上的冤假错案。在他的推动下，大规模的平反运动轰轰烈烈地开始了。

在这次会议的报告中，赫鲁晓夫讲了如下一段话：

朱可夫在卫国战争中的作用，很多将领都心知肚明，而斯大林对朱可夫的贡献也特别关心。斯大林常常问我对朱可夫的看法，我告诉他朱可夫是一位能征善战的将军，是杰出的军事指挥员。

然而，在战后，斯大林看到朱可夫受到广大军事指挥员的赞颂，竟然说大家对朱可夫的评价过高，他的行为配不上当前的荣誉。斯大林告诉我，朱可夫每次在战前，都故弄玄虚地抓起土闻闻，然后说可以进攻

1956 年 2 月 14 日，赫鲁晓夫上台后召开党的二十次代表大会，会议期间，赫鲁晓夫作了反斯大林的秘密报告

了，或者说攻击应当取消。当时我就告诉斯大林，这些都是别有用心的人用来编派朱可夫的，不能当真。我不知道这些是斯大林自己的意思还是他听了别人的话，但是我相信斯大林的目的是要贬低朱可夫。

我们的很多电影都特别强调斯大林在战争中的作用，并弱化前线指挥员的作用，这都是个人崇拜时期的产物，这是要不得的，也是脱离实际的。

赫鲁晓夫的讲话，为朱可夫铺设了一条阳关大道。随后，朱可夫被选为苏共中央主席团候补委员，成功进入苏联的核心领导层。

然而，赫鲁晓夫的讲话，也造成了苏联社会的动乱。很多人对赫鲁晓夫的讲话表示不满，因为斯大林在他们心目中是神一般的存在。尤其是在斯大林的故乡，爆发了大规模游行，人们高喊口号，要打倒以赫鲁晓夫为首的反叛集团，恢复斯大林的名誉，保卫苏联的胜利果实。游行发展到最后，竟然引发了暴力，死伤近百人。除了群众之外，苏联文学研究所和苏联科学院热工研究所也发表了反对赫鲁晓夫污蔑斯大林的报告，否认斯大林搞恐怖和迫害。

一方面，冤假错案还有很多没有得到平反。这些涉案人一方面积极揭露过去的“黑暗”，另一方面，社会对社会主义制度展开了讨论，并引发了对制度的怀疑。他们也上街游行，不仅毁坏斯大林的画像和塑像，甚至扬言要推翻苏维埃政权。这种思潮传到东欧各国后，引起了社会动荡。

朱可夫担任国防部长期间，做了大量的平反工作，不少曾经轰动全军的大案也在他的努力下得到了平反。库利克元帅的案件就是其中之一。

库利克有位战友名叫佐托夫，他在 1954 年 10 月 30 日给苏联中央主席团伏罗希洛夫写了一封信：

尊敬的伏罗希洛夫指挥员：

在这个庆祝伟大“十月革命”37 周年的日子里，我们回首过去并肩作战的光荣岁月，不仅会想到那些牺牲的战友，还会想到那些还活着的人。不知道您是否记得格里戈里·伊万诺维奇·库利克，他是被贝利亚陷害的，如果他还活着的话，那就让他自由地安度晚年吧！他有缺点，但是更有优点，每一个了解他的人都明白，他是无论如何也不会背叛国家的。

祝您健康，幸福！

伏罗希洛夫接到信后，简单地看了看就扔到了一边。半年后，刚刚担任国防部长的朱可夫接到了库利克的妻子写来的申诉信。朱可夫和库利克有过矛盾（卫国战争期间两人一度因指挥权而发生冲突），也经常对库利克进行指责，但他看完申诉信后，立即给总军事检察长瓦尔斯基写了一封信：

瓦尔斯基同志：

库利克事件的真相究竟是什么，你需要进行复查。现在，你要向库利克的妻子说明情况。根据我了解的情况，库利克应该是被冤枉的。

瓦尔斯基接到朱可夫的信后，给库利克的妻子写了一封信，向她说明总军事检察院已经开始复查，很快就会有一个结果。一年之后，1956年4月12日，朱可夫接到了瓦尔斯基的复查报告，内容为：

苏联国家安全部在1947年1月11日批捕了库利克，理由是他散布背叛国家的言论并进行反国家的活动。1950年8月24日，库利克被苏联最高军事法庭判处死刑并没收全部财产。

现在，根据总军事检察院的复查，对库利克的指控完全是无中生有，指控他的材料也是编造的。

最终，库利克得到了平反。随后，朱可夫又过问了许多重要案件，多数都取得了很好的结果。

在战俘问题上，朱可夫是第一个站出来要求中央改变对待战俘的态度的。但因为他本人在前期受到打压，因而没有进一步发声。在苏共二十大后，朱可夫有了一定的权力，于是要求中央认真研究战俘问题。

1956年4月，朱可夫就战俘问题向中央递交了一份报告，报告内容如下：

战争的结果并不是由个人决定的，由于我们在卫国战争初期遭到了重创，很多士兵成了德军的俘虏，这并不是他们的过错。更何况，很多将士被俘时都没有行动能力，有的被击伤，有的被震伤……

我们在对待战俘问题上存在一个重大错误，那就是限制他们的权利，这严重违反了我们的法律。在很多劳改营里，战俘和其他犯罪分子受到了一样的待遇，这是极不公平的。在审查战俘时，审问人员采取了很多强迫手段，致使很多无辜的战友被迫“认罪”。

我建议，对于战俘我们应当恢复他们的荣誉，而对于有贡献的战俘还应当进行嘉奖。因为有不少战俘出于对祖国的忠诚，常常冒死从战俘营中逃出，然后加入当地游击队或寻找大部队，继续与法西斯拼杀。

苏共党员富尔索夫大尉受伤被德军俘虏后，看到出逃无望，就假装加入“哥萨克军官学校”，为最终的逃跑做准备。1943年6月17日，他带着学员班69名学员，制服了学校的法西斯分子，带枪投奔当地游击队。由于作战英勇，他在游击队里屡建战功，负过3次伤，荣获两枚勋章和一枚奖章。然而，就是这样一位忠诚的共产党员，战后却被诬陷为贪生怕死、自愿在法西斯的“哥萨克军官学校”任职，最终被判了8年刑期。

我们从沙皇时代开始，就对逃跑出来的战俘有奖励制度，这样的制度对将士们来说有着非常重要的意义。因此，我们不应该对被俘军人采取不信任的态度，而要恢复他们的名誉，并取消对他们的不公平待遇。

朱可夫本来打算在中央全会上公布这份报告，但因为会议取消了而没能实现。不过，赫鲁晓夫认真地读完了这份报告，部长会议主席布尔加宁也仔细地看了一遍。历史是公平的，1956 年 6 月 29 日，苏联中央主席团下发了一份文件——《关于消除在对待原战俘及其家属问题上粗暴破坏法律所产生的后果》。文件中说：

在卫国战争和战后的一段时间里，政府由于受到别有用心的人的蛊惑，对被俘的苏联将士进行了不公平的处理，这严重违反了我国的法律。

苏联将士是英勇的，他们的被俘是在迫不得已或无能为力的情况下发生的。很多被俘将士，在被俘期间还在与敌人做斗争，对于这些英雄的行为，中央很受感动。对此，中央对于你们受到的各种不公平对待表示由衷的歉意。

这种破坏苏联法律、对军人不公的行为，都是贝利亚、阿巴库莫夫等人一手策划的。现在，苏共中央委员会决定，赦免全部战俘，并恢复其之前的荣誉。

第十章　悲怆的晚年

波匈事件

1956 年，东欧各社会主义国家想要脱离苏联掌控的意愿越来越强烈。1956 年 6 月 28 日，波兰波兹南市爆发了大规模的群众游行。他们要求哥穆尔卡[①]上台执政，提出让苏联势力滚出波兰。受别有用心的人蛊惑，游行发展成了骚乱，最终被波兰政府动用暴力手段镇压下去。

骚乱平息了，但是波兰共产党与苏联共产党产生了矛盾：波兰共产党认为事件是由于工人的不满而引起的，主要责任是因为中央和地方政府无能和愚昧；苏联共产党则认为事件是西方策划的，是一个重大的反社会主义的阴谋。

在这种情况下，苏联共产党和波兰共产党的分歧越来越大，苏共领导人察觉到波兰共产党有反叛意向。7 月 18 日，苏联得知波兰共产党准备召开二届七中全会后，派布尔加宁和朱可夫前往波兰，企图强行参加会议并使其屈服。不过，波兰共产党领导人态度也很坚决，强行把布尔加宁和朱可夫挡在了会场大门外。10 月 17 日波兰共产党在八中全会前夕，推选哥穆尔卡为中央第一书记，并将苏联派驻的人员赶出了波兰共产党中央政治局和书记处。

---

① 哥穆尔卡（1905—1982）：即瓦迪斯瓦夫·哥穆尔卡，波兰共产党中央委员会第一书记，反对苏联利用波兹南事件干涉波兰内政，维护了波兰的独立，后因经济改革不力于 1970 年下台。

苏联眼看波兰越走越远，便想对波兰共产党八中全会进行干涉，具体方法为：赫鲁晓夫等苏联主要领导人前往华沙参加波兰共产党的八中全会，朱可夫在波兰边境进行大规模的军事演习，苏联驻波兰军队向华沙开进。

然而，赫鲁晓夫一行来到华沙后，波共拒绝他们出席会议，双方举行会谈。会谈期间，波兰共产党接到了苏军向华沙挺进的消息，生气地抗议说，苏联若不将军队调走，会谈就此结束。赫鲁晓夫见波兰共产党态度强硬，便让苏军返回驻地。经过谈判，赫鲁晓夫同意苏共代表团次日返回莫斯科，而苏军驻波兰军队以及安全部门的顾问随后撤回苏联。

一波未平，一波又起。就在波兰问题变得一团糟时，匈牙利爆发了更加严重的反苏大游行。10 月 23 日，匈牙利几十万人在首都举行了大游行，要求现任政府下台，苏联势力滚出匈牙利。

匈牙利劳动人民党中央第一书记格罗·埃诺①是位铁腕人物，他首先对游行群众进行怒斥，然后公开要求警卫队向不听劝阻的游行群众射击。游行发展成了流血事件。为了平息骚乱，匈牙利劳动人民党中央决定让游行群众推崇的纳吉·伊姆雷②进入中央政治局，同时请求苏联出兵平息事件。

苏联驻匈牙利大使馆把匈牙利劳动人民党的请求报告了苏共中央主席团。苏共中央主席团接到报告后，于 10 月 23 日晚上召开了会议。在会上，朱可夫先介绍了匈牙利目前的状况，然后提出出兵援助。中央主席团成员米高扬对此表示反对，认为苏联干涉他国事情会引起社会主义阵营的不满，应当先试试能不能通过政治手段进行解决。最终，会议决定军事和政治手段同时进行，朱可夫率军队帮助匈牙利政府恢复社会秩

---

① 格罗·埃诺（1898—1980）：匈牙利无产阶级革命家、政治家、党务和国务活动家、国际共产主义运动活动家，曾任匈牙利劳动人民党中央委员会第一书记，匈牙利人民共和国部长会议第一副主席。

② 纳吉·伊姆雷（1896—1958）：1956 年匈牙利事件期间，重新担任匈牙利人民共和国政府总理，兼任外交部部长，公开宣布要苏军立即撤出，匈牙利政府废止《华沙条约》并实行中立，请求联合国干预。1958 年以推翻匈牙利人民民主国家制度罪和叛国罪被判处死刑。

序，米高扬通过政治手段缓解危机。

朱可夫领命后，于10月23日向部队发出了以下指示：

由苏联驻匈牙利的一个机械化师组建临时特别步兵军，主力开进布达佩斯，其余部队在奥地利、匈牙利边境设置防线。

由一个步兵师、一个机械化师组建的临时喀尔巴阡军区步兵军，挺进匈牙利接管东部地区——德布勒森、亚斯贝雷尼和索尔诺克的行政中心。

位于罗马尼亚和匈牙利边界的独立机械化集团军的一个机械化师，进入匈牙利南部地区的塞格德市和凯奇凯梅特市。

驻匈牙利的一个歼击机师和一个轰炸机师，喀尔巴阡军区的一个歼击机师和一个轰炸机师，开始备战。

朱可夫的指示传达下去后，各部队开始赶赴预定区域。10月24日下午，朱可夫向苏共中央报告了各部队的情况：

10月23日16时，独立机械化集团军的主力挺进到凯奇凯梅特市区。

10月23日夜，喀尔巴阡军区步兵军的先头部队挺进到索尔诺克市。

10月24日2时，特别步兵军进入布达佩斯，接管了当地的重要地段，并清理了一些重要地段的暴徒。由于行动引发了枪战，军队和匈牙利群众互有伤亡。之后，匈牙利安全部队配合红军在市内维持秩序。

与此同时，匈牙利附近所有的空军进入待命状态。

米高扬到达布达佩斯后，解除了匈牙利劳动人民党第一书记的职务，改由卡达尔·亚诺什[①]接任。就这样，匈牙利的政权被卡达尔和纳吉掌握了。纳吉和卡达尔告诉米高扬，若想解决匈牙利目前的危机，只有两条路可以走：一条是武力镇压群众；另一条是满足群众的要求，让民主人士加入政府。

纳吉和卡达尔一致认为，第一条路走不通，若强制执行，整个国家会崩溃，因此只能走第二条路。米高扬同意他们的看法，并提供了力所能及的支持。10 月 28 日，纳吉在布达佩斯电台宣读了《告匈牙利人民书》：这次事件是匈牙利人民维护国家独立和领土完整的民主运动。如果事件得到缓解，政府会解散保安部队，组建由人民群众组成的国民警卫队。同时，政府会要求苏联军队撤出首都，并与苏联进行关于驻匈苏军撤离的谈判。为了使匈牙利走向独立，政府决定放弃国旗中的红星，改用匈牙利特有的科苏特徽志，而国庆日就定在 3 月 15 日。

苏共中央主席团得知匈牙利的这些举措后，产生了很大的争论。在 10 月底的一次中央主席团会议上，米高扬受到了伏罗希洛夫和莫洛托夫的强烈谴责，他们认为米高扬辜负了大家的信任，对匈牙利政府一味让步，使得匈牙利政府一步步向资本主义阵营靠拢。

朱可夫虽然在匈牙利用武力控制局面，但是他同意米高扬提出的政治解决方案。他说："匈牙利的局面发展到现在，是我们都不愿意见到的，但过错不在于我们的同志，他们只是执行党中央的指示罢了。"

伏罗希洛夫见朱可夫为米高扬辩解，生气地说："他们在匈牙利都干了什么？以美国为首的西方阵营在匈牙利频繁活动，而米高扬不但好事没干一件，还助纣为虐间接地帮助对方。"

赫鲁晓夫同意朱可夫的观点，但布尔加宁坚决让米高扬对匈牙利现政府采取强硬手段，否则苏联会在匈牙利着手成立新政府。朱可夫继续

---

① 卡达尔·亚诺什（1912—1989）：匈牙利无产阶级革命家、政治家，匈牙利社会主义改革的倡导者。作为匈牙利党和国家最高领导人，领导匈牙利长达 32 年。曾任匈牙利社会主义工人党（1956 年 11 月由匈牙利劳动人民党重组而成）第一书记、总书记、主席，两度担任匈牙利人民共和国工农革命政府（部长会议）总理。

说："匈牙利现政府有些软弱，他们需要建立工人纠察队维持秩序。"

赫鲁晓夫继续说道："我们应当告诉匈牙利政府，他们发表的那个宣言是妥协行为，必须停止。苏联军队可以停火，但那些抵抗武装也必须放弃抵抗。"

会议最后，大家终于达成了一致意见：苏联军队不能从匈牙利撤离，对于拒绝投降的武装力量要坚决消灭，不过一旦匈牙利恢复秩序，苏军将立即撤离布达佩斯。

10 月 30 日，苏联共产党又召开了中央主席团会议。在会议上，谢皮洛夫说："当前社会主义阵营出现了反苏思潮，我们与不少兄弟国家的关系出现了裂隙。如果我们继续以武装力量干涉他国，那么背离我们的国家会越来越多。因此，只要匈牙利政府同意，我们就把军队撤出匈牙利的首都。"

朱可夫同意谢皮洛夫的看法，他说："匈牙利的局势发展到这一步，对我国来说是一个重大的教训，无论在军事还是政治上，我们都陷入了被动局面……现在，匈牙利国内反苏情绪严重，如果有必要，那么红军就撤离……不然的话，整个社会主义阵营还不知道会发生什么！"朱可夫不愿意看到苏联因为出兵兄弟国家而导致整个社会主义阵营发生动荡。

会议最后发表了一个宣言——《苏联政府关于发展和进一步加强苏联同其他社会主义国家的友谊和合作的基础的宣言》。其主要内容为：苏共中央主席团已下达指令，如果匈牙利政府让苏军撤离布达佩斯，那么苏联军队应立即遵循。关于苏军驻留匈牙利的基地，苏联政府决定召开华沙条约组织成员国会议，一起商讨这个问题。

会议结束后，朱可夫向在布达佩斯的部队下达了撤离指示。苏军撤出布达佩斯后，整个市区瞬间陷入了大混乱，"反叛"人员围攻了市委大厦，不但打死了保安人员，还把市委书记打得不省人事。

随后，匈牙利政府与米高扬进行了商谈，表示匈牙利准备退出华沙条约组织。苏共中央主席团得知这个消息后，马上召开了主席团会议。

赫鲁晓夫在会议上强调："我们一味忍让的结果，是匈牙利政府得寸进尺，我们的军队不能离开匈牙利，一定要采取果断行动，制止当前这种破坏社会主义阵营的行为。因为我们的军队一旦从匈牙利撤退，那么以美帝国主义为首的北大西洋公约组织就会兴奋地接手匈牙利。我们没有选择……"会议决定由朱可夫负责制订针对匈牙利的军事行动计划。

朱可夫很快就制定了军事干预方案，并于 11 月 2 日递交中央主席团。经过再次讨论，苏联政府批准了这一方案。苏联在匈牙利组建了新政府——工农革命政府，同时派出了 12 个师进入匈牙利展开"旋风行动"。11 月 4 日，朱可夫把红军行动写成报告，递交苏共中央。报告的内容为：

我军按照先前的计划，进入了杰尔、米什科尔茨、迪恩迪厄希、德布勒森等省，并接管了当地重要的无线电台、军事设施和武器库。另外，我军进入布达佩斯后，消灭了反抗组织，并占领了议会大厦、匈牙利劳动人民党党中央大楼和议会区的电台，目前正在抓捕以纳吉为首的叛乱政府。

当前，我军已包围布达佩斯最大的反叛组织据点——科尔文电影院区。由于叛乱分子拒绝投降，我们正准备强攻。

为了不让叛乱分子逃出匈牙利，也为了不让帝国主义间谍混入匈牙利，我军已占领和封锁匈牙利所有的机场和边境。

对于先前制订的军事计划，我们正按部就班地执行，坚决不放过一个反叛分子。

苏军在匈牙利的行动，朱可夫每天都会向苏共中央进行汇报。11 月 9 日，朱可夫报告说：

昨天，也就是 11 月 8 日，我们除了维持布达佩斯市的秩序，还在匈牙利的一些山区抓获了部分叛乱人员，并搜缴了当地居民的武器。

行动开始以来，我军阵亡 337 人、受伤 881 人，一共解散了 3.5 万名匈牙利武装成员。对于缴获的武器装备，我军正在清查中。

匈牙利在 1980 年公布，这次事件中，匈牙利死亡 2 502 人，伤 19 226人；苏军阵亡或失踪 720 人，伤 1 986 人。此次行动导致匈牙利有 20 多万人逃到其他国家，战火使布达佩斯满目疮痍。

事件发生后的一个月，朱可夫的 60 岁生日到了，此时的他正处于人生第二个耀眼的巅峰。匈牙利事件并没有让他获得多少赞誉，甚至国际社会还铺天盖地地批评他，但是苏联政府对他赞誉有加。在他生日当天，国内主要的报纸向他表示祝贺，苏共中央委员会还在报纸上刊登了贺词：

朱可夫同志是我党我军的楷模，苏联共产党和人民都欣喜地看到您又立了一大功。您不仅在伟大的卫国战争里对祖国做出了卓越贡献，还在和平年代为社会主义阵营和苏联防御力量，奉献了自己的全部。

苏共中央主席团再次给朱可夫颁发了列宁勋章和金星奖章，这是朱可夫荣获的第 4 枚金星奖章，他也因此成为苏联拥有金星奖章最多的人。

力撑赫鲁晓夫上台

正所谓一波未平，一波又起，匈牙利事件的余波还未彻底平息，朱可夫又身不由己地被卷入了政治斗争的旋涡之中。

赫鲁晓夫和一些中央委员一直都存在矛盾，尤其是被剥夺部长会议主席一职的马林科夫，更是憋了一肚子火。马林科夫的权力被削减后，赫鲁晓夫不仅没有兑现让莫洛托夫担任部长会议主席的承诺，还把斗争的目标转向莫洛托夫，并解除了他外交部部长的职务。

在苏共二十大上，由于赫鲁晓夫对斯大林的批判，莫洛托夫、卡冈诺维奇和伏罗希洛夫站到了一起，与赫鲁晓夫进行斗争。之后，苏联内部和东欧各社会主义国家发生的动乱，让莫洛托夫等人对赫鲁晓夫愤恨不已。而由赫鲁晓夫和朱可夫发起的平反运动，让莫洛托夫等人更是惊恐，唯恐赫鲁晓夫抓住他们的过错。在这种情况下，莫洛托夫、马林科夫、卡冈诺维奇和伏罗希洛夫开始抱团。

布尔加宁以前和赫鲁晓夫关系很好，赫鲁晓夫对他的帮助也非常大，但随着地位的提高，赫鲁晓夫对布尔加宁的态度开始傲慢起来。布尔加宁受不了赫鲁晓夫无所顾忌的斥责，特别是把他的权力降低——取消以布尔加宁为首的中央经济部委，组建地方国民经济委员会。赫鲁晓夫的一系列举动让布尔加宁失望不已，并逐渐与马林科夫等人走到一起，与他类似的还有部长会议副主席别尔乌辛和萨布罗夫。

1957 年 6 月上旬，就在赫鲁晓夫前往芬兰访问期间，这些人开始密谋推翻赫鲁晓夫。6 月 15 日，中央主席团召开了关于援助其他国家的物资的会议，在这次会议上，马林科夫等人与赫鲁晓夫发生了激烈的争执。6 月 16 日，在赫鲁晓夫的儿子的婚礼上，布尔加宁因为赫鲁晓夫开了一个小小的玩笑，当场发作，让赫鲁晓夫闭嘴，以后少对他指手画脚。布尔加宁看到赫鲁晓夫吃惊的表情，得意扬扬地说一切即将结束了。

对此，朱可夫在回忆录中写道：“以前的布尔加宁不是这样的，他对赫鲁晓夫非常恭敬，但现在的他让所有人都不认识了。”婚宴结束后，以马林科夫为首的几个人，像示威一般，拥成一团离开了。

赫鲁晓夫虽然对布尔加宁的行为感到意外，但也没有多想。他的亲信基里钦科则有些担心。布尔加宁一行走后，他赶忙找到朱可夫，说：“朱可夫同志，刚刚布尔加宁等人的行为有些反常，我们需要早做准备，以应对随时可能发生的一切。您在军中拥有很高的声望，只要您一句话，军队肯定会听您的。”

朱可夫不爱听基里钦科的话，说：“你在乱扯什么？你究竟想说什么？你干吗要说我在军队的影响，干吗要说军队会为我做任何事？”

基里钦科看了看朱可夫，接着说：“您不觉得刚才布尔加宁他们的态度有些不正常吗？我觉得这些人对赫鲁晓夫肯定有异心。”

6 月 18 日，为了增强实力，马林科夫也来探朱可夫的口风。朱可在回忆录中说道：

1957 年 6 月 18 日早上，马林科夫给我打了个电话，说有急事找我。我不知道他所为何事，于是立即赶到他的办公室。马林科夫见到我后，先是热情地与我打招呼，然后说想和我谈一下关于赫鲁晓夫的事情。他简单地说了说自己的看法，提出赫鲁晓夫自担任第一书记以来，有很多不周到的地方。他说赫鲁晓夫刚愎自用，不懂得听取中央主席团其他人的意见，甚至对很多中央主席团委员态度粗鲁……最后，他问我怎么看待赫鲁晓夫这个人。我问他，这些是你的个人观点，还是受到别人委托。这个时候，我已经知道马林科夫背后还有其他人在怂恿。马林科夫没有跟我说实话，只是说想看看我的态度。我告诉马林科夫，如果对赫鲁晓夫有意见，就好好跟他谈谈，赫鲁晓夫还是会听取同志们的批评的。马林科夫反驳我说，赫鲁晓夫太固执，不仅不会承认自己的过错，还会迁怒于别人……

当天上午，马林科夫等人召开了部长会议，这次会议并未通知赫鲁晓夫。开会时，马林科夫宣布准备召开中央主席团会议，为即将举行的列宁格勒建城庆典做准备。这个问题在三天前的中央主席团会议上其实已经讨论过了。米高扬觉得事情不大对劲，于是问马林科夫是不是还有别的事情。莫洛托夫态度严肃地说，确实有别的事情。

米高扬越想越不对劲，于是找了个借口出去给赫鲁晓夫打电话，但电话没有打通。米高扬返回会议厅不久，赫鲁晓夫不知从哪里听到风声，也赶了过来。马林科夫见赫鲁晓夫到了现场，提出马上召开中央主席团会议。赫鲁晓夫没有正面回答，只是说他等会儿还要和匈牙利记者见面，如果大家同意召开中央主席团会议，就和他去见记者，然后一起开会。

在见记者前，米高扬跑到中央书记处勃列日涅夫的办公室，对勃列日涅夫说："我认为布尔加宁他们讨论列宁格勒庆典一事是假的，他们一定在策划什么更大的阴谋。"勃列日涅夫也觉得蹊跷，便让中央主席团候补委员朱可夫、中央书记阿里斯托夫也来参加即将举行的中央主席团会议。

赫鲁晓夫接待完记者，中央主席团会议于下午 4 时正式召开，参加会议的一共有 11 人。其中，主席团委员有赫鲁晓夫、布尔加宁、马林科夫、莫洛托夫、伏罗希洛夫、米高扬、卡冈诺维奇和别尔乌辛；候补委员有勃列日涅夫、福尔采娃①和谢皮洛夫。会议刚开始，马林科夫便率先发难，说今天会议的主题是讨论赫鲁晓夫的问题，因此会议主持人不应该由赫鲁晓夫担任，而应该由布尔加宁担任。

赫鲁晓夫虽然有些吃惊，但他似乎已经预感到了这一点，表面上显得十分冷静。最为惊讶的是谢皮洛夫，因为他毫无准备，也不知道该怎么办。他找了个借口给中央总务部副部长切尔努哈打电话，简单地把会场发生的事情说了一遍，然后问朱可夫在什么地方。切尔努哈也不知道朱可夫在哪里，谢皮洛夫又给朱可夫的副官打电话。他之所以找朱可夫，就是想知道这位掌管军队大权的元帅的立场。

不过，朱可夫赶到会场还需要一些时间，而整个会场已经形成了两个阵营。站在赫鲁晓夫阵营的有米高扬、勃列日涅夫和福尔采娃，站在对立面的有布尔加宁、马林科夫、莫洛托夫、伏罗希洛夫、卡冈诺维奇、别尔乌辛。谢皮洛夫重新进入会场后，看到布尔加宁的阵营得势，于是站在他们一边。

---

① 福尔采娃（1910—1974）：即叶卡捷琳娜·阿列克谢耶夫娜·福尔采娃，苏共第一个进入中央政治局的女性。纺织女工出身，从青年时代起就致力于党团工作，在斯大林晚年为候补委员，后来因支持赫鲁晓夫的非斯大林化运动，得以进入政治局。20 世纪 60 年代担任文化部部长，主管苏联文艺界 14 年。

会议在布尔加宁的主持下继续召开，马林科夫说："赫鲁晓夫因为玩弄个人迷信，让整个党中央和政府都面临着重大的危险。当前，身为党中央高层的我们，如果还对赫鲁晓夫听之任之，就是对国家的不负责，对党中央的不尽责。因此，我们一定要制止赫鲁晓夫的行为，对其进行审查。"

马林科夫的话刚讲完，赫鲁晓夫、米高扬等人立即表示反对，说中央主席团如果要决定重大事情，那么理应在全体委员都到齐的情况下进行。卡冈诺维奇反驳道："参会的委员们已经达到了法定召开中央主席团会议的人数，以前很多重大问题也都是如此，并不需要全体人员都在。"

就在两个阵营继续争吵的时候，朱可夫气喘吁吁地赶了过来。勃列日涅夫正在会场外等待，看到朱可夫后赶忙把会场的情况向他简单地做了介绍。朱可夫进入会场后，赫鲁晓夫赶忙向他投去求援的目光。朱可夫冲他点了点头，然后对全体成员说了马林科夫早上找他谈话的内容。这时整个会场静了下来，朱可夫提出会议需要立即停下，等中央委员及候补委员都到齐了再开，不然他现在就退出。赫鲁晓夫见会场气氛有所扭转，便顺着朱可夫的话，说自己也会退场。布尔加宁无奈，只得宣布暂停会议，明天继续。

朱可夫为什么要站在赫鲁晓夫这边呢？难道他不知道两个阵营的斗争是场生死之战吗？朱可夫当然知道，而且很明白。他之所以站在赫鲁晓夫这边，一方面是因为马林科夫、莫洛托夫都曾经做过对他不利的事情，马林科夫更是对他进行过严厉的打击，在批判斯大林个人崇拜时，朱可夫通过查阅相关资料，发现了马林科夫等人在"大清洗"时做的一些丑事；另一方面则是因为赫鲁晓夫非常器重他，接连让他参与重大事件，提升他的地位。因此，朱可夫认为如果赫鲁晓夫被打倒，他也很可能遭到马林科夫等人的攻击，因而他选择站在赫鲁晓夫这一边。

第二天，中央主席团正式委员和候补委员全部来到莫斯科。赫鲁晓夫为了得到更多人的支持，召开了秘密会议，决定逮捕马林科夫等人，他的意见得到了与会者的同意。至于怎么进行逮捕，赫鲁晓夫想效仿逮捕贝利亚的方式。朱可夫则认为这样做会让整个国家动荡不安，强调问题的解决应当政治手段优先。

中央主席团会议继续召开，站在赫鲁晓夫一边的主席团正式委员上升到4人，而站在对立面的正式委员也增加到7人，但候补委员除了谢皮洛夫，全都站在赫鲁晓夫一边。会议开始后，马林科夫还像之前那样，提议会议主持人由布尔加宁担任。马林科夫话音刚落，中央书记处的书记们便高声质问："凭什么让布尔加宁主持？凭什么要讨论赫鲁晓夫的问题？为什么不讨论莫洛托夫的问题？"

莫洛托夫见他们把矛头指向自己，大声呵斥道："你们懂什么？会议由谁担任主持人、大会讨论什么，是由主席团决定的。"

萨布罗夫更是嚣张地指着他们说："你们照办就是，胡说八道些什么？"

最后大家以投票的方式解决了主持人的问题，布尔加宁以7票对4票获胜。身为主持人，布尔加宁没有辜负党羽们的期望，让自己阵营的人首先发言。

马林科夫迫不及待地讲道："中央主席团之所以出现这种局面，都是因为赫鲁晓夫的专横和错误。他作为第一书记，不仅破坏集体领导制度，在中央主席团内制造小团体，还在国际及国内众多事务中出现重大失策。"

就这样，由马林科夫带头，反对赫鲁晓夫的人纷纷发表了谴责赫鲁晓夫的讲话。如此声势浩大的反对赫鲁晓夫的发言，让一些立场摇摆的人也开始反对赫鲁晓夫。关键时刻，朱可夫站了出来，他没有为赫鲁晓夫进行辩解，而是选择反对阵营的软肋——莫洛托夫、卡冈诺维奇和马林科夫一手策划的众多冤假错案，以及他们犯下的一些严重罪行。

朱可夫指责这些人狼狈为奸，组成从事分裂行为和宗派主义的小团体。朱可夫的一番话犹如重磅炸弹在会议大厅内炸响，中央监察委员会主席什维尔尼克不失时机地站了出来，把马林科夫这个小团体说成是

“反党集团军”，怒斥他们不要太嚣张。朱可夫和什维尔尼克的发言起到了至关重要的作用，支持赫鲁晓夫的人纷纷向他们竖起了大拇指。接着，大会的气氛开始转变，众人你一言我一语地展开了对马林科夫的批判。

尽管支持赫鲁晓夫的一方声势很大，但他们多为没有投票权的候补委员和书记处书记，如果此时进行表决，那么赫鲁晓夫一定会失败。就这样，大会在争吵中度过了一天，散会后，双方都举行了聚餐活动。赫鲁晓夫一方决定阻挠会议表决的时间，把表决放在中央全会上进行；而马林科夫一方认为现在撤销赫鲁晓夫的职务有些不切实际，决定首先改组中央书记处，让莫洛托夫和卡冈诺维奇两人加入书记处。

次日，大会继续召开，马林科夫一方提出了商量好的决议草案，要求马上进行表决。赫鲁晓夫为了拖延表决，让大家尽情对决议草案的内容发表看法。就这样，赫鲁晓夫一方进行了一轮又一轮的争论。

朱可夫看到马林科夫嚣张的样子，凶狠地说：“如果主席团不听大家意见，强行通过决议，那么我不仅不会听从，还会向全党全军发布你们背离中央的消息。”

萨布罗夫听了，恼羞成怒地喊道：“朱可夫，你想干什么，难道想动用军队逮捕我们？”

朱可夫说：“我什么时候说要动用军队了？”

“那么莫斯科附近为什么会出现坦克部队？”萨布罗夫再次质问道。

“你在胡扯什么？没有部长的命令，任何军队都不能进入莫斯科附近，而我从来没有下达过这样的命令……”朱可夫的一席话虽然让赫鲁晓夫吃了定心丸，但是也让他深感忧虑，从而导致了后来朱可夫的失宠。

由于双方僵持不下，赫鲁晓夫决定马上召开中央全会，但能站在他一边的人员都在遥远的地区，短时间内很难来到莫斯科。为了让这些人快点来到莫斯科，朱可夫派出了喷气式轰炸机去接他们。

最终，表决被拖到了中央全会上。6 月 22 日下午 2 时，中央全会召开。这次会议的主持人是赫鲁晓夫，他让自己阵营的苏斯洛夫[①]向大家介绍了近日主席团会议的情况。苏斯洛夫站在赫鲁晓夫一边，首先驳斥了马林科夫等人对赫鲁晓夫的指控，并指出这些人是宣泄个人情绪的“卑劣的小团体”。苏斯洛夫特意把马林科夫、卡冈诺维奇和莫洛托夫作为重点批判对象，目的是分裂这个小团体。他指出，赫鲁晓夫不会把罪责全怪在整个“反叛集团军”身上，因为这样会使全党和全苏联人民产生思想波动。

苏斯洛夫说完，赫鲁晓夫又让朱可夫发言，朱可夫讲话的内容主要有两个部分：

第一部分，他说在赫鲁晓夫的领导下，党在各个领域的路线都是正确的，并且取得了显著的成果；军队完全支持党和政府，并随时准备用鲜血捍卫祖国的利益；中央委员们为了保卫党、保卫国家，甘当急先锋把“反叛集团军”的真面目揭示出来；通过观察马林科夫近段时间的表现，可知他们的目的很明确，就是夺取中央委员会的领导权，这是宗派的、小集团的分裂行为。

第二部分，他说通过查阅最高法院军事审判委员会档案馆和中央委员会档案馆的相关材料，发现莫洛托夫、卡冈诺维奇和马林科夫在1937—1938 年的“大清洗”中策划了无数冤假错案，他们滥用权力、肆意捕杀党员、分裂全党，必须对这些问题进行彻底交代。

马林科夫、卡冈诺维奇和莫洛托夫都是经历过大风大浪的“老油条”，他们避开这些历史事件不谈，强调将赫鲁晓夫撤职的重要性。但朱可夫不容他们有翻身的机会，一直抓住这些历史事件纠缠，不断要求他们做出说明和解释。米高扬见状，也参与了批判行动，不过他的批判都是一些无关紧要的细枝末节。

马林科夫等人对朱可夫很是愤恨，也对朱可夫的历史进行了攻击。

---

① 苏斯洛夫（1902—1982）：即哈伊尔・安德烈耶维奇・苏斯洛夫，苏联党务和国务活动家，长期在幕后把握苏联意识形态动向，性格冷漠而又谨小慎微，故得名“灰衣主教”。曾任苏共中央主席团委员兼中央书记处书记。

不过，在赫鲁晓夫的授意和分化下，与会者纷纷对朱可夫表示支持。很快，萨布罗夫和别尔乌辛都脱离了马林科夫一方。次日，布尔加宁也加入赫鲁晓夫阵营，马林科夫一方终于在6月28日低下了头。

6月29日，中央全会通过了一项决议，内容为：

> 中央主席团鉴于马林科夫、卡冈诺维奇、莫洛托夫有思想问题，决定撤销他们的中央主席团委员和中央委员职务；谢皮洛夫的中央书记职务予以撤销，并不再担任中央主席团候补委员和中央委员；给予布尔加宁严重警告处分；别尔乌辛从中央主席团委员降为候补委员；撤销萨布罗夫的中央主席团委员职务。

在这次斗争中，赫鲁晓夫在朱可夫等人的大力协助下，不仅战胜了对手，还把中央主席团委员全部换成了自己人。新成立的中央主席团有朱可夫、什维尔尼克、阿里斯托夫、别利亚耶夫、勃列日涅夫、伊格纳托夫、科兹洛夫、库西宁和福尔采娃等。

功高遭忌

赫鲁晓夫成功击败了政敌，心里虽然十分高兴，但是一想到朱可夫在这件事中表现出来的强大实力，他的内心就像堵了一块石头，忧虑不已。而朱可夫全然没有意识到这个问题，甚至因为立了功，越发自我膨胀起来。

对于此次处理“反叛集团军”的文件，赫鲁晓夫原本想等四五天再向全国公布，没想到朱可夫迫不及待地到处进行演讲。在参加海军节活动时，他把会议的内容告诉了大家，对于自己的表现也毫不掩饰，对朱可夫的赞美和吹捧瞬间传遍整个苏联。这段时间，朱可夫的名字不断出现在各大报纸上，他在国内外的威望甚至超过了赫鲁晓夫。

赫鲁晓夫开始对朱可夫警惕起来。有几件事更让他坚定了除掉朱可夫的想法：1957 年，赫鲁晓夫和米高扬访问民主德国，驻民主德国苏军部队司令员格列奇科[1]想去迎接，但朱可夫让他好好工作，不用迎接；朱可夫背着赫鲁晓夫在莫斯科成立了中央侦察学校；在基里钦科的生日宴会上，朱可夫数次不留情面地打断赫鲁晓夫冗长的讲话，甚至说克格勃是为军队服务的。

为了巩固自己的地位，赫鲁晓夫决定对朱可夫痛下狠手。1957 年夏末，赫鲁晓夫在策划清除朱可夫的行动前，将他请到自己的住处，一是为了麻痹朱可夫，二是观察朱可夫对自己的态度究竟如何。这次私人会谈，使赫鲁晓夫下定了除掉朱可夫的决心，因为朱可夫在言谈举止中根本没把他放在眼里。

不久，苏共中央“十月全会”召开，赫鲁晓夫让朱可夫在 10 月初前往南斯拉夫和阿尔巴尼亚进行访问。朱可夫不想在这个时候出国访问，因为当时正好要举行基辅军区的军事大演习。赫鲁晓夫劝朱可夫放心访问，军事演习的事情可以交由中央委员们去办。于是，朱可夫坐上“古比雪夫”号巡洋舰离开了苏联。就在朱可夫出发的当天，苏联发射了世界第一颗人造卫星，这不仅在全世界引起了轰动，也让朱可夫豪气倍增。他认为赫鲁晓夫把发射卫星安排在自己出访这一天，是为了让全世界知道他的重要性。

实际上，赫鲁晓夫的目的并非如此，他是想通过发射卫星分散国际社会对朱可夫出访的猜测。朱可夫此次出访可谓风光无限，水面不仅有舰队护航，空中还有战机护卫，每到一处港口，前来迎接他的军人和群众都十分热情，整个港口沉浸在一片掌声和欢呼声中。

朱可夫离开苏联后，赫鲁晓夫立即以打猎的名义，和科兹洛夫、基里钦科、勃列日涅夫和穆希金诺夫一起来到基辅。此时基辅正准备举行大演习，赫鲁晓夫见到各大军区司令员后，说自己的本意并非打猎，而

---

① 格列奇科（1903—1976）：即安德烈·安东诺维奇·格列奇科，苏联元帅，勃列日涅夫时期的国防部部长。苏德战争期间历任骑兵师长、军长、近卫第 1 集团军司令，为部队机动创造条件的能力尤为突出，擅长调动部队实施大胆、大范围的运动战。

是看看司令员们对他有没有意见。

10 月 19 日，就在朱可夫对外访问期间，赫鲁晓夫召开了中央主席团会议，主题为部队的政治思想情况。总政治部主任热尔托夫[①]首先发言，说朱可夫对部队政治工作非常鄙视，多次强调政治工作人员是刽子手，是杀人不见血的魔鬼。而朱可夫之所以不喜欢政治工作人员，是因为政治工作人员反对部队崇拜、吹捧朱可夫。

科涅夫元帅和马利诺夫斯基元帅对此进行了反驳，强调朱可夫根本不是热尔托夫所说的那样，只是朱可夫性格直率，说话有时过分些罢了。赫鲁晓夫见两位元帅站在朱可夫一边，意识到处理朱可夫并不容易，只好草草地结束这次会议。

朱可夫虽然还在国外访问，但是对于赫鲁晓夫的行动也有所耳闻，因为什捷缅科悄悄地向他作了汇报。什捷缅科之所以把这件事告诉朱可夫，主要是因为赫鲁晓夫针对的不仅仅是朱可夫，还包括什捷缅科。什捷缅科想让朱可夫回国，组织力量反击赫鲁晓夫。但朱可夫并没有意识到问题的严重性，继续在国外访问，直到赫鲁晓夫以参加中央主席团会议为由，将他召回国。

10 月 26 日下午 2 时，朱可夫乘坐的飞机停在莫斯科一处机场，接机的都是军队高级将领，苏共的高级官员一个都没有出现。科涅夫元帅只是问候了朱可夫一声，便走向自己的车子。朱可夫见科涅夫与自己分开，问他是不是嫌弃自己了，科涅夫赶忙解释车都是自己坐自己的。

苏共中央总务部副部长切尔努哈看到朱可夫和科涅夫在攀谈，告诉他主席团正等着他一起开会呢。朱可夫有些不高兴地说："不知道我刚下飞机吗？总得让我换身衣服吧！"

大家都不知道应该怎么办，如果让朱可夫回去，谁也不敢保证会不

---

① 热尔托夫（1904—1991）：即阿列克谢·谢尔盖耶维奇·热尔托夫，苏军上将，苏德战争期间历任卡累利阿方面军、第 5 后备集团军、第 63 集团军、顿河方面军军事委员会委员，西南方面军军事委员，乌克兰第 3 方面军军事委员。1953 年任苏联陆海军总政治部主任。1957 年积极参与了赫鲁晓夫解除朱可夫元帅职务的密谋。

会出乱子。可是，如果不让他回去，这位元帅发起火来那可不得了。切尔努哈打破僵局，一脸笑意地说："元帅刚下飞机，当然需要回家换衣服了。"众人也附和着连连点头。

一个小时后，朱可夫赶到主席团会议厅，赫鲁晓夫首先让朱可夫说一下访问的情况。朱可夫哪有心思报告访问的事情，听者对此也都不感兴趣，报告很快就结束了。赫鲁晓夫示意朱可夫坐下，说道："你出访的这段时间，中央主席团召开了国防部会议，有人说你走了错误的政治路线……"

赫鲁晓夫讲完后，苏斯洛夫和勃列日涅夫相继发言，都说朱可夫轻视政工人员和总政治部。朱可夫反驳道："你们趁我不在的时候，开这样的会是错误的……我不是为了什么名声，只要求事实的真相……我请求组建委员会进行详细调查。"

朱可夫话音刚落，马上受到了布尔加宁、米高扬、伊格纳托夫、穆希金诺夫、基里钦科、马祖罗夫和伏罗希洛夫等人的攻击。他们主要的攻击点为朱可夫擅自成立侦察学校、在军队搞个人崇拜、分化军队与党的关系、掌控军队指挥权等。

最后，赫鲁晓夫进行了总结性发言："没想到朱可夫身上竟然存在这么多令人痛心的过错……我认为朱可夫继续担任国防部部长会给我们的军队带来负面影响，国防部部长应由马利诺夫斯基担任。对于朱可夫的审查，需要召开中央全会进行讨论，到时再做具体的处理。"

赫鲁晓夫的发言得到了大家的一致同意，朱可夫见此情形，伤心地说："我无愧于党，无愧于苏联，既然你们把我定性成这样，我接受对我的一切处罚。"

朱可夫回家后，给赫鲁晓夫打电话说："我出访之前，中央主席团都对我没有任何意见，怎么出访后就有这么多问题？我不明白发生了什么，为什么要这样对待我？"

"早点休息，等到中央全会时，你就都明白了。"赫鲁晓夫平静地说。

"我认为我们之间的友情允许我向您询问原因！"朱可夫语气诚恳

地请求道。

“不要乱想，事情都是暂时的，我们还会在一起工作的。”赫鲁晓夫不等朱可夫说话就挂断了电话。

10 月 27 日，《红星报》发表了一篇社论，大体内容为：党的政治工作在全军有着重要意义，每一名将士都是听党的话、为人民服务的好同志……将士们忠于党，支持党中央做出的一切决议。

而在当天的《真理报》上，最后一版的新闻栏里刊登了这样一则消息：

朱可夫元帅不再担任苏联国防部部长职务，中央主席团决定由马利诺夫斯基元帅担任该职。

尽管解除朱可夫职务的消息发表在报纸上很不起眼的角落，但是整个世界尤其是西方国家，对此都进行了大量报道。西方和苏联人民都认为，朱可夫虽然不再担任国防部部长，但是凭他的声望和地位一定会被任命为苏联部长会议主席。然而，苏共中央于 10 月底召开了全体会议，苏斯洛夫在会上做了《关于改进苏联陆海军中党的政治工作》的报告。

在这个报告中，朱可夫受到了以下指控：

违背了党的原则，把军队当成私人领地，企图使军队脱离党，脱离党的控制。

看不起军队里的党政干部，还常常无故指责军队的指挥员，任意开除将士。

妄自尊大、目中无人，想方设法提高自己在军队中的声望，这是另一种个人崇拜。

为了掌控军队，不但想拉拢克格勃，甚至秘密建立侦察学校。

不听中央命令，一度对中央的指示不理不睬。

面对这些无中生有的指控，朱可夫辩解道："我在担任国防部部长期间，军队的纪律不但得到了加强，事故也大量减少。我并没有让军队脱离中央，这是有些人为了对付我而有意陷害。对于学校的问题，我只是想加强军队在侦察方面的能力，绝不是为了掌控军队。"

参加会议的中央委员一心想要扳倒朱可夫，根本不听他的解释，这些人中不但有中央主席团委员和候补委员，甚至还有许多一起与朱可夫经历过枪林弹雨的元帅。

最后，赫鲁晓夫进行了总结，他指责朱可夫党性观念淡薄、贬低党中央作用、随意指挥部队等。朱可夫看到一切已成定局，不得不放弃抵抗，做了自我检讨。他在检讨书上说："此次会议让我受益良多，让我认识到自身还存在很多缺点。对于大家批评我的问题，我以前都没有察觉，为此向大家道歉。我接受大家的批评，并愿意接受大家对我的帮助，我向中央委员会保证，一定会改正自己的缺点，绝不再犯。"

全会通过了《关于改进苏联陆海军中党的政治工作的决议》。决议的内容为：党是军队的核心，也是军队战斗力的主要源泉。近段时期，朱可夫同志违反党的原则，降低党在军队中的影响力，甚至取消党对军队的领导和监督。现在，朱可夫已承认在军队中搞变相的个人崇拜。尽管朱可夫在卫国战争和战后做出了卓越贡献，但是他利用党中央对他的信任，任意妄为地分化党和军队的关系，这是全体苏联人民不能容忍的。鉴于以上原因，中央全会决定撤销朱可夫同志的中央主席团委员职务，苏共中央书记处将为他安排别的工作。

低迷的岁月

朱可夫在"十月全会"上受到处分后，赫鲁晓夫为了进一步击垮他，又在10月31日召开了会议，这次会议仍然是对朱可夫进行批判。为了提高批判的真实性，也为了避免以后翻案，赫鲁晓夫让军队将领们上台揭露朱可夫的过错。墙倒众人推，这些将领昧着良心纷纷把污水泼向朱可夫。

就在朱可夫受到持续批判之际，苏联的第二颗人造卫星于 11 月 3 日发射成功。卫星的发射加上“十月革命”40 周年的庆祝活动，使朱可夫事件很快就被民众忘记了。11 月 5 日，中央全会做出决定，将朱可夫降为北极军区司令员。

朱可夫被降职后，高层并没有停止对他的批判，马利诺夫斯基在 1959 年 2 月 4 日的苏共中央全会和 1961 年 10 月下旬的苏共二十一大上，抨击朱可夫有意使军队国家化，然后夺取军权，进而夺取政权。《红星报》也于 1962 年 2 月连续发表 3 篇文章，指责朱可夫在对外方面有“冒险主义倾向”，并说他有意让军队脱离党的领导。2 月 23 日，格列奇科也在报纸上发表文章，赞扬党中央对朱可夫的批判，并说朱可夫被撤销国防部部长职务后，军队的战斗力有了明显提高。

赫鲁晓夫见朱可夫对自己不再存有威胁，便在 1958 年 3 月免去布尔加宁的部长会议主席职务改由自己担任。就这样，赫鲁晓夫拥有了党、政、军最高权力，对他的吹捧也轰轰烈烈地展开了。

1958 年 3 月朱可夫被贬为北极军区司令员后任职不到半年，被要求退休。退休后，朱可夫回到莫斯科，整天以运动和写回忆录来打发时光。不过他并不孤寂，因为很多以前的老朋友经常来找他叙旧。赫鲁晓夫得知朱可夫经常与老军人们接触后，命令克格勃对朱可夫进行监视。

不久，克格勃把秘密监视朱可夫一个月的情况报告给赫鲁晓夫，报告中写道：朱可夫与军官们接触时，经常发表部队会完蛋、尽早离开部队和举行罢工等激烈的观点。朱可夫利用克留科夫去世的酒宴，当众说如果自己还是国防部部长，目前军队存在的问题肯定不会发生。

为了让朱可夫闭嘴，在中央主席团的指示下，中央书记处将参加酒宴的布琼尼带到中央书记处办公室。勃列日涅夫和基里钦科让布琼尼元帅交代朱可夫在酒宴上说过的话，布琼尼拿起比枪还沉的笔，在纸上“交代”道：“我没有参加克留科夫的葬礼，我不知道朱可夫在那里讲过什么；我参加了酒宴，但与朱可夫共处的时间只有不到 10 分钟，根本不知道他讲过什么话。”

勃列日涅夫很无奈，只得将朱可夫交给中央监察委员会，让他直接交代自己的罪行。朱可夫来到中央监察委员会后，淡然地看着威严的审讯人员，笑着交代了“罪行”。11 月 27 日，中央监察委员会下发了一份报告，说朱可夫出席克留科夫将军的葬礼活动时，发表了非党性的言论，这些言论严重损害了苏共中央的权威。

这件事之后，朱可夫更加谨言慎行，不但很少与朋友往来，就连与亲朋也极少见面。然而，高层的一些领导人似乎还不想放过他，1963 年 5 月 27 日，赫鲁晓夫又接到了克格勃主席的一份报告，内容为：

一、朱可夫对于职位被解除非常不满，说自己没有过错，是受人陷害。

二、朱可夫对接替他工作的新任国防部部长马利诺夫斯基进行了批判，认为他只会钻营奉承，根本没有能力。

三、朱可夫认为现在苏共领导层任意挥霍国家财富，不知道关心普通民众的生活。

四、朱可夫对于撰写苏共相关历史的刊物予以否定，认为这些刊物描述不实，是为了歌颂而歌颂。

五、朱可夫目前正在写回忆录，表示会还原历史真相，给予民众一个真实的历史。

报告最后说回忆录的具体内容目前不得而知。

针对克格勃的这份报告，苏共中央主席团让朱可夫前来中央详谈。朱可夫受命到来后，勃列日涅夫和谢尔久会见了他，对他说：“朱可夫同志，我们不反对您经常会见各类朋友，但对于您发表的一些非党性的讲话，我们无法容忍……我们只是想说您的行为已经触犯党的权威。假如这件事得不到一个合理的解决，您将承担破坏党中央的责任。”

朱可夫对他们的指控进行了辩解，并以脑袋担保自己没有说过破坏党中央的话。他认为这是别有用心的人对自己的诬陷，提请党中央核查。勃列日涅夫和谢尔久也没有切实的证据，只得无奈地说："有些事情可能存在夸大，但是也不完全是空穴来风，您很可能在一些讲话中说到了这些事情。以后，您千万不要再进行类似的讲话，坚决与一些存有异心的人断绝来往。这次我们找您谈话，并没有别的意思，只是想提醒您一下。"

朱可夫回到家后，妻子担心地问他发生了什么。朱可夫知道自己已被监视，所说的话都会被克格勃听到，于是告诉妻子："他们对我很好，只是想了解我最近的生活。"

随着"冷战"的持续，华约和北约已经到了水火难容的地步，而赫鲁晓夫与军队的关系也发生了微妙的变化。1960 年 1 月，赫鲁晓夫在最高苏维埃会议上，宣称要把军力发展转向火箭方面，强调现代国防要以远程打击为主，而不是以短兵相接为主。会议最后做出了一项由赫鲁晓夫主导的决定：苏联准备裁军 120 万人和削减军费预算。

这项决定引起了军方的不满，将领们纷纷给中央写信，反对这个决定。最后，赫鲁晓夫迫于强大的压力放弃了这一决定，但是军方也因此对他产生了很深的芥蒂。国防部部长马利诺夫斯基开始反对赫鲁晓夫，多次在公开场合表达自己的观点，认为军队的灵魂在人而不在武器，只要国家的威胁还在，就必须保留国防武装，因为武器再厉害，没有了人就是一堆废铁。

1962 年 5 月 19 日和 24 日，《共产党人》杂志和《红星报》发表了马利诺夫斯基的两篇文章，文章的主要内容为：大量的部队是国防的核心力量，新武器虽然有着不错的效能，但并非战争的决定性因素，有些新武器的崇拜者认为人不如武器，这是错误和片面的思想，如果放任其发展，将会出现严重的危险。

1962 年年末，马利诺夫斯基因为要求增加军费预算，与赫鲁晓夫发生了正面冲突。由于马利诺夫斯基得到了主席团多数人的支持，赫鲁晓夫想让"思想开明"的朱可夫出来帮助自己。马利诺夫斯基也知道朱可夫在军队中的影响力，便在 1963 年 2 月 2 日的《真理报》上发表文章，称赞朱可夫是卫国战争中的著名战将，是最高统帅部的代表人物之一。朱可夫知道苏共中央出现了矛盾，但他经历了太多风雨，不想再卷入任何政治斗争，于是没有出席他们邀请的任何活动。

因为赫鲁晓夫改革失败，以及这些改革带来的副作用，1963 年的工业生产增速比 1960 年下降了 3 个百分点，而农业因为减产导致国家不得不对外采购上千万吨粮食。

赫鲁晓夫采取了各种措施，经济仍没有好转，力不从心的他萌生了退意，打算在 1966 年苏共二十三大后退休。退休自然要有接班人，起初赫鲁晓夫看中了科兹洛夫，但科兹洛夫于 1963 年 4 月患病卧床不起，根本无法接手赫鲁晓夫的工作。接着，赫鲁晓夫又相中了另外几个人，但这些人也都因为这样或那样的原因而被放弃。就这样，赫鲁晓夫直到下台前也没有选定合意的接班人。

由于赫鲁晓夫迟迟没有选定接班人，中央主席团一些彻底失去希望的人决定团结起来，着手准备“倒赫”行动。1964 年 1 月，“倒赫”团队四处网罗“倒赫”的支持者。赫鲁晓夫似乎察觉到了这些人的行动，但当他开始梳理“自己人”的时候，猛然发现自己已经失去了人心。为了解决这个问题，赫鲁晓夫开始与朱可夫和马林科夫联系。

1964 年 8 月底，赫鲁晓夫给朱可夫打了个电话，问道：“朱可夫同志，最近生活如何，有没有什么难处？回忆录写得怎么样了？”

朱可夫回答说：“谢谢关心，一切都好，回忆录马上就要完成了。”

赫鲁晓夫沉默了一下，接着说：“很好，人们需要知道历史的真相，希望你能尽快写完。我承认以前对你有过一些不公平的行为，可是那个时候我的脑子非常糊涂，有人告诉我你是危险人物，认为你在军队中威信太高……我很愧疚。”

朱可夫想了一下，说：“一切都是命中注定，但决定自己命运的，不是他人的一面之词。”

“是的，我现在明白了。这几天我要去南方，等回到莫斯科后，一定想办法进行补救，请允许我对你说一声抱歉!”赫鲁晓夫诚恳地说。

赫鲁晓夫与朱可夫通完话后，又让秘书给被他贬到哈萨克加盟共和国埃基巴斯图兹市的部长会议前主席马林科夫打电话。秘书对马林科夫说：“赫鲁晓夫通过查阅文件，已经弄清了以前对你存在的误会，你可以再次回到莫斯科，不过需要公开表示支持赫鲁晓夫。”

马林科夫想了想，坚定地说：“请转告赫鲁晓夫，我对他无话可讲，以后不要因为私人的事来打扰我。”

秘书把马林科夫的话转告赫鲁晓夫后，赫鲁晓夫呆坐在沙发上，双眼盯着天花板，久久无语。10 月 2 日，赫鲁晓夫乘坐专机前往南方度假。原本他打算待一个月，好好整理思路，然而，留给他的时间不多了。10 天后勃列日涅夫给他打来电话，说中央主席团准备召开苏共中央全会，让他务必参加。10 月 14 日，会议正式召开，和以前发生的政治事变一样，会议大门紧闭，与会人员纷纷攻击主角。最终，得不到任何人支持的赫鲁晓夫被剥夺了一切职务，中央第一书记由勃列日涅夫担任，部长会议主席由柯西金①担任。

憾离人世

赫鲁晓夫下台后，朱可夫得到的礼遇和赞颂多了起来。1965 年 2 月，卡尔马诺夫少将逝世，在政府的讣告中，朱可夫的名字自 1957 年以后，第一次以体面的方式出现了。

有的记者发现这个不起眼的信息后，在 4 月底纪念卫国战争胜利 20 周年的记者会上，向发言人科涅夫提出了两个尖锐的问题：赫鲁晓夫既然下台了，那么苏共中央如何看待他以前批判斯大林的事情？受到赫鲁晓夫批判的朱可夫会不会参加这次的纪念活动？

---

① 柯西金（1904—1980）：即阿列克谢·尼古拉耶维奇·柯西金，苏联部长会议主席，苏共中央政治局委员，以精通经济和务实著称。

科涅夫说："人无完人，斯大林是犯过一些错误，不过总体还是好的；朱可夫同志虽然有缺点，但是他现在已退休在家，作为爱国者他一定会和全体苏联人共同参加这次庆祝活动。"

尽管科涅夫没有正面回答记者关于朱可夫的问题，但是朱可夫的名字出现在报纸上的次数越来越多。索科洛夫斯基和罗科索夫斯基在 4 月下旬，相继发表了朱可夫在卫国战争时期做出重要贡献的文章。接着，在庆祝卫国战争 20 周年活动的前两天，朱可夫胸戴勋章的照片被苏联新闻社发出。

5 月 8 日，朱可夫前往克里姆林宫参加庆祝大会。他刚走入会议厅，与会人员便纷纷起身向他鼓掌致敬。接着，勃列日涅夫发表讲话，他在讲话中提到了一批有重大贡献的将军的名字。当他念到朱可夫的名字时，台下一片欢呼。勃列日涅夫见大家如此激动，笑着摆手让大家坐好，但大家纷纷站起来，掌声变得更加热烈了。

5 月 9 日，莫斯科举行了隆重的阅兵活动，朱可夫、布琼尼、伏罗希洛夫和铁木辛哥等一大批老帅站在列宁墓检阅台上。下午，在克里姆林宫给卫国战争时期的老帅和将军们颁发纪念章，给获"苏联英雄"称号的人颁发金表。

1966 年 10 月，朱可夫分别在《列宁旗帜报》和《莫斯科共青团报》上发表了两篇文章。这两篇文章在谈及卫国战争时，虽然点评了斯大林的一些错误，但是大部分都是称赞斯大林的。朱可夫对于斯大林的评价，在当时还是比较高的，也就是从这个时候起，朱可夫在评价斯大林的功绩时，常常有意否定赫鲁晓夫某些攻击斯大林的观点。

同年 12 月，在莫斯科保卫战胜利 25 周年前夕，有人要求中央恢复朱可夫原有的荣誉。12 月 2 日是朱可夫的 70 岁生日，苏联中央政治局给他颁发了列宁勋章。朱可夫收到了大量贺信。为了感谢大家，朱可夫在《红星报》上发表了一篇感谢信，他在信中说：

由于收到的祝贺信件太多，我无法进行一一回复，在此向大家道歉。现在，我通过《红星报》向大家表示我衷心的谢意，祝大家身体健康。

不少退休将军和老帅开始写起了回忆录，巴格拉米扬元帅在其连载的回忆录中这样写道："卫国战争时期，朱可夫表现出来的军事才能是我军历史上从未有过的，他是一位能力非凡的杰出战将。"

扎哈罗夫元帅牵头撰写的《苏联武装力量五十年》，很多地方都着重提到了朱可夫，这让朱可夫的声誉越来越高。不过，苏共中央政治局似乎并不想为朱可夫翻案。

退休后，朱可夫的主要工作就是撰写回忆录，用他自己的话说是要为历史负责。1965 年夏天，巴黎世界出版社准备为苏联卫国战争时期的著名政治家和军事家出版回忆录。苏联新闻出版社得到消息后，马上让编辑约谈朱可夫，咨询他的意见。

朱可夫得知法国出版社想为自己出书，兴奋之余强调历史是不断发展的，很多问题现在无法定性，以后再谈。8 月 18 日，该编辑再次来找朱可夫，朱可夫松口了，但要求书稿先在苏联出版。

这以后，朱可夫不断跑中央档案馆，约谈老朋友，翻阅自己在战争年代写下的杂记，7 个月后，他把长达 1 430 页的书稿交给了编辑。出版社很快打出了清样，并把清样送交有关部门，申请出版。

很快，总参谋部的军事科学管理局和政治总管理局成立了两个审稿小组，专门审阅朱可夫的回忆录。结果，回忆录有几百处被整段删除。朱可夫看完修改意见，非常恼火。

为了让回忆录可以出版，朱可夫最终做出了妥协。1969 年 4 月，朱可夫的回忆录《回忆与思考》终于在苏联出版发行。那份回忆录原稿，也于苏联解体后的 1995 年出版。

《回忆与思考》从朱可夫童年时代一直讲到他从柏林返回苏联，着重记述了他在卫国战争时期参加的各大战役，并对经验教训进行了总结。在回忆录中，朱可夫虽然对斯大林的一些做法进行了指责，但是仍对斯大林作出了很高的评价。

《回忆与思考》第三版的序言由华西列夫斯基撰写，他这样写道："根据亲身经历为第二次世界大战写的书，一共有900多本。在我看来，朱可夫的回忆录是最全面和最真实的一本……我认为，朱可夫是天生的统帅，交给他的任何任务都会被很好地完成。朱可夫元帅作为坚定的共产主义者，无条件地执行党交给的任务，无限忠诚地为党燃烧着自己的生命。"

当朱可夫为回忆录忙碌时，他和妻子加琳娜都得了重病。1967年12月，加琳娜被诊断患有癌症，12天后朱可夫也因为中风而瘫痪在床。加琳娜拖着虚弱的身体一刻不停地照料丈夫。在她无微不至的照料下，朱可夫的身体渐渐康复了。

1969年8月14日，蒙古人民共和国在纪念哈拉哈河战役胜利30周年时，授予朱可夫蒙古人民共和国英雄金星勋章。

1971年的苏共二十四大，朱可夫被选为代表参加大会。朱可夫十分高兴，因为这是他被贬后首次参加党代会。为了参加大会，他特意将重要的勋章和奖章都钉在新军服上了。没想到就在大会召开的前一天，他接到了被取消参会资格的通知。

感觉受到了侮辱的加琳娜给勃列日涅夫打了个电话，质问勃列日涅夫为何要取消朱可夫参加大会的资格。

勃列日涅夫问道："朱可夫同志打算参加大会吗?"

加琳娜回答说："没错，身为代表的他正准备参加。"

勃列日涅夫关心地说："我知道身为代表要参加大会，但朱可夫同志不是身体不好吗？我担心4个小时的大会，会对他的身体产生不良影响。我自己也是，身体不中用了，可是又不得不去。我昨天还因为嗓子痛吃了药，我都不晓得怎么去读完那些长长的文件。朱可夫同志最好还是不要去吧，身体要紧。"

加琳娜听了，语气变软了一些，因为她也担心朱可夫的身体状况："可是，朱可夫非常想参加大会，因为参加大会意味着中央对他的肯定，也意味着他的名誉得到了恢复。”

“为了他的身体着想，还是别去了吧！被选为大会代表，本身就意味着他的名誉得到了恢复。”勃列日涅夫和善地说。

这件事对朱可夫的打击很大，他流着泪对加琳娜说：“这是我最后一次参加代表大会的机会，可是他们不让我参加，我……”

尽管遭到冷落，朱可夫仍然时刻关心国家和军队的建设。1971 年 12 月 2 日，朱可夫的 75 岁生日到了。这一天，社会各界以不同的方式向朱可夫表达了祝福。但是朱可夫夫妇的身体状况已经非常糟糕。

加琳娜的病情持续恶化，而朱可夫因为身体原因不能陪在她的身边，只好不停地给她写信，两人在信中都流露出对对方的不舍和深深的爱恋。

1973 年 11 月，朱可夫希望亲自照顾病危的妻子，但加琳娜不允许他来，就这样，这对相濡以沫的夫妻最终没能见到对方最后一面。11 月 13 日，加琳娜闭上了双眼，享年 47 岁，留下了 17 岁的小女儿玛丽娅。加琳娜去世后 7 个月，也就是 1974 年 6 月 18 日，朱可夫也与世长辞，享年 78 岁。

莫斯科马涅什广场上的朱可夫塑像

朱可夫去世后，苏共中央政治局无人参加他的葬礼，苏联政府仅发表了一则简短的讣告。

1995 年 5 月，朱可夫的大型青铜塑像被俄罗斯政府竖立在莫斯科红场附近的马涅什广场；同时，俄罗斯政府还设立了“朱可夫勋章”，用于嘉奖今后战争中战功卓著的军事统帅。直到此时，这位卓越的军事家、伟大的战略家的一生，终于画上了一个圆满的句号。